SH-IV-89

Landschaftswandel in Schleswig-Holstein

Landschaftswandel in Schleswig-Holstein

von Klaus Hingst und Uwe Muuß

unter Mitarbeit von Hans-Peter Jorzick

Karl Wachholtz Verlag Neumünster

MITARBEITER

Prof. Dr. Klaus Hingst, Pädagogische Hochschule Kiel,
priv.: 2300 Kiel, Hohenbergstraße 20
Bearb.: Einleitung, Nr. 10, 13–27, 29–31, 35–37, 40, 42, 43, 45, 47–51, 58

Oberschulrat Dr. Hans-Peter Jorzick, Behörde für Schulen, Jugend
und Berufsbildung, Hamburg
priv.: 2000 Hamburg 55, Grimmstraße 48
Bearb.: 53–57

Studiendirektor Dr. Uwe Muuß, Seminar Kiel für Gymnasien,
priv.: 2300 Altenholz, Pappelweg 14
Bearb.: Einleitung, Nr. 1–9, 11, 12, 28, 32–34, 38, 39, 41, 44, 46, 52

ISBN 3 529 05305 8

Satz: Wachholtz-Druck, Neumünster
Neuzeichnungen: Erwin Raeth, Kiel
Reproduktionen: Egon Heinemann, Norderstedt (Abbildungen),
und Reproduktionsanstalt Neumünster (Karten)
Vierfarben-Offsetdruck: Hermann F. R. Stumme, Hamburg
Einband: Verlagsbuchbinderei Ladstetter GmbH, Hamburg-Wandsbek

Alle Rechte vorbehalten
© Karl Wachholtz Verlag, Neumünster, 1978

Vorwort

Die Veränderung der Landschaft vollzieht sich heute rasch; viele Menschen können den Wandel wahrnehmen oder wirken selbst daran mit. Das daraus entspringende Interesse ist der Ansatzpunkt für das Zustandekommen dieses Buches: Es möchte auf die Fragen nach den Ursachen des Landschaftswandels in Vergangenheit und Gegenwart Antwort geben.

Nicht alle Änderungen, die unser Dasein betreffen, wirken sich in der Landschaft sichtbar aus; manche kann man nur zeitweise bzw. nur punktuell wahrnehmen, während andere sich flächenhaft und für eine längere Zeit im Raum darstellen. Aus solchen sichtbaren und daher im Bild erfaßbaren Formen des Wandels sind Beispiele ausgewählt worden. Unter diesen kommt den Veränderungen in der Landwirtschaft die größte Flächenwirkung zu; während solche im Bereich der Industrie — trotz ihrer meist großen wirtschaftlichen und sozialen Bedeutung — nicht immer die Landschaft umgestalten, denn es handelt sich dabei vielfach um Vorgänge, die sich im Innern von Gebäuden abspielen, so z. B. bei der Automatisierung von Produktionsabläufen. Erhebliche, dazu überwiegend dauerhafte Umprägung vollzieht sich dagegen in den Städten, an den Küsten, im Verkehrswesen, im Bereich des Fremdenverkehrs und in den Agrarlandschaften.

Die Dokumentation des Landschaftswandels erfolgt in erster Linie durch Luftaufnahmen, die mit Rolleiflexkameras und Film Agfacolor CT 18 neu erflogen wurden. Teilweise ermöglichen Vergleichsaufnahmen, die bis auf das Jahr 1964 zurückgehen, eine Gegenüberstellung verschiedener Stadien des gleichen Raumes, wobei der beschleunigte Wandel anschaulich zum Ausdruck kommt. Im übrigen werden frühere Landschaftszustände durch Karten bzw. Kartenzeichnungen wiedergegeben. Zu mehreren Themen stehen zwei Beispiele aus verschiedenen Regionen nebeneinander, an denen aufgezeigt werden soll, wie sich aus einem ähnlichen Ausgangszustand unter verschiedenen örtlichen oder zeitlichen Bedingungen unterschiedliche Erscheinungen entwickeln können.

Für viele der dargestellten Themen ließen sich leicht weitere Beispiele finden, doch konnte eine regionale Vollständigkeit von vornherein nicht angestrebt werden. Wohl hingegen ging das Bemühen dahin, die wesentlichen Formen des Landschaftswandels möglichst zu erfassen. Dabei sind einzelne Vorgänge — wie z. B. Flurbereinigung oder Aufforstung — nicht immer in den Mittelpunkt eines besonderen Beispiels gestellt, sondern teilweise bei anderen Themen mit behandelt worden.

Die Reihenfolge der Beispiele wurde im ganzen so geordnet, daß am Anfang die Naturkräfte, zum Ende hin der Mensch als landschaftsgestaltende Faktoren dominieren; im einzelnen kommen teils regionale, teils thematische Gliederungsgesichtspunkte hinzu.

Gegenüber den Luftbildatlanten ist der Gesichtspunkt des Landschaftswandels entschieden betont und allen anderen Teilaspekten übergeordnet worden. In vielen Fällen ermöglicht jedoch der Vergleich mit den Luftbildatlanten sowie mit dem Topographischen Atlas eine Vertiefung und eine zusätzliche Dokumentation.

Die Herausgeber danken dem Karl Wachholtz Verlag für die jederzeit gute Zusammenarbeit und für die hervorragende Ausstattung des Buches. Für die Gestaltung der vielen Textzeichnungen danken wir Herrn Erwin Raeth. Als Piloten haben Herr Rainer Rosenthal und Herr Christian Wendt wesentlichen Anteil an dem Gelingen der Bildflüge. Die Autoren danken zahlreichen Betrieben, Institutionen, Behörden und Privatpersonen, darunter vielen Studenten, für wertvolle anderweitig nicht verfügbare Informationen.

Kiel, im Februar 1978

Klaus Hingst *Uwe Muuß*

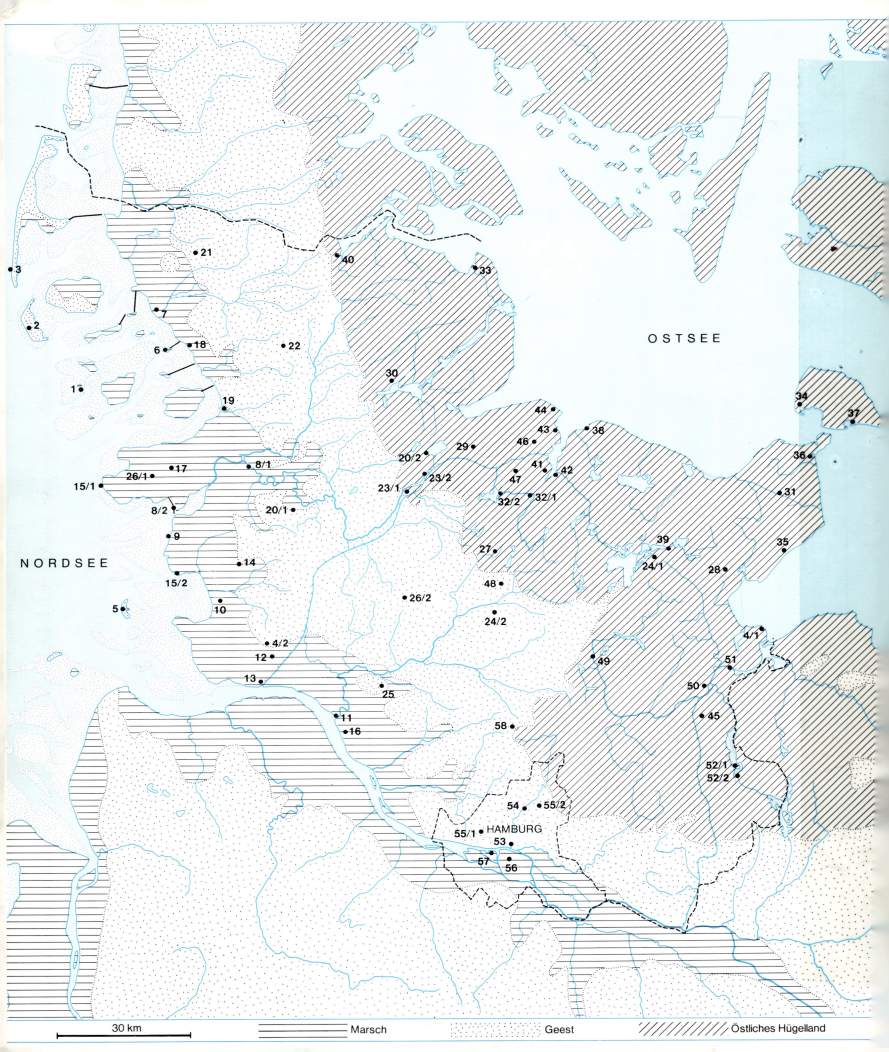

Inhalt

	Einleitung	7
1	Rummelloch: Landschaftsgestaltende Kräfte im nordfriesischen Wattenmeer	16
2	Amrum: Umwertung einer Insel	18
3	Hörnum/Sylt: Lee-Erosion – eine Folge von Eingriffen in die Sandwanderung	20
4	Brodtener Ufer: Heutige Ostseesteilküste – Kudener Klev: Fossile Nordseesteilküste	22
5	Trischen: Entstehung und Wanderung einer Insel im Dithmarscher Watt	24
6	Hamburger Hallig: Landverlust und Landgewinnung seit der Sturmflut von 1634	26
7	Bongsiel und Schlüttsiel: Verschiedene Lösungen des Entwässerungsproblems	28
8	Die Eiderabdämmungen – Wandlungen eines Tideflusses in vier Jahrhunderten	30
9	Deichverkürzung bei Heringsand	32
10	Deichverkürzung, Landgewinnung und Speicherbeckenbau in der Meldorfer Bucht	34
11	Das Stör-Sperrwerk: Hochwasserschutz für einen Tidefluß	36
12	Averlak: Wertwandel durch flächenhafte Aufspülung	38
13	Brunsbüttel: Entwicklung eines Kanalortes zum Industriestandort	40
14	Erdölindustrie bei Hemmingstedt	42
15	Büsum und St. Peter-Ording: Bäder an der Wattenküste	44
16	Am Rhin: Intensivierung der Landnutzung durch Gartenbau	46
17	Katharinenheerd: Eiderstedt zwischen Acker- und Grünlandschaft	48
18	Sönke-Nissen-Koog: Konzentration in der Landwirtschaft	50
19	Husum: Funktionswandel einer Stadt	52
20	Schalkholz und Wittensee: Zungenbecken verschiedener Eiszeiten	54
21	Tinningstedt: Umwertung der Heide auf der schleswigschen Geest	56
22	Stieglund: Moorkultivierung und Aufforstung	58
23	Der Verkehrsknotenpunkt Rendsburg	60
24	Padenstedt und Kreuzfeld: Verschiedene Formen der Rekultivierung von Kiesgruben	62
25	Der Kreideabbau bei Lägerdorf: Vom Bauerndorf zum Industrieort	64
26	Hohenwestedt und Garding: Orte zwischen Wachstum und Stagnation	66
27	Loop: Wandlung eines Dorfes durch Verkoppelung und Intensivierung der Nutzung	68
28	Sierhagen: Gestaltwandel eines Gutshofes	70
29	Lindau: Parzellierung eines Gutes	72
30	Die Zuckerfabrik bei Schleswig: Neue Formen der Vermarktung	74
31	Der Oldenburger Graben: Inwertsetzung eines Niederungsgebietes	76
32	Verlandung im Schulensee und Westensee	78
33	Küstenentwicklung, Deichbau und Entwässerung am Geltinger Noor	80
34	Küstenentwicklung und Funktionswandel von Strandseen im Südwesten Fehmarns	82
35	Grömitz: Zusammenwachsen von Dörfern zu einem Badeort	84
36	Großenbrode: Campingplätze als Landschaftselement	86
37	Ostseebad Burg: Kombination einer Stadt mit einem modernen Ferienzentrum	88
38	Das Ferienzentrum Marina Wendtorf am Haken Bottsand	90
39	Malente: Spezialisierung eines Ortes zum Heilbad	92
40	Stadtsanierung in Flensburg	94
41	Funktionale und städtebauliche Entwicklung der Altstadt Kiels	96
42	Der Industrieraum an der Schwentinemündung	98
43	Kiel-Schilksee: Vom Bauerndorf zum Olympiazentrum und zum Wohngebiet	100
44	Das Klärwerk Bülk	102
45	Die Mülldeponie Niemark bei Lübeck	104
46	Altenholz: Vom Dorf zum Wohnvorort Kiels	106
47	Mettenhof – ein Stadtteil auf „Grüner Wiese"	108
48	Neumünster-Gartenstadt: Der Stadtrand als Wohngebiet	110
49	Bad Segeberg: Der Stadtrand als Entwicklungsraum	112
50	Lübeck: Von der Hansestadt zur Industriestadt	114
51	Die Untertrave als Industriegasse	116
52	Ratzeburg: Historischer Stadtkern und landschaftsbezogener Seniorenwohnsitz	118
53	Hamburg, Innenstadt: Entwicklung der City	120
54	Hamburg, City Nord: Geplante Bürostadt	122
55	St. Pauli/Altona und Steilshoop: Stadterneuerung und Großsiedlungsprojekt	124
56	Hamburg, Segelschiffhafen: Vom Hafenbecken zum Container-Umschlagplatz	126
57	Köhlbrandbrücke, Elbtunnel und Containerhafen Waltershof	128
58	Henstedt-Ulzburg: Bildung eines Stadtrandkerns im Umland Hamburgs	130
	Literaturverzeichnis	132
	Register	138
	Zu den Abbildungen und Karten	140

Einleitung

Wer durch das Land Schleswig-Holstein reist, bemerkt schnell erhebliche Unterschiede im Bild der Kulturlandschaft und erkennt bald, daß die herkömmliche Gliederung in das östliche Hügelland, die Geest und die Marsch nicht ausreicht. Der Vergleich kleiner überschaubarer Teillandschaften, wie z. B. eines Koogs in der alten oder in der jungen Marsch, eines Dorfes auf Fehmarn oder in Angeln, einer Stadt in abseitiger oder in zentraler Lage, eines Industriebezirks und einer daneben liegenden Agrarlandschaft, läßt eine viel weitergehende kulturgeographische Differenzierung in gleichen natürlichen Räumen erkennen. Diese überall sichtbaren Unterschiede führen zu der Frage nach den Kräften, die das jeweilige Erscheinungsbild bewirkt haben, d. h., man fragt nach den gestaltenden Faktoren, insbesondere nach ihren wechselseitigen Beziehungen. Weil Steuerungsfaktoren sich im Laufe der Zeit verändern oder weil neue hinzukommen — dies gilt vor allem für solche aus dem gesellschaftlichen Bereich —, ist das Werden einer Landschaft ein dynamischer Vorgang: Landschaftsgenese und Landschaftswandel sind untrennbar miteinander verknüpft. Deshalb ist es notwendig, zur Deutung des gegenwärtigen Zustandes, frühere Stadien der Entwicklung mit heranzuziehen.

Am Beginn einer Landschaftsgenese stehen die natürlichen Kräfte, z. B. gehen vom fließenden oder brandenden Wasser, vom Wind, vom Eis, von Temperaturschwankungen, von der Schwerkraft und von Organismen Wirkungen aus. Wir kennen alle die Bedeutung von Klimaänderungen für die Entwicklung der nacheiszeitlichen Vegetation. Mit zunehmender, aber nicht gleichmäßiger Erwärmung traten an die Stelle der Tundra Wälder: zunächst Birken-Kiefern-Wälder, mit dem Eindringen weiterer Laubbäume Eichenmischwälder in der Mittelsteinzeit, Eichenwälder in der Bronzezeit und seit etwa 600 v. Chr. in der Eisenzeit Buchenwälder. Allerdings gibt diese grobe Übersicht nur die Tendenz wieder. Eine erhebliche regionale Differenzierung ergibt sich, wenn nicht nur das Klima berücksichtigt wird, sondern auch der Boden.

Auf den kalkreichen Braunerdeböden der Jungmoränen gab es als Waldgesellschaft den artenreichen Perlgras-Buchenwald, auf den sandigeren und auch saueren den Waldschwingel-Buchenwald und auf den am stärksten podsolierten Braunerden den artenärmeren Eichen-Buchen-Wald. Den unterschiedlichen Entwicklungsstufen der Podsolböden entsprechen auf der Hohen Geest Eichen-Hainbuchen-Wälder und auf den stärker ausgelaugten Primärpodsolen der Niedrigen Geest Eichen-Birken-Wälder als natürliches Pflanzenkleid. In den Seemarschen würden sich Salzwiesen einstellen, in den eingedeichten dagegen könnte man auf Grund einer Analyse des gegenwärtigen Baumbestandes als potentielle natürliche Vegetation wohl Eichen-Ulmen-Wälder und in den Flußmarschen einen Erlenbruchwald erwarten, wenn die Marschen sich ohne Einwirkungen des Menschen entwickeln könnten.

Das natürliche Wirkungsgefüge eines Raumes ist selbstverständlich erheblich komplizierter, weil zahlreiche Faktoren zu berücksichtigen sind. Dennoch verdeutlicht das Vegetationsbeispiel die wesentliche Rolle von Klima und Boden für die Entwicklung einer Naturlandschaft und zum anderen, daß ein Zusammenwirken physischer Faktoren ohne Beeinflussung durch Menschen meistens nur zu einem langsamen, erst im Laufe von Jahrhunderten oder Jahrtausenden merkbaren Wandel führt. Doch können Naturkatastrophen, z. B. eine Sturmflut, auch plötzlich eine Landschaft verändern.

Die landschaftsprägenden Eingriffe des Menschen ergeben sich aus der Nutzung des Raumes für die menschlichen Bedürfnisse. Die Auswirkungen der Steuerungsfaktoren aus dem sozialgeographischen Bereich hängen davon ab, welche Wirtschaftsstufe eine menschliche Gruppe erreicht hat. Während die Bewohner Schleswig-Holsteins in der Alt- und Mittelsteinzeit noch von den Produkten existieren mußten, welche sie durch die Jagd und die Sammelwirtschaft der Naturlandschaft entnehmen konnten, gingen sie seit der Jungsteinzeit, also vor etwa 6000 Jahren, dazu über, den Wald zu roden, Äcker anzulegen, feste Siedlungen zu bauen und damit die Natur- in eine Kulturlandschaft umzuprägen. Solange der Mensch nur mit sehr einfachen Werkzeugen arbeitete, vollzog sich dieser Wandel nur langsam und nicht immer kontinuierlich. Weite Flächen blieben ungenutzt oder unterlagen einer ausgesprochen extensiven Weidewirtschaft. Der größte Teil der Agrarlandschaft ist sogar erst im Laufe der letzten 900 Jahre in Kultur genommen worden. Selbst noch um 1800 liefen die Wandlungsprozesse so allmählich ab, daß sie von einer Generation kaum wahrgenommen wurden.

Eine ähnlich tiefgreifende Umwälzung wie sie der Übergang zur Landwirtschaft und seßhaften Lebensweise in vorgeschichtlicher Zeit mit sich brachte, ging in der neueren Geschichte von der Veränderung der traditionellen Gesellschaft und Wirtschaft aus. Mit dem Erreichen der wissenschaftlich-technischen Stufe konnte man völlig neue Voraussetzungen für die Inwertsetzung von Räumen schaffen. Die Kultivierung von Mooren und Heiden veranschaulicht bereits im 19. Jh., welche Möglichkeiten die Wissenschaft für eine bessere Kulturtechnik geschaffen hat. Negativfaktoren des Naturraumes können beseitigt oder mindestens abgeschwächt werden, so daß nur noch in wenigen Räumen die Bodennutzung determiniert ist, z. B. in der Eider-Treene-Niederung. In anderen Teilräumen mit günstigen bzw. verbesserungsfähigen natürlichen Grundlagen haben die Faktoren aus dem gesellschaftlichen Bereich eine maßgebende Steuerung des Wirkungsgefüges übernommen. Dabei erhielten einzelne Faktoren eine andere Qualität, so spielte z. B. der Lohnfaktor in der Zeit der Leibeigenschaft und auch noch im 19. Jh. eine geringe Rolle, heute dagegen eine wesentliche. Historische Überlieferungen, wie z. B. die Struktur der Betriebsgrößen und die räumliche Verteilung der Güter, wirken dabei auf den gegenwärtigen Rationalisierungsprozeß ein. Auch das heutige Bild unserer Städte ist durch historische Entscheidungen mitbedingt.

Durch die in den letzten Jahrzehnten vorherrschenden Prozesse: Bevölkerungswachstum, Industrialisierung, Rationalisierung in der Landwirtschaft und Verstädterung haben sich die Wandlungen in den Landschaften erheblich beschleunigt. Die Zahlen über die Erwerbstätigkeit spiegeln diese Entwicklung anschaulich wider.

Erwerbstätige	1950	1975
Landwirtschaft	133 515	46 800
Produzierendes Gewerbe	237 050	281 000
Handel, Verkehr	104 176	124 500
Dienstleistungen	108 516	215 300

Jeder nimmt diese Umschichtungen wahr und ist von ihnen betroffen, sei es direkt oder indirekt durch die Veränderungen in seiner Umwelt.

Vom Menschen vorgenommene Eingriffe berühren auch in einer Kulturlandschaft stets zugleich das naturkausale Beziehungsgefüge, von dessen Veränderung wiederum Wirkungen ausgehen, die den „Haushalt" des betreffenden Raumes beeinflussen. Ein Beispiel möge dies erläutern.

Der Spiegel des Oberflächenwassers in Bächen und Seen und auch des Grundwassers ist abhängig von der Niederschlagsmenge sowie von den Werten für Verdunstung, Abfluß und Versickerung. Zwischen diesen Größen stellt sich ein Gleichgewicht ein, für das der Wasserspiegel ein Indikator ist. Wenn der Mensch z. B. durch eine Bachbegradigung den Abfluß des Wassers beschleunigt, wird sich der Grundwasserstand auf ein anderes Niveau einpendeln, was wiederum zur Folge haben kann, daß Tränkteiche und Flachbrunnen jahreszeitlich versiegen. Der schnellere Abfluß kann in der unterhalb gelegenen Landschaft zu verstärkten Überschwemmungen führen und auch dort wasserwirtschaftliche Maßnahmen erforderlich machen.

Die oben genannten Prozesse dürfen nicht isoliert betrachtet werden, sondern sind in ihren gegenseitigen Beziehungen zu analysieren. So führt z. B. die Industrialisierung zu einer Ballung der Bevölkerung, verlangt eine größere Bevölkerungsdichte andererseits wiederum eine weitere Industrialisierung. In unseren Städten werden diese Wechselwirkungen besonders deutlich und wirksam. Im ländlichen Raum verursacht die Angleichung der Lohnsysteme von Landwirtschaft und Industrie eine Rationalisierung auf den Höfen und dadurch eine Abwanderung von Arbeitskräften.

Weitere Veränderungen ergeben sich aus neuen Ansprüchen und Verhaltensweisen der Bevölkerung. Ein verändertes Wohnverhalten der Städter löst einen Zuwachs der Wohnbevölkerung an den Rändern der Städte und in den Dörfern des Umlandes aus. Funktionen und Strukturen der ländlichen Siedlungen und der Städte müssen sich damit zwangsläufig wandeln. Auch in der Gestaltung der Erholungslandschaften, dem Ausbau der Badeorte und in dem Ringen um den Schutz der Umwelt äußert sich ein Wandel des Verhaltens. Selbst wenn das Wachstum der Städte stagniert, können z. B. die Ansprüche auf bessere Wohnungen zu einem weiteren Ausbau der Siedlungen im Umland führen.

Der in den letzten Jahrzehnten schnellere Verlauf der oben genannten Prozesse bewirkte bei allem vom gesellschaftlichen Bereich beeinflußten Faktoren starke Qualitätsänderungen und löste damit besonders tiefgreifende Wandlungen im Bild der Landschaft aus. Da solche Vorgänge auch negativ sein können, darf keine menschliche Gemeinschaft ihnen einen freien Lauf gewähren. Allen politischen Kräften fällt die Aufgabe zu, eine Raumordnung herzustellen. Dieser Aufgabe dient die Landesplanung, indem sie eine Ordnung anstrebt, die „den wirtschaftlichen, sozialen, kulturellen und landschaftlichen Erfordernissen im Sinne des Gemeinwohls" (§ I, Abs. i, Landesplanungsgesetz) entspricht.

Das „Programm Nord" verkörpert eine der umfassendsten Planungen im Bundesgebiet. Es erstreckt sich auf die Marschen und weite Teile der Geest. Bei dem Programm geht es nicht nur um eine Neuordnung der Fluren und ländlichen Siedlungen, sondern insbesondere auch um wasserwirtschaftliche, verkehrswirtschaftliche und forstwirtschaftliche Probleme sowie um eine Ausweitung der gewerblichen Wirtschaft. Küstenschutz und Entwässerungsarbeiten veränderten und sicherten die Marschen; der Ausbau größerer Dörfer zu ländlichen Mittelpunktgemeinden, und die Verbesserung der Verkehrswege gaben der jungen, aber einförmigen Kulturlandschaft der Geest eine größere Vielfalt. Die nordfriesische Inselwelt, vor allem die Halligen, schützte man besser gegen die Sturmfluten. Mit Strom- und Wasserleitungen vom Festland schuf man die Voraussetzungen für eine Intensivierung des Fremdenverkehrs. Mit dem Ausbau kleinerer und mittlerer Orte will man Anreize für ein Verbleiben oder Übersiedeln der Bewohner schaffen, damit ein Zuwachs in Ballungsräumen verhindert wird. Trotz aller Anstrengungen erhielten jedoch die größeren Orte einen stärkeren Zuwachs. Während in Gemeinden mit über 20 000 Einwohnern 1967 nur 27,3 Prozent der Gesamtbevölkerung lebten, waren es 1975 bereits 42,1 Prozent.

Unsere Beispiele in diesem Buch können nur punktuell Einblicke in die durch ein vielseitiges Kräftespiel bewirkten Wandlungen der Natur- und Kulturlandschaften Schleswig-Holsteins vermitteln. Dabei erfassen die Luftbilder und die Karten sowohl die gegenwärtige Physiognomie als auch ältere Stadien der Landschaftsgenese, ergeben sich aus Vergleichen und Analysen der Kräftespiele zwischen natürlichen, gesellschaftlichen, wirtschaftlichen und historischen Faktoren die erklärenden Zusammenhänge.

Wandel der Naturlandschaft

Am Anfang der Landschaftsentwicklung in Schleswig-Holstein wurde während einer sehr langen Zeit der Raum allein durch Naturkräfte gestaltet. Diese Kräfte und die räumlichen Bedingungen ihres Wirkens waren in der geologischen Vergangenheit teilweise anders als heute.

Nur an wenigen Punkten ragen Formationen des Tertiärs und noch älterer geologischer Epochen an die Erdoberfläche, z. B. bei Bad Segeberg (Zechstein), auf Helgoland (Buntsandstein), in Lägerdorf (Kreide) und auf Sylt (Tertiär). Zum weit überwiegenden Teil ist Schleswig-Holstein durch die während der Eiszeit abgelaufenen Prozesse gestaltet, ja überhaupt erst geschaffen worden.

Die Eiszeiten sind durch Veränderungen des Klimas ausgelöst worden, die sich auch in Zukunft wieder ähnlich abspielen können. Für Schleswig-Holstein bedeuteten die Eiszeiten Elster (Mindel), Saale (Riß) und Weichsel (Würm) und die dazwischenliegenden Wärmezeiten einen mehrmaligen einschneidenden Wechsel der gestaltenden Faktoren Eis — Meeresspiegel — Klima — Vegetation. Das im Laufe von Jahrtausenden von Skandinavien her anrückende Eis bedeckte Schleswig-Holstein zweimal völlig; nur in der letzten, der Weichsel-Eiszeit, blieben der Westen und der Süden eisfrei. Aus dem mitgebrachten Schutt, den die Gletscher als Grund- bzw. Endmoränen absetzten, wurde der Kern der Halbinsel aufgebaut. In einzelnen Gletscherzungen drang das Eis lokal über den mittleren Eisrand nach Westen vor, wobei als typische Hohlformen die Zungenbecken entstanden. Die nach Westen abfließenden Schmelzwasser schütteten im Gletschervorland, zu dem auch der trockenliegende Boden der Nordsee gehörte, die Sander auf. Im eisfreien Gebiet kam es auf Altmoränen bei Auftauen des wassergesättigten Bodens über gefrorener Unterlage zum Bodenfließen (Solifluktion), durch das die Hänge abgeflacht und die Vertiefungen aufgefüllt wurden.

Während die nacheiszeitlichen Veränderungen im Binnenland vor allem die Vegetation und die Entwicklung der Binnengewässer betrafen, fand an beiden Küsten, an denen ein rascher Anstieg des Meeresspiegels und verschiedene küstengestaltende Kräfte zusammenwirkten, ein sehr viel weitergehender Wandel der Landschaft statt.

Die Ostseeküste war vor 4000 Jahren durch Buchten, Halbinseln und vorgelagerte Inseln stärker gegliedert als heute. Die vorspringenden Abschnitte wurden durch Abbruch und Abrasion zurückverlegt, die größeren Bestandteile des abgetragenen Materials wanderten an der Küste entlang und kamen in ruhigen Buchten zur Ablagerung. Das Ergebnis ist eine — freilich noch nicht „ausgereifte" — Ausgleichsküste. Die Küstenlinie ist insgesamt gegenüber ihrem früheren Verlauf zurückgewichen.

Auch an der Nordsee wirken küstenparallele Kräfte; ihnen verdankt z. B. die Insel Sylt ihre langgestreckte Form. Senkrecht dazu greifen die Gezeiten an, die das Wattenmeer mit seinen Wattströmen und Prielen gestalten. Während in Dithmarschen die Festlandsküste in den letzten drei Jahrtausenden durch die Entstehung eines breiten Marschengürtels nach und nach seewärts vorgerückt ist, vollzog sich die Entwicklung des Küstenraumes in Nordfriesland unter dramatischen Rückschlägen. Seit 1400 ist auch hier die Festlandsküste — unter zunehmender Einwirkung des Menschen — nach Westen vorverlegt worden.

Weil der Meeresspiegel anstieg, nahm auf dem Festland das Gefälle der Flüsse ab, zugleich stieg der Grundwasserspiegel an, wodurch es auf den Sandern zu flächenhafter Vermoorung kam.

Ein landschaftsgestaltender Faktor, der schon in der Eiszeit und in der frühen Nacheiszeit wirksam war — damals vor allem auf den Sanderflächen —, ist der Wind, der heute an den Küsten, fast ausschließlich an denen der Nordsee, Sand zu Dünen zusammenweht und auch im Binnenland Bodenbestandteile abtragen kann. Waldränder und einzeln stehende Bäume werden, besonders in Küstennähe, vom Wind parabelförmig geschoren.

Das fließende Wasser nimmt Bodenteile mit und erniedrigt dadurch langfristig die Landoberfläche. Wo Flüsse ihren Weg durch Seen nehmen, lagern sie ihre Sedimentfracht großenteils ab: Der See wird zugeschüttet. Unabhängig davon kann ein stehendes Gewässer durch organische Stoffe verlanden, die es selbst produziert.

Eingriffe des Menschen in den Naturhaushalt

Seit der Jungsteinzeit hat der Mensch in die Natur eingegriffen, um den Raum für seine Zwecke nutzbar zu machen. Die Eingriffe reichen vom Beginn der Rodung des natürlichen Waldes vor etwa 6000 Jahren bis hin zur künstlichen Wiederherstellung eines verlandeten Sees im 20. Jh. In einem vom Menschen unbeeinflußten Teilraum herrscht ein natürliches Gleichgewicht, das sich in der Regel nur langsam verschiebt. Bei Eingriffen in solche „Ökosysteme" können neben den intendierten Veränderungen auch andere, unbeabsichtigte eintreten. Nicht immer sind diese Nebenwirkungen harmlos.

Ein neuer Deich zum Beispiel verhindert die bisherige Überflutung des Vorlandes, so daß der prägende Einfluß des Salzwassers auf die Vegetation entfällt, ebenso die weitere Anschlickung. Nach der Aussüßung verschwindet die Lebensgemeinschaft der Salzwiese, zu der auch charakteristische Tiere gehören. Weitere Veränderungen ergeben sich aus der landwirtschaftlichen Nutzung. Auf der Seeseite setzt der neue Deich andere Bedingungen für den Gezeitenablauf, für Strömungen, Prielverlauf, Sturmflutwasserstände und für die Anschlickung neuen Vorlandes. Viel problematischer sind Schutzmaßnahmen an Küsten, die sich unter Abbruch, verbunden mit Längstransport, befinden. Ein lokaler Schutz, z. B. durch Buhnen, der den Transport unterbricht und zur Sandablagerung führt, hat ein Defizit auf der Leeseite des Bauwerks zur Folge. Umgekehrt unterliegen Hafenrinnen im Bereich von Sandwanderungsbahnen der fortgesetzten Zuschüttung.

Eingriffe in Tideflüsse können die Strömungsverhältnisse und damit die Transportbedingungen so verändern, daß es zur Versandung des Unterlaufs kommt. Andere Beispiele für ungewollte Nebenwirkungen menschlicher Eingriffe sind u. a. Sandflug auf Äckern der Sandergeest, Sackung entwässerter Moore, Versalzung zu tief entwässerten Marschlandes, aber auch Verschmutzung von Gewässern und Windbruch in reinen Fichtenforsten. Es ist eine bisher noch nicht eindeutig beantwortete Frage, ob nicht der einseitige, teilweise an Monokultur heranreichende Getreidebau ohne Zufuhr humusliefernden natürlichen Düngers auf die Dauer zu Schädigung des Bodens und damit zu Ertragsminderung führen wird.

Wandel der Agrarlandschaft

Natürliche, historische, politische und ökonomische Kräfte haben bei der Inwertsetzung der Naturlandschaften durch eine bäuerliche Bevölkerung zeitlich und räumlich unterschiedlich gewirkt und dadurch ein vielseitiges Bild der schleswig-holsteinischen Agrarlandschaft geschaffen.

Das östliche Hügelland weist mit seinen fruchtbaren Böden — vornehmlich Parabraunerden (Ackerzahlen 45—65) — und seinem ausgeglichenen Klima relativ einheitliche Grundlagen für die landwirtschaftliche Nutzung auf. Teile Wagriens und die Insel Fehmarn gehören durch ihre Braunerden mit schwarzerdeähnlichen Oberböden (Ackerzahlen 56—85) und den geringeren Niederschlägen (um 550 mm i. J.) zu ausgesprochenen Gunsträumen, so daß sich hier viele Möglichkeiten der Landnutzung ergeben. Deshalb konnten in Vergangenheit und Gegenwart im östlichen Hügelland historische und ökonomische Kräfte eine starke Wirkung auf den Raum ausüben. So haben die mittelalterliche Landnahme, die Phase der Leibeigenschaft, die Agrarreformen am Ende des 18. Jhs., die Intensivierung der Fluren im 19. Jh. und die Konzentration der Erzeugung in der Gegenwart jeweils zu ihrer Zeit erhebliche Wandlungen ausgelöst. Das heutige Nebeneinander von Bauern- und Gutsland erklärt sich aus der Kolonisation Ostholsteins, durch die Anlage von Gütern seitens des holsteinischen

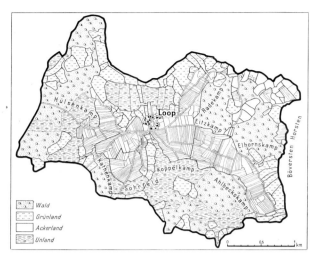

Wirtschaftsflächenbild des Dorfes Loop 1766

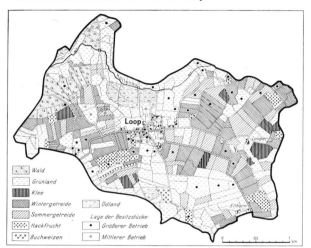

Wirtschaftsflächenbild des Dorfes Loop 1935

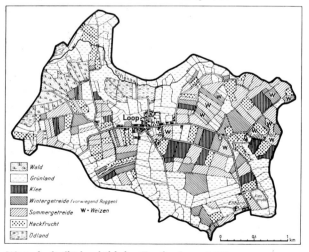

Wirtschaftsflächenbild des Dorfes Loop 1963

Adels in den östlichen Teilen Schleswigs, aus der mittelalterlichen Feudalisierung und der Agrarreform an der Wende vom 18. zum 19. Jh. Bis zur Bauernbefreiung konnte der Adel auf Grund seiner Privilegien nicht nur politische Macht erreichen, sondern auch auf Kosten der Bauern, d. h. durch Bauernlegen, seinen Besitz erweitern und arrondieren. Gutswirtschaft auf der Grundlage der Leibeigenschaft war das Ergebnis und formte weite Teile der Agrarlandschaft im östlichen Hügelland. Die Agrarreform beseitigte nicht nur die Leibeigenschaft, sondern sicherte durch das Erb- und Zeitpachtsystem den Bestand der Höfe, so daß kein Land veräußert werden konnte und im Gegensatz zu Ostdeutschland die wirtschaftliche Basis der Bauern im großen und ganzen erhalten blieb. Schleswig-Holstein verdankt diesen ausgewogenen Reformen seine relativ gute Betriebsgrößenstruktur. Sie bildet gegenwärtig eine positive Grundlage für die Rationalisierung in der Landwirtschaft. Seit der Verkoppelungsperiode hat sich das Bauernland auf Kosten des Gutslandes häufig wieder erweitern können. Der Prozeß der Parzellierung von Gütern erreichte jeweils nach den Weltkriegen Höhepunkte, weil nach den Zusammenbrüchen des Staates und den wirtschaftlichen Folgen auch in der Landwirtschaft neue Existenzen geschaffen werden mußten. Heute leiten ökonomische Gesichtspunkte erneut eine Ausweitung der Großbetriebe ein, so daß keine neuen Parzellierungslandschaften entstehen.

Obwohl die Geest wegen ihrer leicht zu bearbeitenden Podsolböden (Altmoränen mit Ackerzahlen 26—45, Sandergeest bis 35, häufig unter 20) altes Siedlungsland ist, konnte eine großflächige Inwertsetzung erst im vergangenen Jahrhundert erfolgen, weil nunmehr durch die Aufhebung des Flurzwanges Ende des 18. Jhs. und durch die Fortschritte in der Agrarchemie und der Agrartechnik die Kultivierung der umfangreichen Moore und Heiden möglich geworden war. Wegen des hohen Anteiles am Zwangsgrünland in den Niederungen und wegen des Vorherrschens von Familienbetrieben — die Geest hat ihre bäuerliche Struktur auch während der Feudalzeit bewahren können — hat die Milchwirtschaft hier ihre sichersten Standorte erhalten. Der Ackerbau dient noch heute unmittelbar oder mittelbar der Sicherung der Futterbasis für die Viehwirtschaft.

Die Karten von Loop zeigen nicht nur die Wechselwirkungen zwischen den physischen Grundlagen (siehe S. 10) und der Bodennutzung, sondern auch die entscheidenden Auswirkungen der Agrarreformen auf Flur und Dorf, die Intensivierung und Ausweitung der Wirtschaftsfläche im 19. Jh. sowie erste Ansätze einer Neuorientierung infolge der gegenwärtigen Rationalisierung. Dieses am Rande von Jungmoräne und Geest gelegene Dorf kann daher in mehrerer Hinsicht als Beispiel für Wandlungen in anderen Teilen der Geest und der Jungmoräne gelten.

Während der Prozeß der Intensivierung, der technologisch und ökonomisch bedingten Anpassung auch heute noch andauert, ist der Kultivierungsprozeß, der zuletzt immer minderwertigere Böden erfaßte, zum Stillstand gekommen und rückläufig geworden. Seit etwa 1960 werden „Grenzertragsböden" mit Bodenwertzahlen unter 20, vor allem Flugsandböden auf der niederen Geest, aber auch Moorböden aus der landwirtschaftlichen Nutzung herausgenommen und aufgeforstet. So konnte man zwar allein zwischen 1967 und 1975 den Anteil des Waldes von 8,7 auf 8,9 Prozent der Wirtschaftsfläche steigern, aber bisher nicht die Zielvorstellung von 12 Prozent erreichen. Die hohen Kosten einer Aufforstung und zahlreiche allgemeine Risiken (Klima, Wildverbiß, ausländische Konkurrenz) hemmen die Entwicklung vor allem im privaten Bereich der Forstwirtschaft. Die aufgeforsteten Flächen haben teilweise einen mehrfachen Landschaftswandel hinter sich, aufeinander folgten: natürlicher Eichen-Birken-Wald — (Waldweide) — Heide — (Kultivierung) — Ackerland — (Aufforstung) — Nadelwald.

Auch die mit ihren ausgezeichneten Böden (Ackerzahlen 56—85 und höher) als Naturraum so einheitlich erscheinende Marsch kennt Unterschiede in der Nutzung und mehrfache Wandlungen in der Agrarlandschaft. Wohl setzen auch hier teilweise die physischen Grundlagen der Bodennutzung Grenzen, sie ermöglichen aber andererseits vielerorts wegen der günstigen Böden eine starke Orientierung am Markt. Eindrucksvoll beweisen die extremen Wandlungen in Eiderstedt die vielseitigen Möglichkeiten einer landwirtschaftlichen Nutzung der Marsch. Ohne Zweifel hat die hier seit alters her herrschende Individualwirtschaft eine marktorientierte Wirtschaft begünstigt.

Wenn man Entwicklungen und Wandlungen in den verschiedenen Agrarräumen Schleswig-Holsteins miteinander vergleicht, erkennt man, daß es trotz vieler Unterschiede unter dem Zwang der Rationalisierung gegenwärtig gemeinsame Tendenzen gibt. Sie wurden möglich, weil neue agrarwissenschaftliche Erkenntnisse und eine bessere Technologie natürliche Negativfaktoren abschwächen oder sogar aufheben konnten. Das Arbeitskräfteverhältnis, das Lohnsystem und der Kapitalbedarf bestimmen heute in erster Linie die Betriebsform. Damit wird die Betriebsgröße zu einer wichtigen gestaltenden Kraft in der Agrarlandschaft. Kleinbetriebe können weder die eine noch die andere der oben genannten Voraussetzungen erfüllen und geben auf. Ihr Land wird von größeren Höfen aufgekauft oder gepachtet, d. h., nicht die Parzellierung, sondern die Bildung von neuen Großbetrieben wird angestrebt. Mittlere Betriebe bis etwa 50 ha können weder das erforderliche Kapital für eine verstärkte Mechanisierung aufbringen noch hohe Löhne zahlen, sondern müssen die Arbeitskraft einer Familie einsetzen, wenn sie rentabel wirtschaften wollen. Sie wenden sich daher der arbeitsintensiven Milchwirtschaft zu. Die großbäuerlichen Betriebe und die Güter, einst Zentren der Milchwirtschaft, verlassen eine arbeits- oder lohnaufwendige Viehhaltung und wenden sich mit einem hohen Einsatz von Kapital für Maschinen dem arbeitsextensiven Getreidebau mit Rinder- oder Schweinemast zu. Das östliche Hügelland mit seinen vielen Großbetrieben hat sich bereits von einer Getreidefutterbauzone in eine Getreidebauzone gewandelt. Die Geest behält ihre Position als Milchwirtschaftsgebiet. Man intensiviert hier also auch den Anbau, so daß z. B. die Lecker Geest, die vor 80 Jahren noch eine Futterbauzone gewesen ist, heute mit weiten Teilen Nordfrieslands eine Getreide-Futterbauzone bildet. Eiderstedt zeigt, wie Betriebsgrößen augenblicklich ebenfalls die Art der Viehhaltung bestimmen. Eindrucksvoll sehen wir im Sönke-Nissen-Koog die Aufstockung der Höfe zu Großbetrieben und die Konzentration der Erzeugung nach ausschließlich ökonomischen Gesichtspunkten, aber auch, daß extreme Veränderungen nur dort möglich sind, wo günstige physische Bedingungen den Bauern einen großen Spielraum in ihren Entscheidungen gewähren. Dagegen veranschaulicht das Wirtschaftsflächenbild von 1942 (S. 50) die Auswirkungen staatlicher Eingriffe in die Bodennutzung.

Der Zwang zur Rationalisierung führt heute in vielen Gemeinden zur Aufstockung, Flurbereinigung, zu Aussiedlungen und Um- oder Neubauten, d. h., Siedlungen und Fluren erleben gegenwärtig nicht nur durch das Einwirken der Städte, sondern auch durch die veränderte Landwirtschaft selbst erhebliche Wandlungen (vgl. unten).

In diesem Prozeß, in dem die Betriebsgröße eine so wichtige Rolle spielt, daß es sogar zur Produktion gegen den Markt kommen kann, hat die Vermarktung der Produkte eine besondere Bedeutung erlangt. Butterwerke, Versandschlachthöfe und Zuckerfabriken bestimmen u. a. die neuen Formen.

Die ländlichen Siedlungen

In verschiedenen zeitlichen Phasen sind unterschiedliche Formen ländlicher Siedlungen entstanden, dabei haben sich z. T. typische landschaftliche Unterschiede — auch der Hausformen — herausgebildet. Manche dörflichen Siedlungen sind seit dem Mittelalter wieder ganz verschwunden und zu „Wüstungen" geworden. Nach der Verkoppelung bis gegen Ende des 19. Jhs. veränderten sich die Dörfer nur langsam. Mit der Möglichkeit, die Allmende, besonders die Heiden, in Wert zu setzen, kam es zur Ansiedlung von Kolonisten, die zum Teil aus anderen Landschaften zuwanderten.

Mit der Intensivierung der Landwirtschaft setzte ein Gestaltwandel der Bauernhöfe ein. Wachsende Ernten und größere Viehstapel erforderten An- und Neubauten, teils unter Verwendung neuer Materialien an Stelle der bisher bodenständigen Baustoffe.

Seit dem Zweiten Weltkrieg ist die Entwicklung gegenläufig. Der Mähdrusch macht die Scheunen und die Umstellung auf den Familienbetrieb den Gesindewohnraum weitgehend überflüssig, dagegen werden Grünfuttersilos neu errichtet. Mit der Flurbereinigung ist häufig eine Aussiedlung von Höfen verbunden.

An diese Veränderungen knüpft sich ein einschneidender Wandel der dörflichen Siedlungen, der von nicht landwirtschaftlichen Impulsen ausgeht. Der Fremdenverkehr gibt vielerorts den überzähligen Gebäudeteilen neue Funktionen; der steigende Wohlstand löst weitere Um- und Neubauten aus, er beschleunigt das Verschwinden der alten, landschaftsgebundenen Haustypen. Viele „Resthöfe" werden zu Zweitwohnsitzen von Städtern. Veränderungen ergeben sich auch dadurch, daß Dörfergemeinschaftsschulen und zentrale Meiereien an die Stelle der kleinen örtlichen Einrichtungen treten, daß Dorfschmied und Zimmermann, Bäcker und Kaufmann einen größeren Kundenkreis als früher bedienen und in kleinen Dörfern nicht mehr zu finden sind.

Da immer noch Bauern in andere Berufe überwechseln, nimmt der Anteil nichtlandwirtschaftlicher Gebäude in den Dörfern zu. Am stärksten verändert sich das dörfliche Siedlungsbild im Einzugsbereich größerer zentraler Orte, wobei ehemalige Dörfer schließlich ganz zu Wohnvororten der Städte werden können (vgl. S. 13).

Der Fremdenverkehr

Obgleich der Fremdenverkehr in Schleswig-Holstein schon eine 160jährige Tradition hat, blieb dessen landschaftsbestimmende Wirkung lange Zeit auf wenige hervorragende Punkte beschränkt. Seit 1950 hat der Fremdenverkehr eine neue Dimension gewonnen, vor allem durch den gestiegenen Wohlstand, aber auch infolge der Abtrennung ostdeutscher Küstengebiete. Der Wandel wird durch die enormen Zuwachsraten der Übernachtungen eindrucksvoll dokumentiert. In Schleswig-Holstein gab es

	1937	1952	1967	1977
Bettenzahl	o. Ang.	47 400	155 400	247 000
Übernachtungen in Mio.	3,5	3,6	13,4	21,6

Die vom Fremdenverkehr ausgehenden Veränderungen waren in den Küstenlandschaften weitaus am größten. Zunächst erfuhren diejenigen Orte, in denen der Fremdenverkehr schon vor dem Zweiten Weltkrieg eine wichtige Rolle gespielt hatte, einen kräftigen Aufschwung und entsprechende Veränderungen des Ortsbildes. Dem Wachstum dieser Orte sind allerdings Grenzen gesetzt durch die zur Verfügung stehende Strandfläche bzw. durch die Möglichkeit, sie durch Aufspülung zu vergrößern: Unterbringungs- und Erholungskapazität müssen aufeinander abgestimmt sein. Im Binnenland sind die Seengebiete bevorzugte Ziele der Feriengäste.

Mit zunehmender Motorisierung erfaßte der Fremdenverkehr bald auch Orte in einiger Entfernung von der Küste. Auf Agrarflächen oder Ödland außerhalb der Orte, meist in unmittelbarer Küstennähe, wurden Campingplätze angelegt. Eine neue Form des Freizeitangebotes und ein ebenso neues Element im Küstenraum stellen die erst seit 1970 entstandenen Ferienzentren dar, die mit ihren großen, z. T. riesigen Baukörpern vor allem an der Ostsee weithin die Landschaft überragen. Die verschiedenen Typen landschaftlicher Erscheinungen, die der Fremdenverkehr hervorgebracht hat, entsprechen weitgehend den Ansprüchen bzw. Erwartungen verschiedener Besuchergruppen. Das Hauptproblem des Fremdenverkehrs für die Zukunft besteht darin, die Saison so zu verlängern, daß Rentabilität und Beschäftigung gesichert sind.

Landschaftswandel durch die Industrie

Die Industrie leidet in Schleswig-Holstein nicht nur unter dem Mangel an natürlichen Grundlagen, sondern auch unter der wirtschaftsgeographischen Randlage. Dennoch gibt es einige günstige Standortbedingungen; so für die Bauindustrie, denn Sand- und Kieslager kann man im eiszeitlich geprägten Teil des Landes überall antreffen. Der Kalk von Lägerdorf ermöglicht eine Zementindustrie. In Hemmingstedt entstanden zunächst auf heimischer, dann auf ausländischer Rohstoffbasis Erdölwerke. Internationalen Rang konnte die Werftindustrie gewinnen, weil sie naturgemäß in einem Küstenland wie Schleswig-Holstein günstige Voraussetzungen fand. Alle Städte sind in irgendeiner Form eng mit der industriellen Entwicklung verbunden; in vielen Fällen schafft nur sie die Möglichkeit, die Bedürfnisse der Bewohner zu erfüllen. Während die auf der hochentwickelten Landwirtschaft basierende Nahrungsmittelindustrie trotz lokaler Konzentration im ganzen Land anzutreffen ist, sammeln sich alle übrigen Zweige in den Räumen Kiel, Lübeck, Neumünster und im Hamburger Umland.

Die Industrie tritt zwar flächenmäßig als gestaltende Kraft in den Landschaften gegenüber der Landwirtschaft zurück, löst aber an ihren Standorten tiefgreifende Veränderungen in Raum und Gesellschaft aus. Dieser Vorgang und die ungleiche Verteilung haben vielfach den Eindruck erweckt, als sei Schleswig-Holstein ein Agrarland. Der wirtschaftlichen Bedeutung nach dominiert die Industrie jedoch eindeutig (Anteile am Bruttoinlandsprodukt im Jahre 1975: Produzierendes Gewerbe 38,8 Prozent, Landwirtschaft 5,9 Prozent). Kein Prozeß hat vielerorts die Dörfer und Fluren so verändert oder sogar ganz beseitigt wie der der Industrialisierung. Industrie- und Bevölkerungsballungen erzeugen schwierige Probleme hinsichtlich ihrer Ver- und Entsorgung und machen den Umweltschutz zu einer zentralen Aufgabe.

Der Prozeß der Industrialisierung geht weiter, zumal nur durch ihn der Lebensstandard gehalten, soziale Verhältnisse verbessert und überregionale Aufgaben, wie z. B. die Entwicklungshilfe, angepackt werden können. So entsteht auch in Schleswig-Holstein im Raum Brunsbüttel ein neuer Wirtschaftsraum mit einem Schwerpunkt auf der Grundstoffindustrie. Die Landesregierung will mit diesem Projekt nicht nur neue Arbeitsplätze schaffen, sondern auch eine weitere Konzentration von Fabriken in den oben genannten älteren Standorten verhindern und wirtschaftlich schwächere Gebiete stärken.

Die Städte

Die seit dem 12. Jh. entstandenen Städte haben bis zur Zeit der beginnenden Industrialisierung nur den kleinsten Teil der Bevölkerung aufgenommen. Um 1845 lebten in Schleswig-Holstein etwa 830 000 Menschen, davon etwa 170 000 in den Städten (20 Prozent). Altona und Lübeck besaßen je etwa 30 000 Einwohner, Kiel, Flensburg, Schleswig und Rendsburg nur je etwas mehr als 10 000. In Städten über 10 000 Einwohnern lebten im Jahre 1845 13,3 Prozent, 1967 dagegen 52,9 Prozent und 1975 bereits 57,1 Prozent der Bewohner des Landes. Die Bevölkerung Hamburgs stieg von 160 000 (ohne Altona) im Jahre 1850 auf etwa 1,9 Millionen 1974 an. Die Wandlungen waren in den Städten auf Grund dieser Entwicklungen bis ins 19. Jh. hinein nur gering. Einige Orte, in die man einst große Erwartungen gesetzt hatte, z. B. Friedrichstadt und Glückstadt, stagnierten weiterhin, weil Handel und Politik sich umorientiert hatten. Andere Städte, z. B. Flensburg und Lübeck, konnten ihre Positionen wenigstens teilweise bewahren und durch die Übernahme neuer Aufgaben den Anschluß an die stürmische wirtschaftliche Entwicklung der Neuzeit finden.

Die Industrialisierung gab im 19. Jh. fast allen Städten kräftige Impulse. Sie ließ die Orte nicht nur wachsen, sondern führte wegen des schnellen Ausbaus häufig zu unerfreulichen Mischungen von Wohnstraßen und Fabrikanlagen. Von der Mitte des 19. Jhs. an bis zum Ersten Weltkrieg erhielten 19 Siedlungen das Stadtrecht,

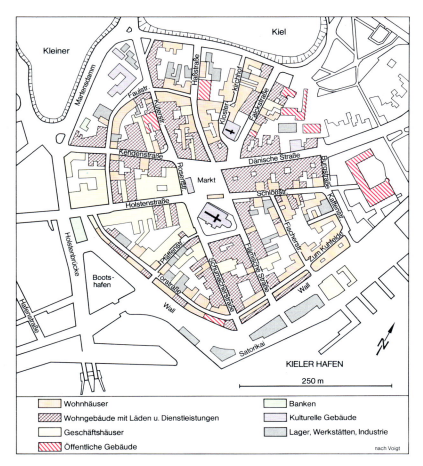

Funktionale Gliederung der Kieler Altstadt 1939 (nach Voigt)

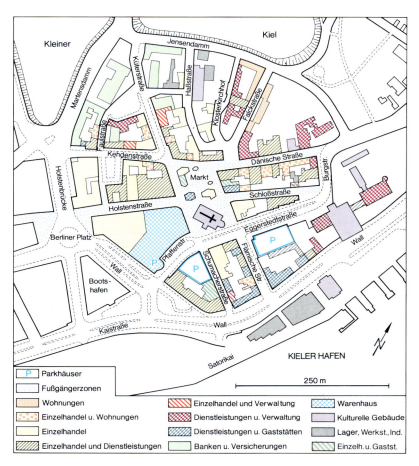

Funktionale Gliederung der Kieler Altstadt 1978

dagegen zwischen den Weltkriegen nur 3. Eine sprunghafte Entwicklung setzte wieder nach dem Zweiten Weltkrieg ein. Die Einwohnerzahl Schleswig-Holsteins war von 1,58 Millionen 1939 auf 2,56 im Jahre 1950 angestiegen. Wegen der Kriegsfolgen mußten nicht nur ganze Stadtteile neu aufgebaut werden, sondern für die Flüchtlinge weiterer Wohnraum geschaffen und für alle Bewohner die Arbeitsplätze gesichert, meistens erst wieder erstellt werden. Diese Aufgaben fielen in erster Linie den Städten zu. Beschleunigt wurde der immer stärker einsetzende Prozeß der Verstädterung ebenfalls durch die Veränderungen auf dem Lande (s. S. 11). Landbewohner wanderten aus ihren Dörfern ab oder suchten sich in den Städten als Pendler neue Arbeitsplätze. Bei dieser Mobilität der Bevölkerung und dem allgemeinen wirtschaftlichen Aufschwung wuchsen die alten Städte sprunghaft an, und es bildeten sich aus mehreren kleineren Orten neue Städte. Bereits 1970 gab es 57 Städte im Gegensatz zu nur 26 im Jahre 1867.

Bei der steigenden Bedeutung des tertiären Sektors in der Industriegesellschaft konzentrieren sich die Einrichtungen aus dem Bereich der Dienstleistungen mehr und mehr in den Innenstädten. So wird die Altstadt fast immer zur City. Da die alte Bausubstanz meistens den neuen Funktionen nicht entspricht, wohl aber häufig einen hohen kulturellen Wert besitzt, entstehen erhebliche Sanierungsprobleme. Dabei darf keine Konservierung, sondern nur eine behutsame Restaurierung so angestrebt werden, daß bedeutende Bauten erhalten bleiben oder so umgestaltet werden, daß sie ohne Substanzverlust auch den neuen Funktionen dienen können. Vor allem bemüht man sich augenblicklich um eine Sanierung der älteren Wohnbezirke, damit sie wieder voll von den Bürgern in Besitz genommen werden können.

In den Stadtrandzonen geht es im großen und ganzen um eine planvolle Erweiterung oder um den Neubau von Wohnraum und Fabriken. Wo diese Maßnahmen nicht ausreichen, um die Bedürfnisse der Bewohner befriedigen zu können, kommt es zur Anlage neuer Wohnstadtteile. Obwohl man sich bemüht hat, auch ihnen allgemeine Einrichtungen zu geben, blieb die Anziehungskraft der älteren Innenstädte wegen ihrer besonderen Zentralität und wohl auch wegen ihrer einmaligen Atmosphäre erhalten. Aus diesem Sachverhalt und der vorherrschenden Trennung von Wohn- und Arbeitsplatz sowie der

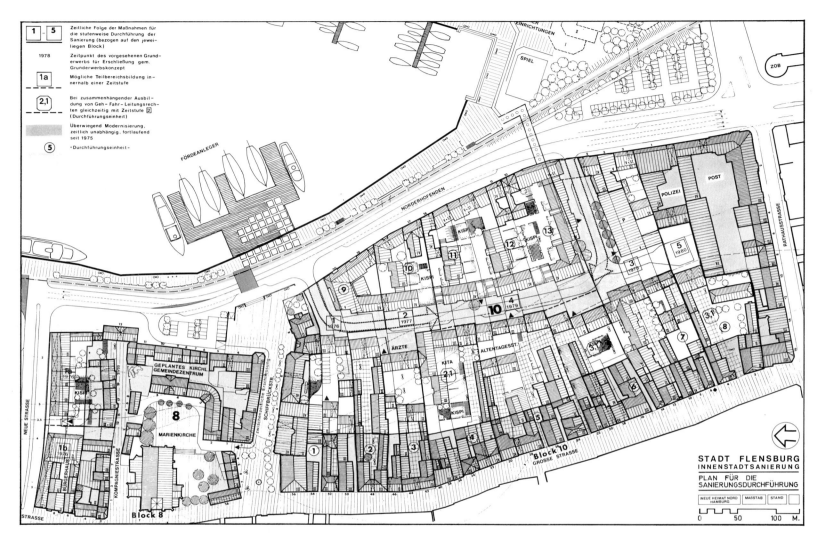

Entwicklung zum Individualverkehr entstehen im Nahraum schwierige Verkehrsprobleme. Fast alle Städte gewinnen ihren spezifischen Charakter aus einer Synthese zwischen ihrer geschichtlichen Entwicklung und ihrer Bedeutung als zentraler Ort für ein mehr oder weniger großes Umland sowie dem Grad der Industrialisierung. Städte, die weder Zentralität noch Industrien besitzen, stagnieren, wenn sie nicht durch die „Weiße Industrie" einen gewissen Ausgleich erringen können. Auf der anderen Seite vermögen Orte, die weder historisch noch juristisch Städte sind, wegen ihrer günstigen Lage zu den Hauptverkehrswegen und bei einem notwendigen Abstand zu den größeren Städten sich zu Unterzentren zu entwickeln. In Schleswig-Holstein läuft die Phase des Wachstums der Städte zur Zeit aus. Dennoch wird es noch für einige Jahre zu einer weiteren räumlichen Ausdehnung der Städte kommen, weil die Einwohner die Stadtränder als Wohngebiete bevorzugen. Dieser Prozeß könnte nur durch die vollständige Sanierung älterer Wohnbezirke gebremst bzw. aufgehalten werden.

In größeren Dimensionen finden wir alle stadtgeographischen Probleme in Hamburg wieder, dem durch Welthandel, Weltverkehr und Industrialisierung zur Millionenstadt aufgestiegenen Hafenort. Das Wachstum führte hier zu erheblichen Wandlungen im Hafen, in der Altstadt und wirkte sich nach Niedersachsen sowie vor allem nach Schleswig-Holstein hinein aus. Deshalb mußte ein weites Umland geordnet werden. Das Achsenmodell prägt heute das „Hamburger Umland" und verlangt eine ständige Zusammenarbeit zwischen dem Stadtstaat und den Flächenstaaten. Die alle anderen Städte in Norddeutschland überragende Zentralität wird in der funktionalen und baulichen Entwicklung der City deutlich. Neue oder erweiterte Verwaltungskomplexe der Wirtschaft wurden in den letzten Jahrzehnten zwingend, alte Wohngebiete mußten umgestaltet, neue geschaffen werden. Vor allem mußte der Hafen immer wieder den sich schnell verändernden Verhältnissen in der Schiffahrt und im Transportwesen angeglichen werden. Die Namen „Segelschiffhafen" und „Containerterminal" kennzeichnen diese Entwicklung überzeugend.

Wandel der Verkehrswege

Die geographische Lage Schleswig-Holsteins zwischen zwei Meeren und zu den Ländern Skandinaviens führte dazu, daß die wichtigsten Landwege von Anfang an von S nach N verliefen, während die O-W-Verbindungen als Transitwege die Halbinsel querten. Dabei spiegelt der Ausbau der Verkehrslinien nicht nur das Zusammenwirken geographischer, historischer und ökonomischer Kräfte wider, sondern ebenso die zeitliche Abfolge der Verkehrsentwicklung. So reichte z. B der bereits im 14. Jh. gegrabene Stecknitz-Kanal bis 1880 für eine Anbindung Lübecks an die Schiffahrt der Elbe aus. Auch der Umfang der Transporte hatte sich in den fünf Jahrhunderten nicht einschneidend geändert. Im Juli 1398 passierten 30 Kähne den Kanal, in der Mitte des 19. Jhs. monatlich im Durchschnitt um 65. Die Ablösung älterer Verkehrswege — z. B. Ochsenwege, Eiderkanal — erfolgte jeweils recht anschaulich durch den Einsatz neuer Verkehrsmittel. Dampfschiff, Eisenbahn und Kraftfahrzeug prägen ganze Phasen der neueren Wirtschaftsgeschichte. Innerhalb weniger Jahrzehnte erfolgte vor etwa 120 Jahren der Ausbau eines Netzes von Chausseen und Eisenbahnlinien. Vielerorts gab es heftige Kämpfe um die Linienführungen. Die Hauptlinien betonen die Stellung Schleswig-Holsteins als Brückenland. Die Eisenbahn dominierte anfangs eindeutig und räumte den Landstraßen meistens nur Zubringerdienste ein. Gegenwärtig läuft der Prozeß umgekehrt. Gegen die hochentwickelten Kraftfahrzeuge, die größere Mobilität des Lastzugverkehrs und gegen die Entscheidung der Bürger für den Individualverkehr mußte die Bahn den Konkurrenzkampf mit der Straße verlieren. Der Zuwachs an Kraftfahrzeugen (1950 66 243, 1975 dagegen 875 473!) verlangte den Ausbau des Straßennetzes (Gesamtlänge: 1950 6217 km, 1975 9485 km) und führte zur Stillegung mehrerer Nebenlinien der Eisenbahn. Ihren besonderen Ausdruck findet die augenblickliche Entwicklung in der Anlage weiterer Autobahnen und deren Anschluß an die dänischen Strecken (Länge der Autobahnen: 1950 64 km, 1975 258 km). Der Anteil der LKW an der beförderten Gütermenge stieg von 16 Prozent im Jahre 1955 auf 24 Prozent 1975, der der Eisenbahn sank im gleichen Zeitraum von 44 auf 17 Prozent. Einen großen Zuwachs von 25 auf 45 Prozent gewann der Seeverkehr. Die erheblichen Erweiterungen der Fährhäfen Travemünde und Kiel sowie das Einrichten der Vogelfluglinie mit dem neuen Hafen Puttgarden und ihre Anbindung an die Autobahnen für den Personen- und Containerverkehr verdeutlichen nicht nur den zeitgemäßen Ablauf des Transportwesens, sondern zeigen auch die Auswirkungen der Teilung Deutschlands auf Schleswig-Holstein.

Die Wasserstraßen bleiben selbstverständlich von der allgemeinen Entwicklung nicht unberührt. Der Elbe-Lübeck-Kanal müßte auf die Norm des Europaschiffes umgerüstet werden. Doch mit dem Rückgang der Binnenschiffahrt und dem Versuch der Bundesbahn, in den Güterverkehr wieder stärker einzudringen, fällt eine Realisierung der Pläne schwer. Der mit dem Aufkommen der Dampfschiffahrt und wegen seiner einstigen strategischen Bedeutung so geförderte Nord-Ostsee-Kanal muß sich um seine Leistungsfähigkeit als internationale Wasserstraße zwischen Nord- und Ostsee weiterhin bemühen. Er ist in den vergangenen Jahren streckenweise erheblich verbreitert worden. Eine Anpassung an die steigenden Schiffsgrößen ist jedoch kaum sinnvoll, weil die hohen Baukosten durch Mehreinnahmen nicht gedeckt werden können. Ältere kleinere Kanäle, z. B. der Breitenburger Kanal, haben keine Bedeutung mehr. An die Funktion der Flüsse als Wasserstraßen erinnern oft nur Ortsnamen, z. B. Flemhude, Pahlhude an der Eider.

Im alten Verkehrsknotenpunkt Rendsburg kreuzen sich heute die verschiedenen Verkehrswege mit imponierenden Bauten in drei Ebenen. Hamburg spiegelt auch im Verkehrswesen alle modernen Formen wider, nur in noch größeren Dimensionen. Es verlangt als Ballungsraum nicht nur eine Anbindung an die Fernstraßen, sondern ebenso an die Orte seines Umlandes. Daher verbesserte man mit Hilfe der Elektrifizierung durch Schnellbahnen die Nahverbindungen erheblich. Überall haben die durch die Industrialisierung und die Verstädterung veränderten Verkehrswege der Kulturlandschaft neue Züge verliehen.

1 Rummelloch: Landschaftsgestaltende Kräfte im nordfriesischen Wattenmeer

Das Wattenmeer wird in erster Linie von den Gezeiten gestaltet. Viermal täglich wechseln Ebbe und Flut; sehr große Wassermassen werden hin- und herbewegt. Die dabei entstehenden, überwiegend senkrecht zur Küste wirkenden Kräfte räumen die Gezeitenrinnen aus; die großen und tiefen nennt man Wattströme, die kleineren, die bei Niedrigwasser trockenfallen, Priele. Die landschaftsgestaltenden Kräfte sind abhängig von der Größe des Einzugsgebietes und vom Tidenhub. Er beträgt in Bildmitte 2,65 m, bei Husum 3,25 m und an der Südspitze von Sylt 1,85 m.

Zur Hauptsache besteht der Wattboden aus Sand. Während der Stillstandsphase bei Hochwasser kann sich an ruhigen Stellen im Watt Schlick absetzen und bei fortdauernder Sedimentation zu begrüntem Vor- oder Halligland emporwachsen.

Die helle Fläche des Süderoogsandes läßt auf die zweite landschaftsformende Kraft schließen: die Brandung. Sie tritt bei starken Westwinden am Außenrand des Wattenmeeres auf. Infolge der auflandigen Transportkomponente, die bei der Brandung entsteht, wird der Sand strandwallartig angehäuft. Die seeseitigen Kanten der Außensände liegen annähernd auf einer Linie. Diese Orientierung wird durch Kräfte bewirkt, die küstenparallel angreifen, vor allem durch küstenparallele Strömungen, die bei auflandigen Winden entstehen. Nördlich von Esbjerg, wo der Tidenhub geringer als 1,0 m ist, wird diese Küstenströmung zur wichtigsten gestaltenden Kraft; hier tritt eine Ausgleichsküste an die Stelle der Wattenküste.

Im nordfriesischen Küstenraum haben in den letzten 5000 Jahren teils die senkrecht zur Küste angreifenden Gezeitenkräfte und teils die parallel zur Küste wirkenden Kräfte dominiert. Seit etwa 3000 v. Chr. drang in diesen Raum, vor dem sich damals noch mehrere Geestkerne befanden, sehr rasch das Meer ein. Es entstand ein Wattenmeer, in dem die Alte Marsch abgelagert wurde; ihre Oberfläche lag großenteils nur wenig höher als der heutige Niedrigwasserspiegel.

Erst später, vielleicht um 1000 v. Chr., bildete sich am Westrand des heutigen Wattenmeeres, also im Bereich des Bildausschnittes, unter dem Einfluß küstenparallel wirkender Kräfte eine Barre aus — möglicherweise eine Nehrung —, welche die Wattlandschaft östlich davon dem Meereseinfluß wieder entzog. Im Süden stellte die höher aufgelandete Alte Marsch Eiderstedts den Abschluß dar. Zwischen dieser Barre und dem Geestrand trat Versumpfung ein, großflächige Moore entstanden, deren Reste nach Westen bis etwa zur Bildmitte nachweisbar sind.

Welche Werte für Meeresspiegelhöhe, Tidenhub und Sturmfluthöhen damals zutrafen, kann bisher noch nicht hinreichend rekonstruiert werden. Da jedoch um 100 n. Chr. die Alte Marsch bei Tofting in Eiderstedt in einer Höhe von + 2,0 m NN zu ebener Erde, also ohne Warfen, besiedelt gewesen ist, rund 3,30 m unter dem Wasserstand der Sturmflut von 1962 in Tönning, muß angenommen werden, daß die Bedingungen vor 2000 Jahren sehr erheblich anders waren als heute.

Seit dem 8. Jh. n. Chr. wanderten aus dem Küstenraum an der südlichen Nordsee die Friesen ein; sie besiedelten zuerst die höheren Ränder: Eiderstedt und die Geestinseln, seit dem 11. Jh. auch den heutigen Wattenraum. Die Friesen bauten den Torf ab, um die darunterliegende Alte Marsch in Kultur nehmen zu können; sie errichteten gegen die Gezeitenrinnen niedrige Deiche. Die verfehnte, d. h. abgetorfte, Landoberfläche, die zwar unter dem damaligen MThw, jedoch noch über dem MTnw lag, konnte durch Siele entwässert und — sogar als Acker — landwirtschaftlich genutzt werden. Ein weiterer Erwerbszweig war die Salzgewinnung aus Seetorf.

Dieser Kultivierungsvorgang fiel in eine Zeit, in der die senkrecht zur Küste angreifenden Kräfte wieder zunahmen. Vermutlich wurden die vorher nur schmalen Durchlässe in der Nehrung rasch verbreitert und vertieft; Gezeitenrinnen zerschnitten das nicht bedeichte Land, vor allem konnten sich Sturmfluten in dem vorher geschützten Binnenraum jetzt verstärkt auswirken. Als in der Flut von 1362 zahlreiche Deiche gebrochen waren, verwandelte sich das niedrige Land sogleich in Watt, das täglich zweimal überflutet wurde. An eine Wiedergewinnung des unter dem MThw liegenden Landes war bei dem damaligen Stand der Deichbautechnik nicht zu denken.

Der größte Teil der Alten Marsch ging schon um 1362 verloren, als Rest blieb nur die Insel „Strand" erhalten. Die Nordsee drang fast überall bis an den Geestrand vor; Husum wurde Hafenstadt. Über dem Moor und über dem untergegangenen Kulturland wurde Schlick abgelagert; Halligen wuchsen empor, die Junge Marsch entstand. Die Flut von 1634 verwandelte weiteres Kulturland in Watt, u. a. am Rummelloch zwischen Pellworm und Hooge, wo noch Kulturspuren zu sehen sind; neue Wattströme, z. B. die Norderhever, bildeten sich aus.

Auch heute herrscht im nordfriesischen Wattenmeer noch kein Gleichgewicht. Die großen Wattströme tiefen sich immer stärker ein, zugleich weicht der Außenrand des Wattenmeeres heute um 20 bis 30 m/Jahr landwärts zurück. Beides dürfte mit dem jüngsten, seit etwa 100 Jahren beobachteten Meeresspiegelanstieg zusammenhängen, der etwa 25 cm/Jh. ausmacht, und der den Wasserraum im Wattenmeer zwischen Hindenburgdamm und Eiderstedt um rund 3 Mio. m³/Jahr vergrößert. Da der Anstieg des Meeresspiegels eine Folge des Abschmelzens von Gletschereis auf den Festländern der Erde ist, hängt die weitere Landschaftsentwicklung im Wattenmeer auch mit dem künftigen Klima zusammen.

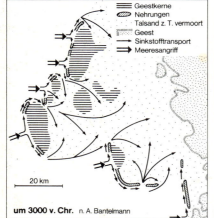
um 3000 v. Chr. n. A. Bantelmann

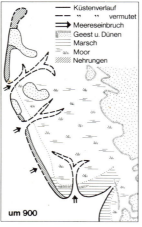
um 900

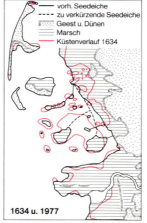
1634 u. 1977

Zwischen der Hallig Hooge und der links angeschnittenen Insel Pellworm geht der Blick bei Niedrigwasser über eine amphibische Wattlandschaft. Das Rummelloch, ein kleinerer Wattstrom, windet sich zwischen der Hallig Süderoog und der sehr kleinen Hallig Norderoog dem Meere zu. Der helle Süderoogsand gibt die Grenze des Wattenmeeres gegen die offene Nordsee an. Kein anderer Raum Schleswig-Holsteins ist einem so weitgehenden Landschaftswandel unterworfen wie gerade das nordfriesische Wattenmeer. — Blickrichtung SW

2 Amrum: Umwertung einer Insel

Der Insel Amrum ist im Westen eine breite Sandplate, der Kniepsand, vorgelagert. Ein ehemaliges Kliff in den Dünen am westlichen Inselrand beweist, daß der Kniepsand nicht immer vorhanden gewesen ist. Er hat in den letzten 100 Jahren seine Gestalt stark gewandelt.

Die Dünen sitzen dem diluvialen Kern der Insel auf. In Dünentälern werden von Zeit zu Zeit bronzezeitliche Grabhügel und wikingerzeitliche Einzelgräber freigeweht. Daraus geht hervor, daß die Dünen geologisch jung sind; sie entstanden erst zusammen mit dem Kniepsand seit etwa 1000 Jahren. Das Bild veranschaulicht den Vorgang der Dünenbildung: Der Westwind treibt den Sand zum Inselrand hin, wo er von Dünenpflanzen festgelegt wird; der helle Streifen markiert die jüngsten Ablagerungen. Sturmfluten verlegen allerdings den Dünenrand teilweise wieder zurück. — Wie auf Sylt schließt sich im Norden und Süden je ein Dünenhaken an den Inselkörper an.

Westwinde haben von den Dünen Sand abgeweht und auf die Geest getragen. Auf der Schicht aus nährstoffarmem Sand hat sich eine natürliche Heidevegetation entwickelt, die auf der Karte von 1878 als Heide erscheint, auf dem Luftbild von 1974 ist die Zone als dunkler Waldstreifen zu erkennen.

Die Geest, der Inselkern aus saalezeitlichen Altmoränen, tritt im Ostteil Amrums — auf dem Luftbild mit graugrüner Farbe und deutlicher Flureinteilung — an die Oberfläche. Die Südkante des Geestkerns wird durch den dunklen Heidestreifen zwischen dem Leuchtturm und der Hafeneinfahrt bei Steenodde markiert. An der geschützten Wattseite der Insel ist ein schmaler Streifen Marsch angewachsen, der sich nur nördlich Norddorf und südlich Steenodde zu größeren Flächen verbreitert. — Bis in die zweite Hälfte des 19. Jhs. waren die Teillandschaften der Insel in eine Wirtschaftsweise eingeordnet, die sich im Laufe der Zeit nur wenig veränderte.

Der Kniepsand lieferte Treibholz, das u. a. als Brennholz auf der waldlosen Insel willkommen war. Die Dünen dienten als Weide, vor allem für Ziegen und Jungvieh, sowie zur Jagd. Der Strandhafer, der "Halm", ergab ein Material, aus dem die ärmere Bevölkerung "Reepen" herstellte, Seile, die man zum Dachdecken benötigte. Das Heidekraut schnitt man alle fünf Jahre, um es als Heizmaterial zu verwenden. Die Geest, die als Ackerland und als Ackerweide genutzt wurde, gab nur geringe Erträge; auf dem Marschland gewann man Heu.

Die insgesamt nur kargen und kaum ausbaufähigen Lebensmöglichkeiten der Insel kommen vor allem darin zum Ausdruck, daß die Männer im 17. und 18. Jh. im Walfang und im 19. Jh. in der Handelsschiffahrt einen Zusatz-, oft sogar den Haupterwerb, fanden. Die ungünstige Naturausstattung spiegelt sich auch in der fast gleichbleibenden Einwohnerzahl. Von 1796 bis 1885 stieg sie von 606 auf 657, also um etwa 8 Prozent, während sich gleichzeitig die Bevölkerung des Deutschen Reiches fast verdoppelte. Die Stagnation der Einwohnerzahl ist vor allem durch die Ab- und Auswanderung zu erklären.

Nachdem Wyk (1819) und Westerland (1857) Badeorte geworden waren, überlegte man auch auf Amrum, ob man die natürlichen Möglichkeiten für einen kommerziellen Badebetrieb nutzen wollte. Die Amrumer Friesen lehnten das bewußt ab, weil sie eine Überfremdung ihrer Heimatinsel befürchteten. Als man jedoch erkannte, daß die Entwicklung zum Seebad nicht aufzuhalten war, versuchte man, diese wenigstens in annehmbare Bahnen zu lenken. Auf den Rat F. v. Bodelschwinghs hin beschloß 1888 der Kirchenvorstand, ein christliches Hospiz zu errichten, in dem Erholung mit kirchlichem Leben verbunden werden konnte; es entstand 1890 in Norddorf, 5 weitere folgten. Ebenfalls 1890 gelang es einer auswärtigen Gesellschaft, in dem bisher unbewohnten Südzipfel Amrums das weltliche Bad Wittdün zu gründen. Hier wie auch in Norddorf konnten damals Schiffe anlegen.

Nach fast einem Jahrhundert weisen die Seebäder Amrums noch manche Unterschiede auf. Der bedeutendste Badeort Norddorf hat eine gemischte Struktur: Von 3050 Betten (1976) stehen 12 Prozent in Hotels, 58 Prozent in Pensionen und 30 Prozent in Privathäusern. Im alten Kirchdorf Nebel, das vom Badestrand 3 km weit entfernt liegt, ging man erst spät zur Beherbergung in großem Maßstab über: Von 2340 Betten (mit Süddorf) entfallen hier 95 Prozent auf private Quartiere, darunter viele Ferienwohnungen. In Wittdün (1720 Betten) erkennt man noch heute, z. B. an manchen Bauten, daß es als Neugründung entstand. Ein Campingplatz bietet 450 Stellplätze. In allen drei Orten gibt es Kinderheime mit insgesamt 1130 Betten. Auf Amrum zählte man 1976 bei 2417 Einwohnern rund 1 Mio. Übernachtungen.

Die traditionale Nutzung der Zonen ist durch den Fremdenverkehr weitgehend abgelöst worden. Der Kniepsand dient als Badestrand und als großflächige Erholungslandschaft. Die Dünen werden ebenfalls zur Erholung aufgesucht, wodurch die von Natur aus schon vorhandene Tendenz zur Ausblasung verstärkt wird. Durch Verbote und durch Bepflanzung versucht man den Dünenschäden entgegenzuwirken. Die Heidezone ist seit 1878 großenteils mit Kiefern aufgeforstet worden. Dies geschah zuerst, um den Flugsand aufzuhalten, später, um Spaziergängern bei Schlechtwetter Wandermöglichkeiten anzubieten. Seit 1950 entstanden in bzw. am Rande der Heide- und Waldzone zahlreiche Sommerhäuser. Windschutzpflanzungen umgeben auf der Geest ehemalige Nutzflächen, die nun als Spiel- und Liegewiesen dienen. Die Marsch wurde durch Sommerdeiche geschützt.

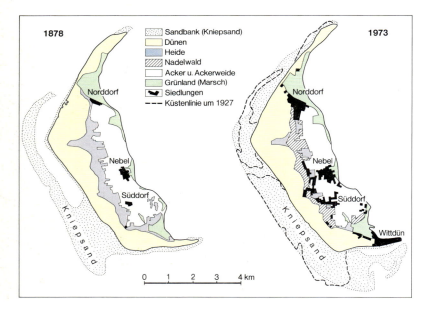

Der annähernd halbmondförmigen Grundrißgestalt Amrums sind nord-süd-verlaufende Streifen aufgeprägt, in denen die entstehungsbedingten Unterschiede des geologischen Aufbaus, der Vegetation und der Nutzung zum Ausdruck kommen. Sowohl die einzelnen Zonen als auch die Insel als Ganzes haben einen Wertwandel erfahren, der vielfältige Veränderungen mit sich gebracht hat. Rechts des nördlichen Dünenhakens „Odde" erblickt man das Wattenmeer, links davon liegt jenseits des Hörnumer Tiefs die Nachbarinsel Sylt. — Blickrichtung N

3 Hörnum / Sylt: Lee-Erosion — eine Folge von Eingriffen in die Sandwanderung

Dem Auge des flüchtigen Besuchers erscheint eine Küste meist als etwas Festliegendes und Dauerndes. Dieser Eindruck trifft jedoch nur sehr bedingt zu. An der Ostsee (Nr. 33—34) und vor allem an der Nordsee (Nr. 1—6) kann sich die Küstenlandschaft schnell verändern.

Die Westküste von Sylt besteht aus Sand, der zum weit überwiegenden Teil aus dem Abbruch des Geestkörpers der Insel — z. B. am Roten Kliff — stammt. Während die feinen Tonbestandteile als Schwebe weit vertragen werden, wird der Sand je nach Windrichtung nach Norden oder Süden an der Küste entlang fortbewegt. Südlich von Westerland überwiegt der Transport in südlicher Richtung. Ein Großteil des Sandes kommt schließlich am Südende der Insel bei Hörnum-Odde zur Ablagerung. Gleichzeitig werden die Nehrungshaken durch Abbruch nach Osten verlegt; bei Hörnum-Odde um etwa 2,5 m, weiter im Norden um etwa 1 m/Jahr. Die Entwicklung an jedem einzelnen Punkt der Küste ergibt sich aus der Bilanz zwischen An- und Abtransport und aus den Umlagerungen innerhalb des Strand- und Vorstrandprofils. In diesen Sandwanderungsvorgang hat der Mensch eingegriffen.

In den Dünen westlich von Hörnum wurde 1959—1961 von dem Wohnungsunternehmen Kersig eine Siedlung aus einzelstehenden reetgedeckten Häusern geplant und angelegt. Die „Kersig-Siedlung" (oberhalb der Bildmitte) springt bis nahe an den Westrand der Insel vor. Die von seiten der Küstenschutzbehörden gegen das Vorhaben geäußerten Bedenken blieben unbeachtet. In der Sturmflut vom 16./17. Februar 1962, also bereits im Jahr nach der Fertigstellung der Siedlung, wurde die vorderste Dünenkette durchbrochen und von der See abgetragen. Das Wasser drang durch ein Dünental bis in unmittelbare Nähe der Häuser, und die Wellen brandeten gegen den Fuß der vordersten bebauten Dünen.

Die Bewohner der Siedlung, die inzwischen Eigentümer der Häuser geworden waren, verlangten daraufhin Maßnahmen zum Schutz des gefährdeten Küstenabschnitts. 1968 wurde ein 1270 m langes Längswerk aus Tetrapoden am Dünenfuß entlang verlegt. Die je 6 t schweren Tetrapoden wurden an Ort und Stelle hergestellt und zum Schutz gegen Wegsacken auf Kunststoffmatten verlegt. Auf dem Luftbild erkennt man den nördlichen und den südlichen Teil des Längswerkes als breites dunkles Band; der mittlere Teil ist von Sand bedeckt. Senkrecht dazu erbaute man ein 270 m langes Querwerk als Buhne, ebenfalls aus Tetrapoden. Es ist auf dem seeseitigen Teil der Strandfläche gut zu sehen.

Die von dem Querwerk erhoffte Wirkung ist zum Teil eingetreten: Unmittelbar nördlich der Buhne ist auf etwa 500 m Länge eine breite Strandfläche entstanden, auf der Hunderte von Strandkörben Platz finden. Außerdem ist es im Schutz der Vordüne gelungen, mit Hilfe von Sandfangzäunen die Lücke in der Dünenkette zu schließen und eine neue Vordüne aufzubauen. Der inzwischen mit Strandhafer bepflanzten und begrünten neuen Vordüne wird bei Westwind von der breiten Strandfläche her weiterer Sand zugeführt. Südlich — im Luftbild diesseits — der Buhne ist die Küste um etwa 100 m zurückgewichen. Durch die bei der Schrägaufnahme von 1976 starke perspektivische Verkürzung von vorn nach hinten erscheint der Rückgang noch stärker als in Wirklichkeit.

Diese Änderung der Küstengestalt ist vor allem durch die Buhne verursacht worden. Sie unterbricht den Sandtransport: An der Luvseite des Querwerks verlangsamt sich die Strömung, und ein Teil des Sandes wird abgelagert. Der andere Teil des Sandstromes wird durch die Buhne seewärts abgelenkt. Da jedoch auf der Leeseite der Buhne der Abtransport des Sandes weitergeht, tritt hier ein Defizit auf. Das Luftbild zeigt auch unterhalb der Wasserlinie Ablagerung auf der Luvseite (breiter heller Streifen) und Abtrag auf der Leeseite (dunklere Farbe des Wassers). Durch die Buhne und besonders durch das Südende des Längswerkes werden auch die Wellen aus nordwestlichen Richtungen direkt auf den Strand der Leeseite gelenkt. Wegen des hier tieferen Wassers dringen außerdem mehr und höhere Wellen zum Dünenfuß vor und tragen ihn ab. Der dadurch bedingte Rückgang der Küste wird als Lee-Erosion bezeichnet.

Die Ausräumung des Strandes und des Vorstrandes sowie der Abbruch der Dünen vollziehen sich dabei in einem unregelmäßigen Wechsel: Selbst bei gewöhnlichen Wetterlagen mit Wind aus West bis Nord werden Strand und Vorstrand erodiert, nur die Sturmfluten greifen auch die Dünen an.

Der Vergleich des Luftbildes von 1971 mit dem von 1976 zeigt den zeitlichen Ablauf der Lee-Erosion. 1971 war die Luvseite der Querbuhne erst etwa zur Hälfte zugesandet. Auf der Leeseite gibt das auf beiden Bildern deutlich sichtbare Südende des Längswerkes einen guten Anhalt für die Beurteilung des Küstenrückgangs ab.

Langfristig stellt sich die Frage, ob ein Küstenschutz für die beiden Sylter Nehrungshaken sinnvoll und möglich ist. Die rund 1800 m langen Befestigungsanlagen vor Westerland haben die Sandbilanz der Insel in diesem Bereich nicht positiv verändern können. Durch Aufspülung von Sand aus dem Wattenmeer hat man das Sanddefizit vor Westerland künstlich ausgeglichen. Allerdings muß die Sandzufuhr in Abständen von einigen Jahren wiederholt werden. Der Erfolg dieser Maßnahme legte es nahe zu versuchen, an besonders gefährdeten Abschnitten der Nehrungshaken ebenfalls durch künstliche Sandzufuhr einen Ausgleich zu schaffen. In Anbetracht der dünnen Bebauung dieser Gebiete und der Tatsache, daß die ständig fortschreitende Erosion der Sylter Westküste auch durch künstliche Sandzufuhr nicht zu stoppen ist, scheint der große Aufwand für solche Maßnahmen allerdings kaum gerechtfertigt zu sein.

Die Entscheidung für den Bau der Küstenschutzwerke bei Hörnum ist mit dadurch bestimmt worden, daß dieser Eingriff für die Küstenforschung und -praxis ein wichtiges, in Europa einmaliges Experiment darstellt. Hier kann das Ausmaß der landschaftsverändernden Wirkungen der Lee-Erosion an einem Schulbeispiel studiert werden, ohne daß Schäden an Bauwerken oder an Nutzland eintreten. Der betroffene, südlich Hörnums anschließende, rund 2 km lange Südzipfel Sylts, die „Hörnum-Odde", ist ein unbesiedeltes Dünen- und Heidegebiet. Die Form der Odde hat sich während des vergangenen Jahrhunderts erheblich verändert, wozu nicht allein die Sandzufuhr von Norden her, sondern auch die Verlagerung der Strömungen, insbesondere im Hörnum-Tief, sowie die formenden Kräfte von Wind und Seegang eine Rolle gespielt haben. Die Veränderungen der Insel Amrum südlich des Hörnum-Tiefs sind bei Nr. 2 dargestellt.

Der südliche Nehrungshaken der Insel Sylt, der von dem am oberen Bildrand sichtbaren Geestkern 17 km nach Süden reicht, besteht fast ganz aus Dünen; seine Westseite grenzt mit einer fast geradlinigen Küste an die offene Nordsee. Oberhalb der Bildmitte springt die Uferlinie weit nach Westen vor, unterhalb davon weicht sie zurück. Der veränderte Küstenverlauf ist innerhalb nur eines Jahrzehnts durch menschliche Eingriffe zustande gekommen. Luftaufnahme vom 8. August 1976 und vom 21. April 1971 (Ausschnitt). — Blickrichtung N

4 Brodtener Ufer: Heutige Ostseesteilküste — Kudener Klev: Fossile Nordseesteilküste

Das Steilufer bei Brodten erreicht Höhen bis zu etwa 25 m. Bei Beginn der Küstenentwicklung, die in diesem Raum um 5000 v. Chr. einsetzte, ragte der heute annähernd halbkreisförmige Moränenvorsprung noch erheblich weiter nach Nordosten. Er wurde im Süden von der Traveförde (Bildhintergrund) und im Norden von der Hemmelsförde, dem heutigen Hemmelsdorfer See, flankiert. Bei gleichzeitigem Anstieg des Meeresspiegels um 15 m ist die Küste seither um 6,8 km zurückgegangen, was einem Mittel von etwa 1 m im Jahr entsprechen würde. Heute beträgt der mittlere Rückgang des Brodtener Ufers 0,46 m im Jahr. Dies ist der höchste Wert an der schleswig-holsteinischen Ostseeküste, an welcher der durchschnittliche Abbruch an den Steilufern nur 0,21 m im Jahr beträgt.

Mit der Rückverlegung der Steilküste ist ein Landschaftswandel verbunden, der weiterhin andauert. Am aktiven Steilufer greifen mehrere Faktoren ineinander: Von der Steilkante fallen oder gleiten einzelne Partikel und auch ganze Schollen, die sich aus ihrem Verband gelöst haben, durch die Schwerkraft abwärts. Eine besondere Rolle spielt dabei die Durchfeuchtung des Bodens durch Regen- oder Grundwasser sowie die Wirkung des Frostes auf den feuchten Hang. Nach dem Auftauen gleiten die gelockerten Bodenteile als Schlammstrom abwärts. Das Steilufer wird auf etwa 45° abgeschrägt.

Bei Sturmflut wäscht die Brandung die am Hangfuß angesammelten Lockermassen aus und sortiert sie; schließlich greift sie das Kliff selbst an. Brandung und Küstenströmung transportieren den Sand an der Küste entlang. Kleine und mittlere Steine werden am Strand entlang rollend fortbewegt, während die großen liegenbleiben.

Das Brodtener Ufer ist nach Nordosten exponiert. Die aus dieser Richtung angreifenden Winde gehen in der Regel mit stark erhöhten Wasserständen und häufig auch mit großen Wellenhöhen einher; dies hängt mit der hier ungewöhnlich langen Anlaufstrecke für die Wellen zusammen. Erst dadurch wird verständlich, daß das Brodtener Ufer trotz seiner großen Höhe und den daraus resultierenden Abbruchmassen von 56 000 m³/Jahr um einen so hohen Betrag zurückgeht.

Das aus dem Abbruch stammende gröbere, überwiegend aus Sand bestehende Material wird vom Brodtener Ufer aus in zwei Richtungen abtransportiert: Ein Teil wandert nach Westen und wird im Küstenabschnitt zwischen Niendorf und Haffkrug abgelagert. Dabei ist die ehemalige Hemmelsförde schon frühzeitig durch einen Strandwall von der offenen Ostsee abgetrennt worden; er hat sich im Laufe der Zeit dem Meeresspiegelanstieg entsprechend erhöht. Auf der Südostseite geht der Sandtransport in die Travemündung hinein, wo er — zusammen mit der Zufuhr von der mecklenburgischen Küste — den Aufbau des Priwalls, einer breiten Sandplate, bewirkt.

Beide Vorgänge, die Abtragung am Steilufer und die Ablagerung vor Buchten, tragen dazu bei, die stark gegliederte Küste zu begradigen; als Endstadium wird eine Ausgleichsküste entstehen.

Auch im Küstenvorfeld seewärts der Uferlinie geht die Abtragung des Meeresbodens weiter. Dies geschieht vor allem bei schwerer Brandung, die hier Material lockert und fortführt. Der als Abrasion bezeichnete Vorgang wird bei Nr. 34 näher beschrieben.

*

Der Klev zwischen Burg und St. Michaelisdonn ist eine fossile Steilküste. Ihre Bogengestalt ähnelt der des Brodtener Ufers, allerdings mit einem etwa dreimal so großen Durchmesser.

Die Genese des Klev ist noch nicht völlig erforscht. Die Geest rechts im Bild besteht aus Moränen der Saaleeiszeit. Die voralluviale Landoberfläche fällt vom Klev aus rasch bis auf Tiefen von 20 m unter NN ab. Diese — heute von alluvialen Ablagerungen bedeckte — Oberfläche wird nach Dittmer aus diluvialen Schmelzwassersanden gebildet. Da diese bis nahe an das Klev heranreichen, nimmt Dittmer an, daß der Steilhang des Klev schon während der Eiszeit seine Form erhielt, etwa durch Schmelzwasser. Weil das Eem-Meer, der Vorläufer der Nordsee während der letzten Zwischeneiszeit, bisher im südlichen Dithmarschen nicht nachgewiesen ist, kommt es als küstengestaltende Ursache vermutlich nicht in Frage. Dagegen legen aus der Eem-Zeit stammende, fossile Hangrutschungen bei Kuden/Burg nahe, daß die Südostflanke des Klev schon in der letzten Warmzeit als Hang ausgebildet war.

Sicher ist, daß das Meer während der Flandrischen Transgression zwischen 6000 und 5000 v. Chr. den Geestrand bei St. Michaelisdonn erreichte, das Kliff angriff und ihm seine heutige, steile Form aufprägte. Ob es dabei zurückverlegt wurde, ist noch nicht geklärt.

Um 4000 v. Chr. verlangsamte sich der Meeresspiegelanstieg. An der Dithmarscher Küste kam es zur Bildung von Nehrungen, den Donns, die von St. Michaelisdonn aus nach Südosten reichen. Man erkennt sie auf dem Luftbild als dunkle Siedlungsstreifen links oberhalb der Bildmitte; auf einem dieser Donns liegt Averlak (vgl. Nr. 12). Das Material, aus dem die Donns aufgebaut sind, stammt aber nicht vom Klev, sondern aus dem Abbruch der Küste bei Meldorf/Heide.

Später setzte die — noch heute andauernde — entgegen dem Uhrzeigersinn verlaufende Sandwanderung in der Deutschen Bucht ein. Dabei wurden sehr große Sandmengen in den Dithmarscher Küstenraum transportiert und teilweise dort abgelagert; es entstand ein Wattenmeer. Um 1000 v. Chr. klang die Transgression aus.

Schon um Chr. Geb. hatte sich ein breiter Streifen sandiger Marsch entwickelt, der weiterhin seewärts anwuchs, während das hinter den Donns gelegene Gebiet vermoorte. Heute liegt die Küste (Westrand der Marsch) etwa 15 km, der Außenrand des Wattenmeeres etwa 25 bis 30 km westlich des Klev.

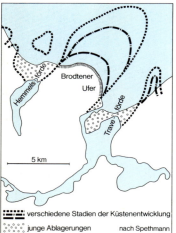
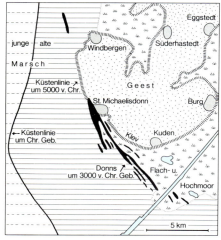

Aktive Steilufer sind in Bewegung befindliche Elemente der Küstenlandschaft: Nur durch den fortgesetzten Abbruch und Abtransport von Material kann das Kliff seine steile und weitgehend vegetationsfreie Form erhalten. Helle Sandriffe vor dem Brodtener Ufer lassen die Zone erkennen, in der bei Brandung der Sand transportiert wird. — Blickrichtung SO

Eine ähnliche Bogenform, jedoch einen bewaldeten Hang, weist der Klev bei Kuden auf. Im Hintergrund sieht man die Nordsee, ihre Brandung schlug einst gegen das Kliff. Während am Brodtener Ufer die Küste zurückgewichen ist, hat vor dem Klev Anlandung stattgefunden. — Blickrichtung NW

5 Trischen: Entstehung und Wanderung einer Insel im Dithmarscher Watt

Im Wattenraum westlich der Meldorfer Bucht taucht schon zu Beginn des 17. Jhs. eine Sandplate auf, die mit dem Namen „Riesgen" oder „Riesen" und im 18. Jh. als „Trischen" bezeichnet wurde. Sie ist allmählich ostwärts gewandert. Für den Zeitraum von 1885 bis 1976 läßt sich die Ostverlagerung kartenmäßig genau verfolgen (Textkarte); jährlich wanderte die Insel um durchschnittlich 29 m.

Für die Transportvorgänge, die diesen Bewegungen zugrunde liegen, spielen nicht die normalen Gezeiten, sondern vielmehr die Brandung und die Strömungen bei Sturmfluten die Hauptrolle. Kleinere, weiter westlich immer neu entstehende Sandriffe wandern mit größerer Geschwindigkeit nach Osten (vor Scharhörn ermittelte man 60 bis 90 m, maximal sogar 150 m/Jahr) als größere Platen (s. o.), so daß die kleineren die größeren einholen und ihnen Material zuführen. Je nach dem wechselnden Ausmaß der Zufuhr von Westen her und der Abtragung ist die Materialbilanz einer Plate positiv oder negativ. An den hochwasserfreien Platen tritt bei etwas stärkeren westlichen Winden ein Längstransport zu den Flanken hin ein, wodurch sich die Halbmondform ausbildet; bei Sturmfluten kommt es zur Überflutung und zu einem Sandtransport in West-Ost-Richtung über die Plate hinweg. Ein Vergleich der beiden Luftaufnahmen läßt diese Transportrichtung gut erkennen.

Auf einer Seekarte von 1784 erscheint Trischen bereits als halbmondförmige, bei „ordinairer Fluth" trockenliegende Sandbank. Seit der Mitte des 19. Jhs. veränderte sich Trischen sehr rasch: Auf der geschützten Ostseite setzte sich sandiger Schlick ab, es entstand ein natürliches Vorland; ab 1868 wurde hier der Anwachs durch Landgewinnungsmaßnahmen (Begrüppen) gefördert. Seit 1885 bildeten sich aus dem Flugsand der Plate niedrige Dünen, die schnell wuchsen. Bereits 1898 hatte der Dünengürtel eine Breite von 50 bis 100 m und eine Länge von 1,2 km; die Dünen erreichten überall 3 m, maximal 6 m Höhe über MThw. Seit 1895 wurde das Vorland zur Gräsung, vor allem mit Schafen, genutzt; zwei Jahre später legte man einen Ringdeich an, der die Viehtränke und das auf Pfählen stehende Wohnhaus schützen sollte. Die schweren Sturmfluten im Winter 1898/99 überspülten große Vorlandflächen mit Sand, durchbrachen und verkleinerten die Dünenketten. Der Schäfer mußte die Insel verlassen. Zwar stellte sich der Pflanzenwuchs auf den übersandeten Flächen bald erneut ein, so daß 1907 wieder 80 ha Weideland verpachtet werden konnten. Für die Zukunft wurden aus der Sturmflutkatastrophe jedoch keine Konsequenzen gezogen.

Während der Inflationszeit deichte man 89 ha als privaten Trischenkoog ein. Bereits 1927 mußte jedoch der Staat eingreifen, um die Deiche zu unterhalten; der Koog ging in Staatsbesitz über. Von 1932 bis 1942 bewirtschaftete ein Pächter das Land.

Schon zum Zeitpunkt der Bedeichung nahm die Breite der Sandplate ab, den Dünen wurde nur noch wenig Sand zugeführt. Bei der Sturmflut von 1936 wurden die schützenden Dünen sehr stark angegriffen; man erkannte, daß die Insel nicht mehr lange zu halten war. Die Behörden stellten die kostspieligen Unterhaltungsarbeiten als nicht mehr vertretbar ein. Die Textzeichnung stellt den Zustand für 1937 dar. Auf der Seeseite bestand der Schutz teils aus Dünenresten, teils aus sandigen Deichen. Nach mehreren Deichbrüchen in den Jahren 1940 und 1942 mußte der Pächter die Insel verlassen.

Die beiden 1964 und 1976 entstandenen Luftaufnahmen und die Textzeichnung zeigen deutlich, daß der Vorgang der Ostwanderung Trischens immer noch anhält. Inzwischen liegt der ehemalige Koog bereits westlich des heutigen Inselufers. Der Orientierung auf den Luftaufnahmen können die Einmündungen zweier Halligpriele in die ehemalige Hafenrinne dienen. Das Halligland ist weit mehr als vorher mit Sand bedeckt, dessen weiße Farbe darauf schließen läßt, daß er erst vor kurzem — von der Sturmflut am 3. 1. 1976 — bewegt worden ist. Der westliche Inselrand ging 1937–1964 um 750 m, 1964–1976 um 250 m zurück, jährlich also um rd. 27 bzw. 21 m. Gleichzeitig nahm die hochwasserfreie Fläche, die 1937 noch etwa 5,6 km² betragen hatte, bis 1976 auf weniger als die Hälfte ab.

Die Ursachen für den Rückgang Trischens sind in den Veränderungen der Prielsysteme im Dithmarscher Watt zu suchen. Während noch zu Beginn des 19. Jhs. küstenparallele Wattströme eine große Rolle neben den Ost-West-gerichteten spielten, sind sie heute fast völlig verschwunden, die Ost-West-verlaufenden dagegen dominieren. Dem Anstieg des Meeresspiegels entsprechen Ausräumungsvorgänge am Außenrand des Wattenmeeres (vgl. Nr. 1).

Menschliche Eingriffe in die dynamischen Vorgänge im Küstenvorfeld sind ohne Einsicht in dieses komplexe Geschehen äußerst problematisch. Diese Erkenntnis hat u. a. dazu geführt, daß die Vorgänge in dem — von Trischen nur 17 km entfernten — Wattenraum Scharhörn–Neuwerk, dem möglichen Standort eines neuen Tiefwasserhafens, seit Jahren systematisch erforscht werden.

Trischen steht seit 1908 als Seevogelfreistätte unter Naturschutz; im Sommer lebt ein Vogelwärter auf der Insel. Auf Trischen nisten u. a. vor allem Brandseeschwalben (1968 über 3300 Brutpaare), Fluß- und Küstenseeschwalben (etwa 1000 Brutpaare) und Silbermöwen (etwa 1000) sowie Lach- und Sturmmöwen, Zwergseeschwalben, Rotschenkel, Kampfläufer und Austernfischer. Im Frühjahr und Herbst rasten hier zahlreiche Zugvögel, darunter besonders viele Gänse.

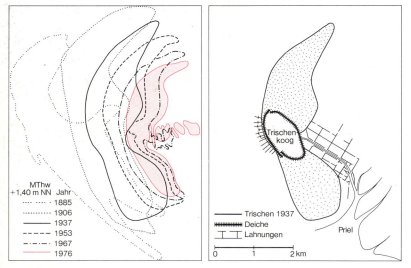

Entwicklung der Insel Trischen 1885–1976 (n. Wieland)

Unter den wechselnden Bedingungen des Wattenraumes, zum Beispiel infolge Verlagerung der großen Wattströme oder Veränderung des Stoffhaushaltes, können Sandplaten entstehen, eventuell sogar zu Düneninseln emporwachsen, aber auch wieder verschwinden. Für den Wandel einer solchen Insel ist Trischen ein Beispiel. Die beiden 1964 und 1976 aufgenommenen Luftbilder zeigen die starke Veränderung in nur zwölf Jahren. Beim Größenvergleich ist zu berücksichtigen, daß das obere, ältere Bild Trischen aus einer größeren Entfernung erfaßt. — Blickrichtung N

6 Hamburger Hallig: Landverlust und Landgewinnung seit der Sturmflut von 1634

Im Watt bei der jetzigen Nordspitze der Hamburger Hallig wurden 1869/70 großflächige Kulturspuren gefunden, die rd. 2 m unter der damaligen Halligoberfläche lagen. Diese können nur aus der Zeit vor der großen Flut von 1362 stammen (vgl. Nr. 1). Es ist wahrscheinlich, daß ähnliche Reste unter der heutigen Hallig verborgen liegen, die über der alten Landoberfläche emporgewachsen ist.

Die Geschichte der Hamburger Hallig beginnt nach der Mitte des 16. Jhs. Damals war bei Volgsbüll an der Nordostseite der Insel Alt-Nordstrand ein Vorland entstanden. Nachdem ein Versuch der eingesessenen Bauern, dieses Vorland zu bedeichen, 1570 fehlgeschlagen war, erlangte eine Gruppe von fünf auswärtigen Interessenten, darunter die Hamburger Brüder Amsinck, 1624 vom Gottorper Herzog Friedrich III. für die Bedeichung eine Konzession. Den Protest der einheimischen Interessenten gegen diese Verleihung beschied der Herzog abschlägig. 1626–1628 wurde der „Amsinck-Koog" bedeicht; er überstand auch die Sturmflut von 1634 leidlich, konnte aber dennoch nicht gehalten werden. Die Brüder Amsinck selbst erklärten den endgültigen Verlust damit, daß sie „fast alles ihrige" darauf verwandt hätten, einen großen Teil des alten „Strand" wieder zu bedeichen. Weil der junge, erst kurz zuvor bedeichte Amsinck-Koog viel höher lag als das Land der Insel Alt-Nordstrand, verwandelte er sich nicht — wie jenes — in Watt. Es entstanden zwei Halligen, die als „Hamburger Hallig" bezeichnet wurden, und die noch bis 1760 im Besitz der Familie blieben. Die kleinere Hallig verschwand zwischen 1811 und 1825 durch Abbruch.

Die Entwicklung der Hamburger Hallig seit 1859 ist maßgeblich durch den Dammbau beeinflußt worden. Erstmals an deutschen Küsten wurde eine der vorgelagerten Inseln durch einen Damm mit dem Festland verbunden. Man erwartete, daß dadurch der Anwachs rascher erfolgen würde. 1859/60 entstand der erste Damm, den jedoch eine Sturmflut bald darauf wieder zerstörte. Der zweite, 1874/75 südlich des ersten ausgeführte Damm hatte Bestand.

Die erwartete Verlandung ist eingetreten, sie hat dazu geführt, daß 1924/26 der Sönke-Nissen-Koog eingedeicht werden konnte. Das obere Luftbild und die Textzeichnung lassen erkennen, daß inzwischen schon wieder ein ausgedehntes Vorland angewachsen ist.

Über den Damm kann man im Sommer mit dem PKW zur Hamburger Hallig gelangen. Die obere der beiden Luftaufnahmen zeigt die Hallig an einem Sommertag (6. 7. 1975). Man erkennt eine große Zahl von Autos (links hinter der Warf) sowie an der Halligkante viele Badende. Die Besucher der Hallig sind teils Einheimische aus der Umgebung, teils Sommergäste, die auf dem Festland „Ferien auf dem Bauernhof" verbringen. Hallig- und Vorland werden zur Schafgräsung genutzt. Neben der Warf, die nach der Sturmflut von 1962 erhöht worden ist, bietet ein weiterer, kreisrunder Hügel im Süden der Hallig den Schafen eine Zuflucht bei Land unter.

Eine Besonderheit der Hamburger Hallig ist die Bienenzucht. Auf dem Festland sind gezielte Kreuzungen von Bienenköniginnen mit Drohnen bestimmter Rasse nicht möglich, da hier die Königinnen bei ihrem Hochzeitsflug auch mit Drohnen aus anderen Bienenstöcken zusammentreffen können. Die Hamburger Hallig ist vom Festland weit genug entfernt, um diese Möglichkeit auszuschließen.

Das untere Luftbild zeigt, daß trotz des Dammes der Halligcharakter erhalten geblieben ist. Bei Sturmflut kann nur die Warf den Bewohnern Schutz bieten. Ab 1979 steht ein weiterer, tiefgreifender Wandel bevor: Die im „Generalplan Deichverkürzung, Deichverstärkung und Küstenschutz" vorgesehene Abdeichung der Nordstrander Bucht wird am Deich des Hauke-Haien-Kooges ansetzen, den Damm dicht hinter der Hamburger Hallig kreuzen und zur Nordspitze der Insel Nordstrand beim Elisabeth-Sophien-Koog führen. Damit wird eine Fläche von 5680 Hektar gewonnen. Die niedrigen Wattflächen sind für den Bau von Speicherbecken für die Entwässerung der Arlau-Niederung nach dem Vorbild von Schlüttsiel (Nr. 7) vorgesehen. Vorland und höhere Wattflächen sollen landwirtschaftlich genutzt, aber nicht besiedelt werden. Das neugewonnene Land wird vielmehr pachtweise zur Aufstockung landwirtschaftlicher Betriebe in den bisherigen Kögen verwendet werden. In den Speicherbecken will man durch zeitweisen Einlaß von Meerwasser ähnliche ökologische Bedingungen wie auf dem Vorland schaffen. Als Ergebnis sind offene Restwasserflächen und eine kurzrasige Salzwiesenvegetation mit guten Nistmöglichkeiten für Wattvögel zu erwarten. Bei Aussüßung würden sich dagegen hohe Gräser einstellen, die Wasserflächen würden ganz vom Schilf besiedelt werden.

Seit der Sturmflut von 1634 hat sich zwischen den heutigen Inseln Nordstrand und Pellworm ein neuer Wattstrom, die Norderhever, ausgebildet, dessen nördliche Fortsetzung, der „Strand", mit der Süderaue in Verbindung steht. Norderhever und Strand vertiefen sich in jüngster Zeit gefährlich rasch; sie greifen den Wattsockel an, auf dem die Insel Pellworm liegt. Ein Damm vom Festland nach Pellworm könnte diese Entwicklung unterbinden, die Einzugsgebiete der Wattströme festlegen und langfristig zur Sicherung der Insel Pellworm erheblich beitragen. Ein solcher Damm würde etwa der Wattwasserscheide folgen, die nördlich der Hamburger Hallig liegt. Der Dammbau hätte, zusammen mit der Deichverkürzung vor der Nordstrander Bucht, im Raum der Hamburger Hallig einen weiteren Landschaftswandel zur Folge.

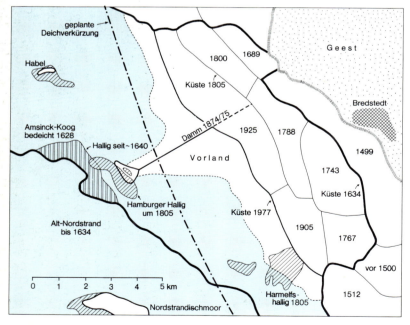

Im Wattenmeer bringt der Rhythmus der Gezeiten mehrmals täglich einen markanten Wechsel des Landschaftsbildes mit sich. Noch größer ist der Gegensatz zwischen Niedrigwasser, wie es das obere Bild zeigt, und Land unter bei Sturmflut. Der langfristige Landschaftswandel in diesem Teil des Wattenmeeres hat sich in mehreren Phasen vollzogen. Einschneidende Veränderungen stehen in naher Zukunft bevor. Niedrigwasser: Blickrichtung N; Sturmflut: Blickrichtung OSO

7 Bongsiel und Schlüttsiel: Verschiedene Lösungen des Entwässerungsproblems

Als nach der Sturmflut von 1634 durch den Bau des Moordeiches zwischen Fahretoft und Maasbüll wieder eine durchgehende Deichlinie geschaffen worden war, schlossen sich die Interessenten einer Reihe von Kögen 1649 zur „Maasbüller Wasserlösungs-Interessenschaft" zusammen, um ihre Probleme gemeinsam zu lösen. Sie bauten die Vorfluter aus und legten Entwässerungssiele — zunächst im Moordeich — an. Hier setzte jedoch bald eine starke Verlandung ein, so daß die Außenpriele zuschlickten und der Wasserabfluß immer wieder gehemmt wurde. Obwohl man die Siele mehrfach verlegte, konnte man die Schwierigkeiten nicht meistern, man sah sich daher nach einer anderen Möglichkeit um, das Wasser in die Nordsee zu leiten.

Bald nach 1735 wurde das Siel in den Deich des Ockholmer Kooges verlegt, seither nannte sich der Verband „Ockholmer Wasserlösungs-Interessentschaft" und später „Bongsieler Wasserlösungs-Kommune". Durch die Schleusen bei Bongsiel erfolgte die Entwässerung bis 1959, also über 200 Jahre lang. Träger der Entwässerungsmaßnahmen ist seit 1939 der Deich- und Hauptsielverband Bongsiel, dem auch die Deichunterhaltung obliegt. Die aus dem Betrieb der gemeinsamen Anlagen entstehenden Kosten werden heute wie einst auf die Landflächen der Interessenten gleichmäßig umgelegt.

Bild 1 erfaßt den Küstenbereich unmittelbar vor den Bongsieler Schleusen bei Niedrigwasser im Jahre 1955. Der Außenpriel ist schmal und nicht sehr tief. Er wird von Lahnungen begleitet, die ihn einengen und zur Tiefenerosion zwingen sollen. Zahlreiche Aalreusen sind an die Lahnungen angelehnt, auch die Senknetze auf den Schiffen dienen dem Aalfang, den die Küstenbevölkerung als Nebenerwerb betrieb.

Das rechte obere Bild zeigt die gleiche Situation im Jahre 1962. Der Priel ist als Wasserlauf noch vorhanden; alles übrige ist jedoch verändert: Lahnungen und Aalreusen sind verschwunden, der Schlick ist in trockenes Ödland umgewandelt.

Der Wandel ist durch die Entwässerungsprobleme ausgelöst worden. Diese bestanden im Gebiet der Bongsieler Marsch schon lange, sie konnten durch die Bemühungen der „Wasserlösungs-Interessentschaft" nicht durchgreifend verbessert werden. Die Entwässerungsschwierigkeiten ergeben sich aus der niedrigen Höhenlage der Marsch, die ein sehr geringes Gefälle zum Meeresspiegel hin bedingt. In Bongsiel lag das MThw bei +1,25 m NN, das MTnw bei −1,25 m NN. Große Teile der Bongsieler Marsch liegen aber unter NN, das heißt, es besteht nur zum Niedrigwasserspiegel der Nordsee und auch dann nur kurzzeitig ein schwaches Gefälle. Entwässerungssiele arbeiten mit Toren oder Klappen, die sich je nach dem Binnen- und Außenwasserstand automatisch öffnen oder schließen.

Das aus dem 570 km² großen Geesteinzugsgebiet herabkommende Niederschlagswasser breitete sich in der niedrigen Marsch aus und verursachte dort lang dauernde Überschwemmungen. Man versuchte, das Geestwasser vom Marschwasser dadurch zu trennen, daß man die Soholmer Au (1860) und die Lecker Au (1921) bedeichte und kanalisierte. In den bedeichten Kanälen stieg der Wasserstand nach stärkeren Niederschlägen hoch über das Niveau der Marsch hinaus an. Erst wenn er wieder gesunken war — oft erst nach vielen Wochen —, konnte das in der Marsch selbst angesammelte Wasser abfließen.

Um der — nach wie vor häufigen — Überschwemmungen in der Marsch Herr zu werden, bauten einzelne Köge Schöpfwerke (seit 1929). Diese konnten zwar das Wasser in die Kanäle heben, der Stauraum innerhalb der bedeichten Vorfluter war jedoch viel zu klein. Bei großem Wasseranfall mußte der Pumpbetrieb eingestellt werden, weil sonst die Kanaldeiche überliefen. Leider fallen hohe Niederschläge häufig mit starken Westwinden zusammen; wegen der hohen Außenwasserstände kann sich dann das Siel nicht öffnen.

Um diese Probleme endgültig zu lösen, bedeichte man 1957/59 den Hauke-Haien-Koog (unteres Bild). Der Deich wurde großenteils durch offenes Watt geführt. Im hoch aufgelandeten Ostteil des neuen Kooges entstanden auf 500 ha 21 Höfe, die das Land überwiegend zum Ackerbau nutzen.

Der etwa 700 ha große westliche Teil, der niedriges Watt gewesen war, wurde zu zwei Speicherbecken ausgebaut. Wenn in dem bedeichten Hauptvorfluter zu hohe Wasserstände eintreten, kann das Wasser in die Speicherbecken eingeleitet werden. Deren Kapazität ist so berechnet, daß das überschüssige Wasser in jedem Fall so lange gespeichert werden kann, bis der Außenwasserstand sinkt und sich die Sieltore wieder öffnen können. Auf kurzem Wege fließt das Wasser dann in die Nordsee.

Das untere Bild erfaßt die veränderte Landschaft aus der Luft. Quer durch den Vordergrund zieht sich der alte Seedeich, der vom 16. Jahrhundert bis 1959 die vorderste Deichlinie bildete. Diesseits davon liegt — von rechts kommend — der Bongsieler Kanal. Die Schleusen sind verschwunden, doch erkennt man noch deren Lage an den beiden Wasserläufen, die sich nach links zum ehemaligen Außenpriel vereinigen. Der größte Teil des Bildes wird von dem Ackerland des Kooges eingenommen, das zur Zeit der Aufnahme (Mitte August 1976) noch die gelben Farben des Getreides bzw. der Stoppeln zeigt. Eine schnurgerade Linie grenzt das Kulturland gegen die beiden Speicherbecken ab, von denen das südliche (links) nach der langen Trockenheit im Sommer 1976 nur eine kleine Wasserfläche aufweist.

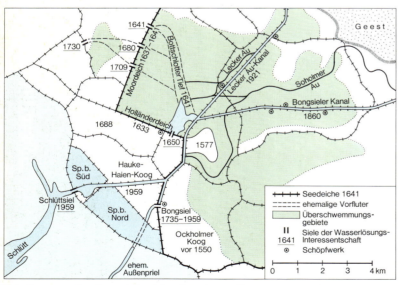

Entwässerung der Bongsieler Marsch 1641—1959

28

Der Landschaftswandel wird in drei Stadien dargestellt: Das linke obere Bild zeigt den nördlichen der drei Bongsieler Schleusenpriele mit Blickrichtung nach SW im Herbst 1955. Das zweite obere Bild erfaßt die gleiche Stelle im Jahre 1962 nach der Bedeichung, aber vor der Kultivierung des Hauke-Haien-Kooges. Das Luftbild vom 21. 8. 1976 zeigt vorn den alten Bongsieler Kanal mit dem alten Seedeich, vor dem zwei der Schleusenpriele noch erhalten sind, rechts der auf Bild 1 und 2 dargestellte. Im Hintergrund der neue Bongsieler Kanal mit der Mündung bei Schlüttsiel. — Blickrichtung NW

8 Die Eiderabdämmungen — Wandlungen eines Tideflusses in vier Jahrhunderten

Mit einem Niederschlagsgebiet von 3250 km² ist die Eider der größte Fluß Schleswig-Holsteins. In dem gefällsarmen Unterlauf der Tideeider wirkten bis über Rendsburg hinaus die Gezeiten. Sie schufen den breiten und tiefen Eiderunterlauf mit großen Mäandern, von denen das obere Luftbild zwei erfaßt. Die Unterläufe der Treene und Sorge sind ähnlich gestaltet. Auf der Strecke Rendsburg—Friedrichstadt ist der Eiderlauf etwa doppelt so lang wie die Luftlinie. Bei Sturmfluten kam es zu Einstau in die Trichtermündung und zu ausgedehnten Überschwemmungen in den vermoorten Niederungen, deren Nutzung daher im natürlichen Zustand kaum möglich war.

In dem vom Menschen unbeeinflußten System standen Breite, Tiefe und Länge der Flüsse zu der bewegten Wassermenge in einer funktionalen Beziehung. Eingriffe des Menschen haben jedoch die der Tidebewegung unterliegende Wassermenge einschneidend verändert.

1570 wurde die Treene bei Friedrichstadt durchdämmt; damit wurden 780 km², also fast ein Viertel des Niederschlagsgebietes der Eider, abgeriegelt. Den Zweck der Abdämmung, die 75 km² große Treeneniederung zwischen Hollingstedt und Friedrichstadt überschwemmungsfrei zu machen, erreichte man allerdings nicht.

1620/30 wurde die Sorge mit einem Niederschlagsgebiet von 310 km² abgedämmt. Das Wasser aus der Sorge gelangt seitdem durch Schleusen an zwei verschiedenen Stellen in die Eider.

Der Schleswig-Holsteinische Kanal, der 1777/84 zwischen Holtenau und Rendsburg gebaut wurde, trennte das 610 km² große Obereidergebiet ab. Der aus dem Westensee kommende Oberlauf der Eider entwässerte nun durch den Kanal in die Ostsee.

Der Nord-Ostsee-Kanal — erbaut 1888/95 — schnitt die südlichen Zuflüsse der Untereider, insgesamt 640 km², ab. Das Gebiet oberhalb Rendsburgs entwässert seither ebenfalls durch den Nord-Ostsee-Kanal.

Das dem Tideeinfluß unterliegende Gebiet der Eiderniederung war jetzt nur noch 910 km² groß. Es gab hier zwar Flußdeiche, diese waren jedoch durchweg so niedrig, daß sie nur die sommerlichen Hochwasser abwehren konnten. Im Winter wurden sie bei Sturmfluten oft überspült, so daß großflächige Überschwemmungen auftraten. Um das Niederungsland besser nutzen zu können, erhöhte man seit 1909 die Eiderdeiche. Dies hatte jedoch zur Folge, daß das Wasser zwischen den Deichen bei Sturmfluten höher gestaut wurde. Bei den zahlreichen Sturmfluten zwischen 1911 und 1935 wurden die Eiderdeiche jeweils an vielen Stellen überspült und durchbrochen. Allein 1926 zählte man 38 Deichbrüche.

Um diese Mißstände zu beseitigen, dämmte man 1934/36 die Eider bei Nordfeld ab (oberes Bild). Man erkennt die Schiffahrtsschleuse mit der 9,5 x 70 m großen Schleusenkammer und rechts daneben das Entwässerungsbauwerk mit fünf je 6 m breiten Sielöffnungen.

Die Erwartung, daß Schadenfluten von der Untereider ferngehalten würden, ging in Erfüllung. Außerdem trat jedoch eine unerwartete Wirkung ein: Unterhalb des Dammes kam es zu einer enormen Versandung des Flußbettes, die sich allmählich flußabwärts bis in den Raum Tönning verlagerte; insgesamt wurden rd. 40 Mio. m³ Feinsand abgesetzt. Das Luftbild zeigt deutlich, daß der Fluß hier nur noch etwa ein Viertel seiner ursprünglichen Breite besitzt; der rechte, größere Teil des ehemaligen Eiderbettes wird heute von einem begrünten Vorland mit gewundenen Gezeitenrinnen eingenommen.

Ursache des Versandungsvorganges ist die unterschiedliche Fließgeschwindigkeit der Gezeitenströme in dem restlichen Ästuar der Eider. In dem Mündungstrichter wird der einlaufende Flutstrom durch die Verengung beschleunigt, während der Ebbstrom infolge der Verbreiterung des Trichters langsamer fließt. Die aufwärts gerichtete Transportkraft ist also größer als die abwärts gerichtete.

Durch Einlaß der Tiden in die Binneneider (Spülung) sowie durch Buhnen konnte der fast ganz zugesandete Flußlauf unterhalb des Nordfelder Dammes wieder vertieft, die Versandung insgesamt aber nicht beseitigt werden.

Bei der Sturmflut von 1962 kam es im Mündungstrichter der Eider zu sehr hohen Wasserständen (Tönning + 5,21 m NN = 3,69 m über dem MThw); die besondere Gefährdung dieses Küstenabschnittes wurde deutlich. Eine Lösung des Eiderproblems mußte folgende Aspekte berücksichtigen: Vorflut für die Entwässerung des Eidergebietes, Fahrwasser für die Schiffahrt und Verkürzung der Deichlinie. Die Entscheidung fiel zugunsten einer Abdämmung auf der Linie Hundeknöll—Vollerwiek; sie entlastet fast 60 km bisheriger Deiche.

Der Eiderdamm wurde 1968—72 erbaut. Die Krone des 4,8 km langen Dammes liegt 8,50 m über NN, das sind 3,50 m über dem Sturmflutwasserstand von 1962. Für die Schiffahrt wurde eine 14 x 75 m große Kammerschleuse angelegt. Das als Sperrwerk gestaltete Sielbauwerk besitzt fünf je 40 m breite Öffnungen, die jederseits von 250 t schweren und über 400 m² großen stählernen Toren verschlossen werden können. Die als Zylindersegmente ausgebildeten Tore werden um eine horizontale Achse hydraulisch bewegt. In der oberen Stellung sind die Tore geöffnet.

Normalerweise fließen bei einer Tide, also innerhalb von sechs Stunden, etwa 50 Mio. m³ Wasser durch das Sperrwerk. Wenn man die Spülkraft verstärken will, hält man bei Eintritt der Ebbe das ausfließende Wasser zunächst zurück und läßt es erst dann auslaufen, wenn das Gefälle größer geworden ist.

Auf der Innenseite des Dammes führt eine zweispurige Straße entlang, welche die Verbindung Heide—St. Peter um etwa 25 km abkürzt. Im Nordteil des Mündungstrichters grenzt ein Leitdamm ca. 1500 ha Land gegen die Binneneider ab (Bild links). Ein Teil dieses Geländes wird möglicherweise für Erholungszwecke zur Verfügung stehen.

Die schrittweise Abdämmung der unteren Eider und ihrer Zuflüsse hat zu erheblichen Veränderungen in der Eiderniederung und im Mündungstrichter der Eider geführt. Die beiden Luftaufnahmen erfassen die letzten Stationen dieses Wandels. — Eiderabdämmung bei Nordfeld NW—SO; Eidersperrwerk SW—NO

9 Deichverkürzung bei Heringsand

Die Küstenentwicklung im nördlichen Dithmarschen ist erheblich anders verlaufen als in Nordfriesland (vgl. Nr. 1). Weil größere Geestkerne fehlten, an denen Nehrungen hätten entstehen können, drang das ansteigende Meer schnell gegen den Geestrand vor (vgl. Nr. 4), die Wattzone blieb schmaler, und in dem bewegteren Wasser vor der Dithmarscher Küste kam gröberes, stärker sandiges Material zur Ablagerung als in dem ruhigen nordfriesischen Wattenmeer.

Der sandige Schlick wurde zuerst als N-S-Streifen am Geestrand abgesetzt, annähernd parallel dazu erfolgte im nördlichen Dithmarschen das weitere Wachstum bis etwa 1500. Im Süden des Raumes vollzog sich zwischen 1500 und 1700 die Verlandung und schrittweise Bedeichung des Wartstromes zwischen dem Festland und der Insel Büsum, während westlich von Wesselburen bereits um 1600 ein Gleichgewichtszustand — ohne Landverluste und ohne Bedeichungen — eintrat. Erst 250 Jahre später, nachdem die Eider ihren Hauptstrom nach Norden, also zum Eiderstedter Ufer hin, verlagert hatte, entstanden im nördlichen Dithmarschen wieder große Vorlandflächen, die zur Eindeichung reizten. 1862 gewann man den 1070 ha großen Wesselburener Koog; südlich davon, vor dem Heringsander Koog, bedeichte man von 1857 bis 1891 fünf Sommerköge mit insgesamt 600 ha Fläche, meist auf Initiative der privaten Besitzer des Außendeichslandes. Von diesen ist der Hedwigen-Sommerkoog auf beiden Luftbildern erfaßt.

Weitere Sommerköge entstanden im 19. Jh. in der inneren Meldorfer Bucht (vgl. Nr. 10). Sie alle werden von Deichen geschützt, die nur eine Kronenhöhe von etwa 2,0–3,0 m über dem MThw haben. Dies genügt zum Schutz gegen alle im Sommer vorkommenden Wasserstände, während höhere Sturmfluten, wie sie im Winter eintreten können, die Sommerdeiche überfluten. Man kann daher in Sommerkögen nicht zu ebener Erde siedeln; ein Getreidebau wäre zwar in manchen Jahren möglich, ist aber nicht rentabel, so daß Sommerköge nur als Grünland genutzt werden. Im Vergleich zum ungeschützten Vorland ergibt sich eine erhebliche Ertragssteigerung — etwa um den Faktor 2,5 —, weil sich Süßgräser einstellen, die größere Futtermengen ergeben. Im Schutze der Sommerdeiche können auch Rinder grasen.

Die altbedeichte Dithmarscher Marsch kann zwar auch als Grünland genutzt werden, sie dient aber wegen ihres stark sandigen Bodens überwiegend als Ackerland. Dessen buntgeschecktes Bild hebt sich in den meisten Jahreszeiten deutlich von den einheitlich grünen Flächen der Sommerköge ab. Die Ursachen für diesen Unterschied werden durch den Bau des neuen Seedeiches aufgehoben.

Ausgelöst wurde der Landschaftswandel im Raum Heringsand durch die Sturmflut vom 16./17. 2. 1962, in der die Sommerdeiche sehr stark beschädigt wurden. Bei der Realisierung des nach der Sturmflut aufgestellten „Generalplans für Deichverstärkung, Deichverkürzung und Küstenschutz" ist die flache Bucht, die südlich des Wesselburener Kooges bestand, von 1970 bis 1972 mit einem neuen Seedeich abgeschlossen worden, wodurch der alte Deich in die zweite Linie rückte. Im Zuge der begradigten Küstenlinie schließt sich im Norden der neue Eiderdamm an (unteres Bild).

Das obere Bild läßt die Technik des Deichbaues erkennen: Zuerst räumt man die Kleischicht beiseite und errichtet beiderseits des künftigen Deiches Wälle, zwischen die Sand aus dem Wattenmeer eingespült wird. Planierraupen profilieren den abgetrockneten Sand zum Deichkörper, auf den schließlich eine 1 m dicke Kleischicht aufgebracht wird. Wo schützendes Vorland fehlt, sichert man den Deichfuß durch ein Deckwerk aus Stein. Nach den Erfahrungen der Sturmflut von 1962, bei der viele Deichschäden durch überlaufendes Wasser auf der steilen Innenseite hervorgerufen wurden, hat man das landseitige Deichprofil flacher gestaltet als bei früheren Deichen. Auf dem Fahrweg, der den inneren Deichfuß begleitet, können bei Gefahr Material und Gerät herangebracht werden.

Durch die Deichverkürzung gewann man zugleich rund 660 ha Neuland, das allerdings zum größten Teil vorher Sommerkoogsland gewesen war. Die Tatsache, daß große Flächen von Vorland und von hochaufgeschlicktem Watt außendeichs liegen blieben, läßt jedoch deutlich erkennen, daß die Landgewinnung — im Gegensatz zu allen früheren Deichbauten in diesem Raum — nur ein Nebenziel darstellt.

In dem neugewonnenen Koog entstehen keine Bauernhöfe, das Land wird — wie bisher schon — von den älteren Kögen aus genutzt. Die künftige Bewirtschaftung wird dadurch erleichtert, daß man das Land der ehemaligen Sommerköge, das sich größtenteils bereits in Privatbesitz befindet, in ein Flurbereinigungsverfahren der älteren Köge mit einbezieht. Zur Neuverteilung steht nur das ehemalige Vorland (oberes Bild, Mitte), dessen Besitzer das Land Schleswig-Holstein war, zur Verfügung. Die Erschließung und Verteilung dieser 180 ha großen Fläche hat die Schleswig-Holsteinische Landgesellschaft übernommen. Das ehemalige Vorland wurde 1976 durch Bestellung mit Weizen erstmals landwirtschaftlich genutzt. Nach Abschluß der Erschließungsarbeiten (Parzellierung, Entwässerung, Wegebau) wird das Land zur Aufstockung landwirtschaftlicher Betriebe verwendet. Auch das bisherige Grünland in den ehemaligen Sommerkögen kann man nach Abschluß der Flurbereinigung als Acker nutzen. In seiner Qualität entspricht das neugewonnene Land etwa dem in den älteren Kögen mit einer Bodenwertzahl um 70.

Für absehbare Zeit ist damit in Norderdithmarschen der jahrhundertelange Vorgang der Küstenentwicklung abgeschlossen.

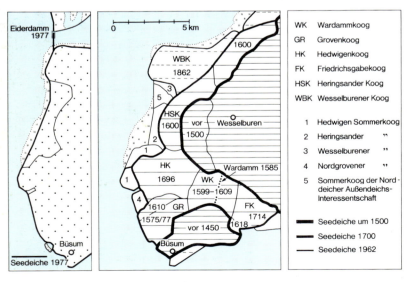

Die verschiedenen Stadien des Deichbaus sind am 24. 4. 1972 nebeneinander sichtbar; beiderseits des neuen Deiches liegt das Vorland mit Grüppen und Prielen. Die dunkelgrüne Fläche links hinter der Bildmitte ist der Hedwigen-Sommerkoog, dahinter sieht man die altbedeichte und besiedelte Marsch. — Blickrichtung S

Die entgegengesetzte Blickrichtung zeigt am 6. 7. 1975 den fertigen Deich und östlich davon das ehemalige Sommerkoogs- und Vorland. Quer durch den Hintergrund verläuft die Eidermündung. — Blickrichtung N

10 Deichverkürzung, Landgewinnung und Speicherbeckenbau in der Meldorfer Bucht

Die katastrophalen Auswirkungen der Sturmfluten der Jahre 1953 und 1962 weckten bei allen Bürgern — bei denen im Binnenland ebenso wie bei denen an der Küste — die Einsicht in die Notwendigkeit eines ausreichenden Küstenschutzes. Bei einer Überprüfung der Schutzanlagen an der schleswig-holsteinischen Nordseeküste stellte man fest, daß Deichhöhen, Deichformen und die Linienführung der Seedeiche nicht ausgereicht hätten, um einer Sturmflut von der Wucht des Jahres 1962 trotzen zu können. Man entwickelte daher 1963 einen „Generalplan für Deichverstärkung, Deichverkürzung und Küstenschutz".

Ein Blick auf die Karte zeigt die ungünstige Form der Meldorfer Bucht für die Abwehr von Sturmfluten. Hier wird es jedem klar, daß es bei westlichen Stürmen zu einem erheblichen Wasserstau vor den Deichen kommen muß. Die Küstenlinie, die vor dem 16. Jh. auf der Höhe Brunsbüttel — Marne — Meldorf — Schülp relativ geradlinig gewesen ist, erhielt in den letzten Jahrhunderten ihren heutigen Verlauf durch die umfangreichen Landgewinnungen im Norden und Süden (Nr. 9) und wegen der vor Meldorf stagnierenden Entwicklung, weil hier tiefe Priele und Kreisströmungen einer Verlandung entgegenwirkten. Etwas Abhilfe brachte der Bau eines Dammes nach Helmsand in den Jahren 1927/29. Am Damm und an der Hallig setzte eine marine Verlandung ein, so daß zwar die Hallig von 4 auf 18 ha anwuchs, aber keine grundlegende Veränderung erfolgte. Sie wird gegenwärtig durch die Verwirklichung des Generalplanes erreicht, weil in dem Projekt „Dithmarscher Speicherkoog" (4800 ha) Lösungen der Probleme des Küstenschutzes mit denen der Entwässerung, der Agrarstruktur, des Naturschutzes, des Fremdenverkehrs verbunden werden. Mit der Entscheidung für eine Deichverkürzung von 30,6 km auf 14,8 km — an der gesamten Küste von 499,55 km auf 290,68 km — waren alle anderen Veränderungen mehr oder weniger festgelegt.

Der neue Deich beginnt an der Nordwestecke des Kaiserin-Auguste-Viktoria-Kooges (links außerhalb des Bildes) und schwenkt in einem Bogen nach Norden, kreuzt den Damm nach Helmsand und zieht dem westlich von Warwerort ansetzenden und nach Süden laufenden Teil entgegen (Deichschluß 1978). Wenn man die Abhängigkeit der Deichlinie von den Untergrundverhältnissen, von den Tiefen der Priele und von der Lage der für Speicherbecken geeigneten Wattflächen berücksichtigt, stellt die heutige Linie eine optimale Lösung dar. Erfahrungen aus der Holland-Flut und mit neuen Deichen bei der hiesigen großen Sturmflut des Jahres 1962 ergaben, daß Deichhöhen von 8,50 m über NN (alte Höhe bei Meldorf 6,65 m über NN) ausreichen und daß flache Böschungen mindestens ebenso wichtig für die Sicherheit der Deiche sind wie die Höhe. Günstig sind konkave Außenböschungen im Verhältnis 1:6 und Innenböschungen im Verhältnis von mindestens 1:3 sowie eine 2,5–3 m breite Deichkrone.

Mit der Anlage der Speicherbecken wird man auch das Entwässerungsproblem für die Einzugsgebiete der Miele, der Deichsiele Wöhrden und Warwerort nach dem Vorbild von Schüttsiel (Nr. 7) gelöst haben. Allein die im 25 500 ha großen Einzugsgebiet der Miele anfallenden Niederschläge müssen durch ein nur 5300 ha großes Niederungsgebiet zwischen dem Geestrand und der hohen Marsch ins Meer geleitet werden und finden natürlich bei Sturmfluten keinen Abfluß. Deiche können nicht weiter erhöht werden, da sich im Untergrund um 10 m mächtige Torfschichten befinden. Die Speicherbecken lösen nicht nur das Entwässerungsproblem, sondern erübrigen auch den Bau und die kostspielige Unterhaltung eines Schöpfwerkes. Der mit Bundesmitteln gebaute 1600 ha große Südteil des Kooges (Bild) ist bereits fertig und wurde der Bundeswehr zur Nutzung übergeben. Anders läuft die Planung im Nordteil (3200 ha, davon: Sommerköge 380 ha, Vorland im Landungsbereich 900 ha, Wattflächen 1560 ha, Speicherbecken und Vorfluter 380 ha). Das Neuland wird der Aufstockung unrentabel gewordener bäuerlicher Betriebe im Hinterland dienen und im Gegensatz zum Hauke-Haien-Koog nicht für neue Betriebe verwandt werden. Mit dem durch den Abtrag der Sommerdeiche anfallenden Boden können Senken aufgefüllt werden.

Bis 1979 wird auch das Deichsiel für den Nordteil errichtet worden sein. Neben fünf Kammern von je 5,50 m Breite für den Durchlauf des Wassers wird es eine Öffnung von 9,50 m Breite für Schiffe von und nach Meldorf erhalten. Die Auswirkungen auf die Lebensfähigkeit des erst 1947/52 ausgebauten Getreidehafens von Meldorf lassen sich noch nicht übersehen. Unmittelbar am Siel entsteht ein Jachthafen.

Durch den neuen Koog haben viele seltene, darunter vom Aussterben bedrohte Vogelarten, z. B. die Lachseeschwalbe oder der Alpen-Strandläufer, ihren Lebensraum verloren. Als Ersatz soll der nördlichste Speicherkoog während der Brutzeit von einfließendem Wasser freigehalten werden, so daß die Brutplätze erhalten bleiben. Eine erste Bewährungsprobe haben die neuen Deiche — 70 Prozent waren fertig — bereits bei den Sturmfluten im Januar 1976 bestanden.

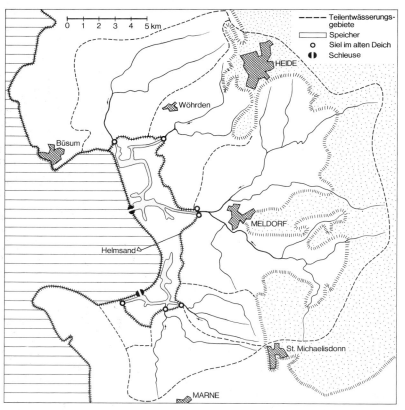

Bereits mit Gras bewachsene höhere Schlickschichten, graue Sandwattflächen, flache Wasserstellen und mehrere ehemalige Priele — hier die Enden des Steert-Loch-Wattstromes — veranschaulichen den Übergang von der amphibischen Vorlandphase in die eines jungen Kooges. Der ausgebaggerte Kanal im Vordergrund sammelt das aus dem Hinterland durch die alten Siele strömende Wasser und leitet es dem Speicherbecken zu — im Vordergrund das „Siel Kronprinzenkoog", rechts der Wasserlauf nach dem ehemaligen „Barlter Sielhafen". Das Speicherbecken entwässert durch die neue „Steert-Lochschleuse" im jetzigen Seedeich in die Nordsee. Im Hintergrund liegt der Nordteil des Kooges unter Wasser, weil der Deich noch nicht geschlossen worden ist. Rechts oben sieht man die Einfahrt in den Meldorfer Hafen. — Blickrichtung N

11 Das Stör-Sperrwerk: Hochwasserschutz für einen Tidefluß

Die Stör ist wie die Niederelbe, in die sie mündet, und wie die Eider (vgl. Nr. 8) ein Tidefluß, d. h., die Gezeiten dringen in den gefällsarmen Flußunterlauf ein. In der Stör geht die tägliche Tide von der Mündung 52 km flußaufwärts bis Rensing oberhalb von Kellinghusen.

Im Tidebereich werden weit größere Wassermengen durch einen Flußquerschnitt hin- und herbewegt als oberhalb davon, wo nur das aus dem Niederschlag des Einzugsgebietes stammende „Oberwasser" abfließt. In der Stör strömen bei normaler Ebbe etwa 700 m³ Wasser in der Sekunde durch das Sperrwerk, daran hat das Oberwasser aus dem 1714 km² großen Einzugsgebiet des Flusses nur einen Anteil von durchschnittlich 20 m³/sek. Dementsprechend hat der Fluß im Tidebereich eine Trichterform: Bei Wewelsfleth ist er 160 m breit und 7 m tief (Tidenhub 2,62 m), bei Itzehoe noch 70 m/2,90 m (Tidenhub 2,10 m), bei Rensing 14 m/1 m.

Bei Nordweststurm steigt der Wasserstand in der Elbe wegen der nach NW geöffneten Trichterform des Elbästuars rasch an; große Wassermassen werden in die offenen Nebenflüsse eingestaut, die bald ausufern. Die Marsch beiderseits der unteren Stör liegt im Bildausschnitt bei +0,4 bis +1,3 m NN, das MThw läuft am Sperrwerk auf +1,5 m NN auf. Die bereits an anderer Stelle (vgl. Nr. 1) beschriebene Veränderung der hydrographischen Bedingungen läßt sich auch an der Stör nachweisen: Seit etwa 100 n. Chr. lebten auf dem Störufer bei Hodorf altsächsische Bauern, sie wohnten anfangs in Flachsiedlungen, d. h. ohne Warf, etwa 1,40 m unter der heutigen Erdoberfläche; im 3. und 4. Jh. bauten sie niedrige Warfen.

Die holländischen Kolonisten, die im 12. und 13. Jh. die Wilster- und Kremper Marsch kultivierten und besiedelten, legten zum Schutz der Marsch gegen Überschwemmungen Flußdeiche an der Stör an (Bild vorn rechts). Die Deiche begleiten den gewundenen Fluß in einem gewissen Abstand, wodurch die zu unterhaltende Deichlinie kürzer wird. Das außerhalb des Deichschutzes liegende Vorland konnte man nur als Grünland nutzen. Die fast 2 km² große Vorlandfläche südlich Wewelsfleth (vorn links) wurde von mehreren Bauernhöfen aus bewirtschaftet, die wie Hallighäuser auf hohen Warfen außerhalb der Deiche lagen. Bei Sturmflutgefahr konnte man das Vieh auf kurzem Wege, d. h. schnell, auf den Warfen in Sicherheit bringen.

Die Stördeiche haben ihren Zweck bei kleineren und mittleren Sturmfluten durchaus erfüllt. Bei schweren Sturmfluten kam es allerdings immer wieder zu Deichbrüchen und katastrophalen Überschwemmungen, so z. B. 1717, 1720, 1751, 1824, 1825 und zuletzt 1962. Am 17. 2. 1962 stieg das Wasser in Wewelsfleth auf +5,45 m NN, in Itzehoe auf +4,71 m NN. Die Stördeiche wurden beiderseits schwer beschädigt, in die niedriggelegenen Stadtteile von Itzehoe drang das Wasser ein, durch einen Deichbruch bei Münsterdorf wurde ein Teil der Marsch überschwemmt.

Auf Grund der Erfahrungen aus der Sturmflut von 1962 wurde der „Generalplan Deichverstärkung, Deichverkürzung und Küstenschutz" aufgestellt. Er sah u. a. vor, die offenen Tideflüsse an der Niederelbe durch Sturmflutsperrwerke abzuschließen. Damit griff man Pläne wieder auf, die an der Stör schon seit 1930 diskutiert wurden, damals aber nicht realisiert werden konnten. Dagegen hatte man an der Lühe auf der niedersächsischen Elbseite schon 1939 ein Sperrwerk erbaut, ein weiteres an der Este 1959. Die Sturmflutsperrwerke an der Niederelbe sind so konzipiert worden, daß sie die normalen Gezeiten und ebenso die Schiffahrt ungehindert durchlassen. Nur bei Sturmfluten werden sie geschlossen.

Bei der Planung des 1971–1975 erbauten Störsperrwerks war zu berücksichtigen, daß der Schiffsverkehr auf der Stör zweispurig möglich bleiben sollte. Der Hafen von Itzehoe (Umschlag 1976: 0,4 Mio. t) kann von Einheiten bis zu etwa 1000 BRT angelaufen werden; die Werft in Wewelsfleth baut Schiffe bis etwa 2500 BRT. Diesen Bedingungen entsprechen die beiden in der Mitte angeordneten Schiffahrtsöffnungen mit je 22 m lichter Weite. Jede der beiden Öffnungen ist durch zwei Paar Stemmtore (schwarz), die sich um senkrechte Achsen drehen, verschließbar. Seitlich davon befindet sich je eine Durchflußöffnung von 43 m Breite. Die beiderseits paarweise vorhandenen Tore (blau) sind um eine horizontale Achse drehbar; sie stehen im geschlossenen Zustand senkrecht, wobei die gewölbten Seiten nach außen weisen. Eine Klappbrücke verbindet die beiden Ufer. Sie wird die Bundesstraße 431 aufnehmen, die bisher noch über die Landzunge (Bildmitte) zur Fähre Wewelsfleth führt. Damit wird u. a. der Raum Brunsbüttel (vgl. Nr. 13) von Hamburg aus schneller als bisher erreichbar.

Seit 1968 sind alle Tideflüsse an der Niederelbe, auch auf niedersächsischer Seite, durch Sturmflutsperrwerke abgeschlossen worden. Es ergibt sich die Frage, ob sich nicht dadurch bei Sturmfluten der Stauraum vermindert, so daß in der Elbe höhere und gefährliche Wasserstände eintreten. Die Untersuchung an einem maßstabsgetreuen Modell ergab, daß sich der Sturmflutwasserspiegel in der Elbe nur um etwa 10 cm erhöhen wird. In der Sturmflut am 3. 1. 1976, bei der im Elbebereich noch höhere Wasserstände auftraten als 1962, und bei der die Deiche der Haseldorfer Marsch brachen, hat sich die neue Anlage in ihrer Schutzfunktion voll bewährt.

Die mit Getreide bestellte Fläche hinter der Brücke zeigt, daß das ehemalige Vorland jetzt auch als Acker genutzt werden kann.

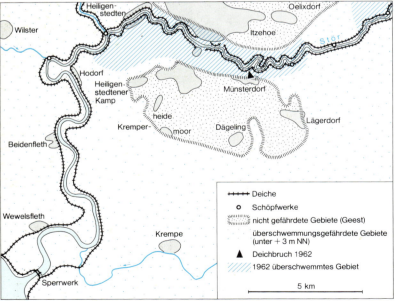

In großen Bögen fließt die Stör der Elbe zu; nahe der Mündung liegt das neue Sturmflutsperrwerk. Im Bild links des Flusses sieht man die Wilstermarsch mit dem Fährort Wewelsfleth, vor dessen Werft mehrere Küstenmotorschiffe festgemacht haben. Rechts erblickt man die Kremper Marsch; ganz vorn sind einige Gartenbaubetriebe des Deichhufendorfes Ivenfleth erfaßt. Der Anteil an grünen und gelben Flächen gibt eine Vorstellung von der unterschiedlichen landwirtschaftlichen Nutzung der Wilster- und Kremper Marsch. — Blickrichtung N

12 Averlak: Wertwandel durch flächenhafte Aufspülung

Das Problem, das Baggergut loszuwerden, ergab sich schon beim Bau des Nord-Ostsee-Kanals, es trat aber auch bei späteren Maßnahmen zur Verbreiterung und Vertiefung des Kanalbettes wieder auf. Das Baggergut wurde teilweise mit Schuten in die Nord- und Ostsee gebracht und dort an geeigneten Stellen „verklappt"; teilweise wurde es in Kanalnähe aufgeschüttet oder -gespült.

Bei der Planung eines neuen rund 30 ha großen Kanalhafens mit zwei Hafenbecken, der bei Brunsbüttel-Ostermoor im Zusammenhang mit der Industrieansiedlung an der Ostseite des Nord-Ostsee-Kanals entsteht (vgl. Nr. 13), entschloß man sich, das anfallende Baggergut, rund 3,9 Mio. m³, auf eine 270 ha große Fläche westlich und östlich des Dorfes Averlak aufzuspülen.

Averlak liegt auf einem der „Donns", einem fossilen Nehrungshaken, der im Mittelalluvium im Zusammenhang mit der Küstenentwicklung am Süderdithmarscher Klev (vgl. Nr. 4) entstanden ist. Der Averlaker Donn ist der älteste und mit rund 9 km auch der längste dieser aus Sand aufgebauten Haken. Beim Ausklingen der Flandrischen Transgression bildeten die Donns zeitweise eine Grenze für die marine Verlandung. Östlich von Averlak trat Vermoorung ein, dort besteht der Boden aus mehreren Metern Niederungsmoortorf. Westlich des Hakens schließt sich ein schmaler Streifen Niederungsmoor an, der nach Westen in humose, mit Torflagen durchsetzte Marsch übergeht. Erst dann folgt die für Dithmarschen typische, sandige Marsch.

Nach Südosten tauchen die Donns unter die jüngeren Schichten der Moore bzw. der Marsch. Dort, wo ihre Sandrücken die heutige Oberfläche darstellen, sind die Donns Leitlinien für die Siedlungen, die deshalb langgestreckte Zeilen bilden. Nur auf den Donns gab es — wie auf der Geest — festen Baugrund, gutes Trinkwasser, ganzjährig befahrbare Verkehrswege und Schutz vor Überschwemmung. Der Kudensee reichte um 1800 noch bis an Averlak heran. Beiderseits des Averlaker Donns liegt das Land niedrig, weil es nicht überschlickt ist, und weil das Moor gesackt ist. Der Grundwasserspiegel ist daher hoch, das feuchte Land kann nur als Grünland genutzt werden.

Östlich von Averlak ist schon früher Baggergut auf geringwertiges Land aufgespült worden. Das Luftbild erfaßt eine derartige Fläche rechts hinter der Bildmitte: Man erkennt, daß sie großenteils als Acker genutzt wird. Dagegen zeigt das dahinterliegende, bis an den Klev reichende Gebiet ebenso wie die schmalparzellierte Grünlandfläche (im Bild vorn links) noch den ursprünglichen Zustand als mooriges, niedriges und schlecht entwässertes Zwangsgrünland.

Zur Vorbereitung der im Bild sichtbaren Aufspülung führte die Wasser- und Schiffahrtsverwaltung Brunsbüttel als zuständige Behörde eine genaue Erhebung über den Zustand vor Beginn der Maßnahme durch. Mit jedem der beteiligten 70 Grundeigentümer — meist Landwirte aus Averlak — wurden Verträge abgeschlossen. Darin wird u. a. bestimmt, daß die Landwirte während der Aufspülung und bis zur Wiederaufnahme der Nutzung eine Ausfallsentschädigung erhalten. Ferner verpflichtet sich die Behörde, das Land in einem nutzungsreifen Zustand den Eigentümern zurückzugeben.

Im Spätsommer 1976 wurden die bis 3,20 m hohen Dämme aufgeschüttet und die Rohrleitungen verlegt. Mit einem zweirohrigen Düker überwand die Leitung den Kanal; die beiden Spülfelder wurden mit Ringleitungen umgeben und in acht Abschnitte unterteilt, die wechselweise bespült werden konnten. Die Aufspülung selbst erfolgte von Oktober 1976 bis Mitte Februar 1977. Mit einem Schneidkopf-Saugbagger wurde das Material abgebaut und mit Wasser aus dem Nord-Ostsee-Kanal in die Leitung gedrückt. Maximal wurden pro Tag 200 000 m³ verspült. Die Aufspülung erfolgte bis zu einer Höhe von 2,00 m über Gelände. Erst wenn sich das Spülgut und der Mooruntergrund „gesetzt" haben, ergibt sich die endgültige Höhe.

Die abgebauten Schichten bestehen teils aus Feinsand und Schluff, teils aus Klei (Ton) in wechselnden Lagen. Man versuchte so zu spülen, daß der wertvolle Klei nach oben gelangt. Das am 30. 3. 1977 aufgenommene Luftbild zeigt, daß noch flächenhaft Wasser auf den Spülfeldern steht. Das Land wird voraussichtlich 1979 oder 1980 wieder in Kultur genommen werden können.

Wegen der teilweise nur geringen Größe der überspülten Parzellen, und weil die Flächen, die einem Besitzer gehören, meist stark gestreut sind, führt das Amt für Land- und Wasserwirtschaft des Kreises Dithmarschen eine vereinfachte Flurbereinigung durch. Damit soll erreicht werden, daß jeder Besitzer sein Land in nur ein bis zwei Parzellen erhält. Wege und Entwässerungsgräben werden neu angelegt.

Den bisherigen Bodenverhältnissen entsprechend herrschen in Averlak Grünlandbetriebe vor. Die durchschnittliche Betriebsgröße liegt bei nur etwa 20 ha, viele Betriebe werden im Nebenerwerb bewirtschaftet. Nach Abschluß der Rekultivierung hat das Land seinen Charakter als Zwangsgrünland verloren. Ebenso wie auf den bereits früher überspülten Flächen (Bild rechts) dürfte auch auf den jetzt behandelten der Ackerbau vordringen. Dies wird auch dadurch nahegelegt, daß manche Bauern während des mehrjährigen Nutzungsausfalls, den die Spülung mit sich brachte, ihr Vieh bereits abgeschafft haben.

Die Veränderungen in Averlak sind eine Folge des industriellen Ausbaus im 6 km entfernten Brunsbüttel. Die hier entstehenden neuen Beschäftigungsmöglichkeiten könnten in dem bisher unterentwickelten Umland einen weiteren Wandel auslösen.

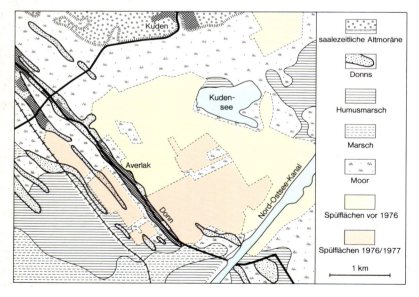

Der Blick geht über das langgestreckte Dorf Averlak auf St. Michaelisdonn zu, das durch einen hellen Silobau markiert wird. Rechts im Hintergrund sieht man die bei Nr. 4 besprochene fossile Küste des Klev. Östlich und westlich von Averlak spiegelt sich der Himmel in großen, mit flachem Wasser bedeckten Flächen. Hier wird auf feuchtes, niedriges Moorland Baggergut aufgespült, das von einem Hafenneubau am Nord-Ostsee-Kanal bei Brunsbüttel-Ostermoor stammt. Der Landschaftswandel hier steht also mit einer Veränderung an anderer Stelle im Zusammenhang. Erst nach der Rekultivierung wird das Ausmaß des Wandels voll erkennbar sein. — Blickrichtung N

13 Brunsbüttel: Entwicklung eines Kanalortes zum Industriestandort

Im Raum Brunsbüttel ist der Kampf mit dem blanken Hans durch viele Jahrhunderte besonders heftig gewesen. Sturmfluten und die Erosion der nach Norden drängenden Elbe führten häufig zu großen Landverlusten. Daher mußte auch Brunsbüttel nach einer gewaltigen Sturmflut im Jahre 1674 etwa 665 m nach Norden verlegt werden. Weihnachten 1717 brachen die Deiche erneut. Die einströmenden Wassermassen arbeiteten östlich vom neuen Ort die Braake (Wehle, Kolk) aus (Karte). Erst nach 46 Jahren konnte der Deich hier wieder geschlossen werden. Es entstand der „Neue Koog" — später Brunsbüttel-Eddelaker Koog. Nach seiner Besiedlung wurde er 1772 durch kgl. Oktroi (mit Bewilligung von Handelsvorrechten) eine selbständige Gemeinde. Wegen der Vorrechte und der guten Lage zur Fahrrinne der Elbe und der günstigen Verbindungen zum reichen Agrarland Dithmarschen wurde Brunsbüttel schon früh ein Umschlagplatz. Von dem in der Braake gelegenen neuen Hafen (Neuenkoogshafen) führte man in der Mitte des 19. Jhs. fast soviel Getreide aus wie aus allen anderen Häfen Dithmarschens zusammen. Um 1875 hatte der Ort etwa 400 Einwohner: Bauern, Schiffer und Kornhändler.

Mit dem Bau des Nord-Ostsee-Kanals begannen tiefgreifende Veränderungen. Die Nähe des — jetzt hinter sicheren Deichen liegenden — Ortes zu der tiefen Stromrinne der Elbe, die einst den Bewohnern so viel Kummer bereitet hatte, erwies sich nun als Vorteil. An die Stelle, an welcher das Elbfahrwasser ohne einen breiten und hinderlichen Wattstreifen das Ufer berührte, wurde die Kanalmündung gelegt. Mit dieser Entscheidung verlagerte sich der Schwerpunkt des Raumes nach Osten (Karte), so daß der bisherige Hafen seine Bedeutung verlor und verschlickte. Er wird in erster Linie offengehalten, um die Entwässerung des Hinterlandes zu sichern.

Der Kanalbau und vor allem der Erweiterungsbau (1907 bis 1914) bewirkten, daß an der Einmündung der künstlichen Wasserstraße in den Strom ein typischer „Kanalort" entstand, dessen Aufgaben fast ausschließlich auf den Schiffahrtsweg ausgerichtet waren. Lotsenstationen, Schiffsausrüstungsfirmen, Bunkerstationen, Reparaturwerkstätten und erste Fabriken (Zementwerk, eine Ziegelei, eine Faßfabrik, ein Chemiewerk der Rhenania AG Aachen) sowie Kaianlagen, neue Straßenzüge, Wohnhäuser und Ladengeschäfte lösten eine rege Bautätigkeit aus. Neben einem Siedlungsschwerpunkt am neuen Kanalhafen entstand auf dem Westufer (links außerhalb des Bildes) um die „Wurtleutetweute" (Gasse der Wurtbewohner) eine reine Wohnsiedlung. Ein weiteres Wohngebiet mit zahlreichen, teils mehrgeschossigen Miethäusern entwickelte sich am Südostufer des Kanals (Bildmitte). Hier zogen die Arbeiter der neuen Fabriken ein. Die Zahl der Einwohner stieg sprunghaft: 1885 709, 1900 3513, 1912 6438. Doch gelang es der neuen Siedlung nicht, Funktionen der Versorgung des Umlandes zu übernehmen, denn die alten gewachsenen Verbindungen waren stärker als die Vorteile des neuen Ortes. Die Dörfer und Einzelhöfe der Marsch blieben in ihrer Versorgung auf Itzehoe, Meldorf, Wilster und Heide ausgerichtet. So konnte der neue Ort keinen Bedeutungsüberschuß aufbauen. Wie sehr Brunsbüttel ein „Kanalort mit Selbstversorgungscharakter" blieb, geht daraus hervor, daß die Zementfabrik und die Ziegelei stillgelegt werden mußten, sobald die Arbeiten am Kanal abgeschlossen waren.

Die Rationalisierung und Konzentration der Produktion in der Landwirtschaft führten auch in den Marschen zu Abwanderungen. Ganz besonders benachteiligt sind periphere ländliche Gebiete, die außerhalb der Oberzentren Kiel und Lübeck oder des Großzentrums Hamburg liegen. Zu einem solchen Raum gehört Brunsbüttelkoog! Mit dem Aufbau eines Industriezentrums will die Landesregierung eine weitere Abwanderung aus den Kreisen Dithmarschen und Steinburg stoppen.

Durch einen erheblichen Ausbau der Infrastruktur sollen bestehende Betriebe am Ort erhalten und Anreize für die Gründung neuer Firmen geschaffen werden. Mit dem Bau des Ölhafens (1958/59) wurde am Nordwestufer des Kanals ein moderner und sicherer Umschlagplatz für Öl geschaffen, so daß neue petrochemische Fabriken errichtet und Brunsbüttel auch zum Ölhafen für die Werke in Hemmingstedt (Nr. 14) werden konnte. Wegen der raschen Entwicklung in der Tankschiffahrt reichten die neuen Anlagen schon nach wenigen Jahren nicht mehr aus, denn Schiffe über 35 000 BRT können den Kanalhafen nicht anlaufen. Im neuen Strompierhafen in der Elbe (Elbehafen) mit einer Wassertiefe von 14,30 m können auf 100 000 t geleichterte Großtanker bis 260 000 t und Massengutschiffe mit 80 000 t Tragfähigkeit abgefertigt werden. Am Ölterminal lassen sich pro Stunde 13 000 t Rohöl löschen. Pipelines stellen die Verbindung mit den neuen Werken in Ostermoor (Bild hinten links) her. Ein weiteres Becken für einen Hafen auf der Südostseite des Kanals ist inzwischen ausgebaggert worden.

Ein entscheidender neuer Abschnitt in der Entwicklung Brunsbüttels wurde durch den Bau eines Atomkraftwerkes (Inbetriebnahme 1976) sowie durch die Chemiewerke der Bayerwerke AG eingeleitet, die auf einer Fläche von 375 ha entstehen. Außerdem errichtet die VEBA-Chemie neue Anlagen für eine Jahresproduktion von 500 000 t Ammoniak und 330 000 t Harnstoff. Seit 1977 verbindet eine Erdgastransportleitung das neue Industriegebiet mit der Hauptleitung Elbe—Kiel.

Da vorwiegend hochqualifizierte Fachkräfte benötigt werden, ist es abzusehen, daß erneut viele Fremde ins Land kommen werden. Ob es möglich sein wird, neben der Konzentration auf die Funktionen des Kanals und den Ausbau der Industrie dem Ort jetzt weitere Aufgaben und damit einen Bedeutungsüberschuß für das Umland zu geben, ist noch offen.

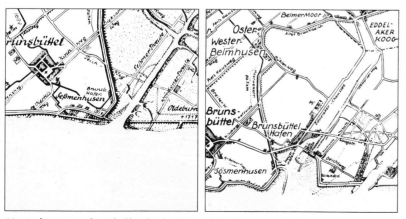

Veränderungen des Flußlaufes bei Brunsbüttel 1717 und 1900

Wir blicken über den Neuen Vorhafen und den Alten Vorhafen auf die Shell-Anlagen am Südostufer des Kanals. Im Mittelpunkt des Bildes erkennen wir die alten Arbeitersiedlungen und das Werk der Kali-Chemie aus der Anfangsphase der „Industrialisierung". Von hier aus schließt sich bis über den Ort Büttel im Hintergrund das Industriegebiet Süd an. Es soll die neuen Fabriken von BAYER und VEBA aufnehmen. Viele graue Flächen zeigen, wo Sand zur Verbesserung des Untergrundes und zum Niveauausgleich aufgespült worden ist. Oberhalb des Elbhafens liegt das Atomkraftwerk. Der von der Karte erfaßte Teil befindet sich unterhalb des Neuen Vorhafens. — Blickrichtung SO

14 Erdölindustrie bei Hemmingstedt

Wo heute die Anlagen der Erdölwerke Holstein (früher DEA, seit 1970 Deutsche Texaco AG) auf einer Fläche von 138 ha hoch in den Himmel ragen, gab es in der Mitte des vorigen Jahrhunderts nur Weiden und Ackerland. An der Stelle, wo die Karte von 1878 die „Teerkuhlen" zeigt, steht heute die Krackanlage, der höchste Teil des Gesamtbetriebes. Obwohl es schon über 100 Jahre her sind, als der Bauer Reimers am 4. 6. 1856 beim Brunnenbau einen „übelriechenden Schlamm" herausholte, konnte eine größere Ausbeute nach vielen gescheiterten Versuchen erst seit 1938 erfolgen. Man besaß erst damals die notwendigen geophysikalischen Methoden und technischen Möglichkeiten, um auch in tieferen Schichten relativ sicher Erdöl finden und fördern zu können.

Wenn wir nach den Gründen suchen, warum gerade hier Bergbau und Industrie den Raum verändert haben, müssen wir auch die erdgeschichtlichen Vorgänge und Entwicklungen auswerten. Vor etwa 155 Mio. Jahren erreichte ein Meer in der sogenannten Jurazeit über dem europäischen Kontinent seine größte Ausdehnung. Zwischen einem durch die Salzschwellen geformten Trog erreichte ein schmaler Meeresarm auch den Raum um das heutige Heide. In ihm konnten aus Sauerstoffmangel — denn er ist wenig durchlüftet gewesen — reichlich anfallende organische Substanzen nicht abgebaut werden, sondern gingen in Fäulnis über, d. h., Eiweiß und Fett zersetzten sich zu Kohlenwasserstoffen. Sie verwandelten sich im Laufe von Jahrtausenden unter hohem Druck in großen Tiefen unter mächtigen Schichten aus den folgenden Abschnitten der Erdgeschichte und hohen Temperaturen zu Erdöl und Erdgas. Infolge des hohen Druckes und des spezifisch leichteren Gewichts verließen Erdöl und Erdgase ihre Mutterlager und drangen, wenn undurchlässige Schichten ein weiteres Aufsteigen verhinderten, in poröse Sande oder kluftreiche Kalke (sogenannte Speichergesteine) ein.

Wo Spalten oder Risse den Weg bis an die Erdoberfläche freigemacht haben, flossen die in der Tiefe erzeugten Stoffe bis an die Oberfläche. So konnten schon seit Jahrtausenden auf der Erde Menschen ein ähnliches Erlebnis erfahren, wie es der Bauer Reimers in der Flur-„Hölle" gehabt hat.

Die in den dreißiger Jahren errichteten Förder- und Raffinerieanlagen wurden in den letzten Kriegsjahren vollständig zerstört. Neuanlagen aus den Jahren 1955 bis 1973 bestimmen daher ausschließlich das heutige Bild. In den letzten Jahrzehnten wuchs die Kapazität von 0,5 Mio. t/Jahr auf 5,6 Mio. im Jahre 1976 (Zahl der Beschäftigten: 750). Die Auslastung dieser Kapazität kann naturgemäß nicht durch die Erdölfelder Schleswig-Holsteins gewährleistet werden, zumal hier die Förderung stark rückläufig ist. Hatte man in den vierziger Jahren allein in der Hölle jährlich 200 000 t Erdöl gefördert, so waren es 1968 14 556 t und 1976 nur noch etwa 10 000 t. Alle Felder des Landes lieferten 1968 624 114 t, 1976 dagegen weniger als 400 000 t. Neue Erkundungsbohrungen bis 4800 m tief versprechen keine grundlegende Änderung. Das Erdölzeitalter scheint in Schleswig-Holstein schon jetzt zu Ende zu gehen. Daher stellte sich die Texaco auf Importe größeren Ausmaßes um (1976 aus den Feldern am Persischen Golf 3,6 Mio. t).

Die Raffinerie Heide, eine der großen Verwandlungsstätten für Kohlenwasserstoffverbindungen, vermag wegen der Vielfalt der Anlagen zahlreiche Mineral- und petrochemische Produkte herzustellen. Wir erkennen z. B. neben dem stark rauchenden Schornstein die Krackanlage. Hier gewinnt man durch Kracken (Spalten) großer Moleküle mehr leichte Produkte, vor allem hochwertige Benzine. Im Zentrum stehen weiter fünf atmosphärische und vier Vakuum-Destillationsanlagen. Nach rechts folgen die Bitum- und Gasanlagen sowie weiter dem Rande zu das eigene Heizkraftwerk. Es kann den Bedarf von 26 000 kW für eine volle Auslastung der Raffinerie decken. Zwei Brunnengalerien östlich von Heide versorgen über zwei Rohrleitungen von 9 und 5 km Länge die Raffinerie mit Wasser (700 m³/h). Ein Rückkühlsystem sichert die Kühlwassermenge von 22 500 m³/h.

Die unterschiedlichen Anlagen ermöglichen eine ständige Anpassung an den Markt. Gegenwärtig stellen Mitteldestillate (leichtes Heizöl, Dieselkraftstoff) vor schwerem Heizöl und Benzin die größten Anteile an der Produktion. Die Anlieferung des meisten Rohöls und etwa 66 Prozent des Versandes der Fertigprodukte erfolgen über neun Pipelines zwischen Brunsbüttel (Nr. 13) und der Raffinerie. Eine ergänzende Menge liefert die Pipeline von Ascheberg aus den ostholsteinischen Fördergebieten. Straßentankwagen transportieren 25 Prozent, Eisenbahnkesselwagen nur 9 Prozent unmittelbar an die Verbraucher. Die gesetzlichen Forderungen für eine bestimmte Vorratshaltung erfüllt das Werk durch den Bau von Kavernen in unterirdischen Salzstöcken.

Wie das Bild zeigt, liegen Ackerzonen, Wohngebiete und Industrieanlagen unmittelbar nebeneinander. Dies ist möglich, weil alle Rauchgase durch hohe Schornsteine abgeleitet werden, weil ölhaltige Abwässer mechanisch, chemisch und biologisch gereinigt sowie feste und flüssige Abfälle in einer eigenen Verbrennungsanlage vernichtet werden. Daher konnte das Dorf Braaken eine Ausweitung auch zum Erdölwerk hin wagen. Lärmschutzanlagen sorgen für einen relativ niedrigen Geräuschpegel.

Das Beispiel „Hölle" zeigt eindrucksvoll Wandlungen durch die Natur und den Menschen unterhalb und oberhalb der Erdoberfläche in Vergangenheit und Gegenwart.

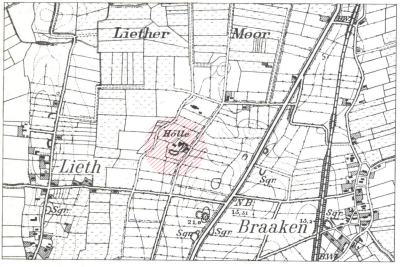

Der Raum um das Flurstück „Hölle" im Jahre 1878

Eingebettet in die Agrarlandschaft Dithmarschens liegen die „Erdölwerke Holstein" auf den aus Marsch und Moor aufragenden Hemmingstedter Höhen. Im Vorder- und Mittelgrund erfaßt das Bild die Destillationsanlagen, am rechten Rande das eigene Heizkraftwerk, davor die Gasanlage mit abgestellten Eisenbahnkesselwagen. Rechts außerhalb des Bildes befindet sich die Eingangsstation der Rohölpipeline aus Brunsbüttel. Das Dorf Braaken im Hintergrund entwickelte sich zu einer Wohnsiedlung. — Blickrichtung SO

15 Büsum und St. Peter-Ording: Bäder an der Wattenküste

An der verkehrsfeindlichen und schlickreichen Wattenküste stehen die Bewohner bei der Inwertsetzung des Raumes für den Fremdenverkehr vor erheblichen Schwierigkeiten. Nur die Inseln am Rande des Wattenmeeres und die Spitze der weit in die Nordsee ragenden Halbinsel Eiderstedt liegen an der offenen See und besitzen ausgezeichnete Außensände (Nr. 1). Als einziger Festlandsort verfügt St. Peter-Ording außerdem über Dünen auf einer ehemaligen Nehrung und über Wälder — eine Seltenheit an der Nordseeküste. Diese Elemente der Landschaft stellen an sich schon einen Wert für einen Badeort dar, erhalten aber eine noch höhere Bedeutung, weil sie das einmalige Reizklima an der Nordseeküste differenzieren. Bei einer medizinischen Bewertung treten natürlich andere Elemente als bei einer landwirtschaftsgeographischen Betrachtung in den Vordergrund (vgl. Nr. 17). Therapeutisch nutzbar sind: die staubfreie und meeresaerosolhaltige Luft — vor allem in der Brandungszone, die starke Strahlungsintensität, eine große thermische Breite bei hoher Ausgeglichenheit im Tages- und Jahresgang und die kräftige Windexposition. Ein Heilerfolg setzt eine richtige Dosierung voraus. In St. Peter ist sie besonders gut möglich, weil Temperaturen, Strahlungs- und Windverhältnisse in den einzelnen natürlichen Zonen unterschiedlich zusammenwirken. Es ist eben ein Unterschied, ob man sich auf der Sandbank, auf den Deichen, in den Dünen, im Watt oder im Wald oder sogar im Hinterland in der Marsch befindet. Auf den Sandbänken empfindet man wegen der starken Winde die ungehemmte Sonneneinstrahlung oft erst, wenn ein Sonnenbrand schon eingetreten ist; in den Dünentälern stagniert die Hitze dagegen häufig unerträglich, reicht aber bei Schlechtwetterlagen oft noch für Liegekuren aus. Die Waldzone schützt vor einer zu intensiven Bestrahlung und vor zu heftigen Winden, sie eignet sich daher hervorragend für eine erste Akklimatisation der Gäste. Alle diese Gunstfaktoren werden durch eine ausgezeichnete Schwefelsolequelle vervollständigt — man entdeckte sie 1957 bei Bauarbeiten zum Kurmittelhaus.

Die Bewohner haben die einmaligen Vorteile ihres Raumes ausgenutzt und den gesamten Küstenbereich von Ording im Norden bis St. Peter-Böhl im Süden zu einer Erholungslandschaft umgestaltet. In Ording und St. Peter gab es 1895 225 Wohnhäuser, 1968 919, 1976 war eine sichtbare Vermehrung der Wohneinheiten wegen der Hochhäuser nicht mehr vergleichbar. Unser Bild erfaßt die Badestelle vor St. Peter-Bad. Hinter dem Deich liegen in der Waldzone alle wichtigen witterungsunabhängigen Anlagen eines modernen Seebades (Nr. 35). Die Hochhäuser mit ihren Freizeitwohnungen prägen die neue, viel diskutierte Silhouette des Bades. Die Inhaber dieser Wohnungen kommen meistens aus Hamburg und Schleswig-Holstein. Sie tragen wesentlich zur Wirtschaftlichkeit des Ganzjahresbetriebes bei. Durch den Bau der Straße über die Anlagen der Eiderabdämmung ist St. Peter-Ording noch besser an das Hinterland, vor allem Hamburg, angeschlossen worden. Im Jahre 1976 konnte das Bad etwa 10 800 Betten anbieten, es kamen ca. 100 000 Gäste, man konnte etwa 1,7 Mio. Übernachtungen buchen! Zwischen 60 und 70 % der am Ort wohnenden Erwerbstätigen arbeiten in Dienstleistungsbetrieben, sie müssen in der Hauptsaison noch durch Saisonbeschäftigte ergänzt werden. Zu den etwa 5000 Einwohnern kommen gegenwärtig über 2000 Zweitwohneinwohner in 713 Wohnungen. Mit seinen Geschäften und Bildungseinrichtungen konnte der Ort einen Bedeutungsüberschuß entwickeln, der auch das Umland beeinflussen mußte, z. B. das benachbarte Garding (Nr. 26).

Abgesehen vom Klima mußte sich Büsum alle Voraussetzungen für ein Seebad erst schaffen. Die hohe Deichlinie, die künstliche Insel und das Hochhaus lassen schnell die gestaltende Kraft der Bewohner in diesem Raum erkennen. Im Schutze der Deiche hatten die Büsumer bereits 1837 erste Badeeinrichtungen geschaffen. Als Ende des 19. Jhs. der Heilwert des Wattlaufens bei Kreislauferkrankungen bekannt wurde, gewann man zwei scheinbar für einen Badebetrieb negative Faktoren der Westküste Vorzüge ab: der sandfreien Deichzone und den periodisch wasserfreien Watten. Der saubere „Grüne Strand" wurde eine Zone der Ruhe, das Wattenlaufen in dem Reizklima der Nordsee über seine medizinische Bedeutung hinaus eine Attraktion für viele Urlauber. Bis 1911 stieg die Zahl der Gäste auf 5500, fiel dann zwischen den Kriegen wieder ab, erreichte 1956 etwa 10 000 und 1964 17 000, d. h. in etwa 80 Jahren ein langsames, unstetes Wachsen um 10 000, dann aber in nur 8 Jahren einen Zuwachs von 70 %. Dadurch bedingte Probleme der Kapazität wurden innerhalb des bestehenden Rahmens unlösbar, zumal die Zahl der Tagesgäste inzwischen auch über 100 000 jährlich angestiegen war.

Da brachte die gewaltige Sturmflut von 1962, die auch vor Büsum in die Deichlinie eingebrochen war und fast die Stadt unter Wasser gesetzt hätte, eine Lage, die alle Verantwortlichen, auch die Regierungen in Bonn und Kiel, zum Handeln zwang (Nr. 9, 10). Der Deich vor Büsum wurde um 1,50 m erhöht, vor allem wurde die Landzone vor dem Deich um 40 m verbreitert. Damit hatte Büsum seinen lang ersehnten größeren „Grünen Strand". Durch die Asphaltierung der Deichkrone, den Bau einer breiten Promenade am seewärtigen Deichfluß, durch breite Verbindungstreppen, die unmittelbar ins Watt führen, erreichte man auch qualitativ eine erhebliche Verbesserung. Der Ausbau der Kurzone wurde mit dem Neubau eines größeren Wohnbezirkes und weiterer Einrichtungen für den Fremdenverkehr begleitet. Markantester Punkt dieses Bezirkes ist das Hochhaus (Bild). Ein Meerwasserwellenbad, ein Kurmittelhaus, ein Haus des Kurgastes gehören auch in Büsum zum Kern des Bades, so daß mit diesen witterungsunabhängigen Anlagen ein ganzjähriger Betrieb möglich geworden ist.

Mit 32 500 Kurgästen und 248 700 Tagesgästen (!) stellte 1967 sich das Kapazitätsproblem nach nur wenigen Jahren erneut. Die Büsumer griffen auf ein Mittel zurück, das sie bereits beim Bau ihres neuen Hafens erfolgreich angewandt hatten: die Aufspülung und Sicherung einer künstlichen Insel. In der sich nördlich vom jetzigen Strand anschließenden, bei Fluten ungünstig exponierten Perlebucht spülte man eine 10 ha große Sandbank auf, sicherte sie durch zwei 3,80 m hohe mit Asphalt abgedeckte Wälle vor Normalfluten und schuf zwischen der Insel und der Deichlinie zwei bis 1,50 tiefe Badebecken. Durch die Schleusen ist ein regelmäßiger Austausch des Wassers möglich. Ein Überweg stellt die Verbindung zu dem neuen „Grünen Strand", den Camping- und Parkplätzen her. Mit der Insel erhielt die Küste an einer gefährdeten Stelle einen Wellenbrecher, das Bad Büsum einen begehrten Sandstrand sowie gezeitenunabhängige und ungefährliche Badebecken. Die Besucherzahlen steigen weiter: 1976 etwa 1 Mio. Übernachtungen bei einem Bettenangebot von etwa 8200.

Nördlich des alten „Grünen Strandes" von Büsum hat man zur Vergrößerung der Strandkapazität eine Insel aufgespült. Dadurch wurden hier Verhältnisse — wenn auch in kleinerer Dimension — wie vor St. Peter künstlich geschaffen. Wir schauen von See aus über die Insel, weiter über die 25 000 und 45 000 qm großen Badebecken auf einen neuen ebenfalls „Grünen Strand" auf den hier 8,5 m hohen Deichen. Camping- und Parkplätze liegen hinter dem Deich. Rechts leitet ein neues Wohnviertel zum „Alten Büsum" über — rechts außerhalb des Bildes. — Blickrichtung NO

Vor St. Peter-Bad verbindet eine Stahlbetonbrücke die natürlichen Zonen: Sandbank, Watt und Dünen an der Küste, miteinander. Hinter einem nur 6 m hohen Seedeich liegt das heutige Kurzentrum mit seinen vom Wetter unabhängigen Einrichtungen und Appartementhochhäusern. Die Bewohner der früheren Dörfer zwischen Ording im Norden und Böhl im Süden haben die einmalige natürliche Ausstattung ihres Raumes zu einer der schönsten Erholungslandschaften Schleswig-Holsteins ausgebaut.
Blickrichtung NO

16 Am Rhin: Intensivierung der Landnutzung durch Gartenbau

Die Kulturlandschaft am Kremper und Herzhorner Rhin steht mit ihrer geordneten Streifenflur, ihrem ausgebauten Entwässerungssystem, ihren Bauernhöfen und Gartenbaubetrieben in krassem Gegensatz zu den Namen „Blomesche Wildnis" und „Engelbrechtsche Wildnis". Unser Bild erfaßt am Kremper Rhin die Gartenbaubetriebe mit ihren kleinen Feldstücken inmitten der größeren Fluren der Bauern. Wir erkennen den Bildausschnitt auf der Karte von 1925 zwischen den Worten Chaussee und Rhyn wieder. Bei einem Vergleich von Bild und Karte stellen wir fest, daß sich nach 1925 die Flurstücke und die Betriebsanlagen vergrößert haben und fragen nach den Gründen.

Nach der Bedeichung der Kremper Marsch im 13. Jahrhundert haben — in erster Linie wegen Verlagerung der Hauptstromrinne der Elbe — Ein- und Ausdeichungen gewechselt. Auf der Karte erkennen wir „Am Altendeich" eine frühere Deichlinie wieder. Das aufgegebene, teils von Weidengebüsch bedeckte Land wurde treffend als „Wildnis" bezeichnet und kaum genutzt. Erst als Anfang des 17. Jahrhunderts der König von Dänemark aus wirtschaftspolitischen und strategischen Gründen die Festung und den Hafen Glückstadt an der Mündung des Rhins bauen ließ, wurde die „Wildnis" wieder bedeicht. Der Graf von Schauenburg zwang seine zu Hand- und Spanndiensten verpflichteten Bauern, die „Wildnis" zu entwässern und zu roden. Sie trugen die ganze Arbeitslast, obwohl sie wegen der abseitigen Lage der gewonnenen Fluren kein persönliches Interesse an einer kultivierten Wildnis hatten. Dennoch wurden sie gezwungen, zu einem hohen Kanon (Abgabe pro Morgen) das neugewonnene Land „zum Lohn" zu pachten.

Als nach der Gründung Glückstadts (1616) viele Niederländer einwanderten, verpachteten die einheimischen Bauern die ungünstigen Flurstücke an die Neuankömmlinge weiter. Diese brachten Erfahrung im Gemüsebau mit. Er wurde bald von den Einheimischen übernommen, denn die Natur bot schon damals am Rhin dem Garten- und Feldgemüsebau günstige Bedingungen: Beiderseits der prielartigen Gezeitenrinnen, zu denen die gewundenen Rhine ursprünglich gehörten, waren kalkreiche sandige Sedimente abgelagert worden, auf denen sich ein krümeliger Boden, die „Fielerde", entwickelt hatte. Das ausgeglichene ozeanische Klima ist ein weiterer Gunstfaktor.

Die Kätner, die auf den sandigen Böden an den ehemaligen Prielen angesiedelt worden waren, erkannten jedoch bald, wie gut ihre mit den Kalkteilen abgestorbener Meerestiere angereicherten Böden sich durch Torfstreu und mit den Abfällen aus den Städten verbessern ließen, wie schnell der Boden Wasser aufnahm und wie bei Trockenheit das kapillar aufsteigende Grundwasser die Wurzeln der Pflanzen erreichte. Für die weitere Entwicklung des Gartenbaus war die günstige Lage zu den Märkten in Glückstadt, später auch Hamburg ausschlaggebend. Bald sprach man hier von den „Kohlplantern" aus der Wildnis.

Die Gemüsebauern brachten ihre Produkte mit eigenen flachgehenden Schiffen, den sogenannten Rhin-Ewern, auf dem Rhin unmittelbar nach Glückstadt oder weiter über die Elbe nach Hamburg. Das kostete zwar viel Zeit, brachte aber höhere Gewinne ein, weil man den Zwischenhandel ausschließen und stets die Marktlage genau beobachten konnte. Mit dem Bau der Eisenbahn Glückstadt—Elmshorn—Altona und dem Ausbau der Straßen seit der Jahrhundertwende ging diese Epoche zu Ende. Durch die Anzucht von Jungpflanzen in Mistbeeten unter Glas — seit der Mitte des 19. Jahrhunderts schon üblich — und durch den Bau von Treibhäusern, mit denen man 1928 die Erfahrungen der Holländer ausnutzte, konnte man jedoch durch die Vorverlegung der Erntezeit und die Erweiterung des Angebots (Tomaten, Salate, Blumen usw.) die Märkte halten.

Doch gegenwärtig müssen neue Überlegungen angestellt werden, weil der LKW und zum Teil auch das Flugzeug die Verbindungen zwischen den Produktionsstätten und den Märkten völlig neu geordnet haben. Heute sind auch fernab gelegene Anbaugebiete in Holland, Südfrankreich, ja in Ländern am Mittelmeer und in Osteuropa an die deutschen Märkte angeschlossen. Glückstädter Frühkartoffeln oder Blumen können z. B. mit solchen aus Italien nicht mehr konkurrieren. Auch der Anbau von Weißkohl und Tomaten sowie die Aufzucht von Blumen lohnen sich kaum noch, weil man diese Pflanzen anderswo billiger erzeugen kann. Trotz dieser starken, fast übermächtigen Konkurrenz haben die Rhiner nicht aufgegeben. Im Blumenkohl, in der Sellerie, im Porree fand man Pflanzen, die sich aus verschiedenen Gründen einer feldmäßigen Massenproduktion versagen, wenn man höchsten Ansprüchen genügen will. Möglichst hohe Qualität anzubieten, möglichst früh verkaufen zu können, aber auch Waren liefern zu können, wenn kurzfristige Marktlücken sich abzeichnen, wurde das Ziel der Rhiner Wirtschaft. Durch den vollen Einsatz des Produktionsfaktors Arbeit und den Einsatz der Technik, z. B. von Kühlhäusern und Berieselungsanlagen, schaffen die Gemüsebauern auch heute wieder den Anschluß an die wirtschaftlichen Notwendigkeiten ihrer Zeit.

Am Rhin 1925

Kleinere Feldstücke und Hofanlagen mit Gewächshäusern und Mistbeeten grenzen die Zone der Gemüsebauern deutlich ab. Ein Vergleich mit der Karte von 1925 zeigt den jüngeren Ausbau der Betriebe und die durch die Anlage einer Dränage möglich gewordene Neuordnung der Flur. Nur wenige Wasserläufe erinnern noch an die einstige Wildnis. — Blickrichtung NO

17 Katharinenheerd: Eiderstedt zwischen Acker- und Grünlandwirtschaft

Im Katharinenheerd wurde bereits 1113 eine Kapelle erwähnt. Die heutige Kirche (Bild rechts unten) stammt aus dem 15. Jh. Bei dem Hofe Hemminghörn (rechts außerhalb des Bildes) fanden bis 1625 die Landesversammlungen statt. Unser Bild stellt also einen sehr alten Teil Eiderstedts dar. Die alte Marsch bestimmt bis Tetenbüll (oberes Ende der Ackerfläche) die Fluren. Daran schließen sich die bis 1480 eingedeichten Flächen und im Norden die jungen Köge an. Das Bild beweist, daß nach wie vor die Weidewirtschaft den entscheidenden Einfluß auf den Raum ausübt. Daher überrascht die nördlich des Ortes gelegene große Getreidefläche, und wer durch das Land reist, wundert sich auch über den Widerspruch zwischen den gewaltigen Haubargen auf den Einzelwarften (Bild) und einer Weidemastwirtschaft, die der umfangreichen Stallungen und Stapelräumen für Heu nicht bedarf, weil das Vieh bereits nach der Gräsung im Herbst verkauft wird. Ist das immer so gewesen, oder haben andere Nutzungen die Wirtschaft bestimmt? Welche gestaltenden Kräfte stehen dahinter? So ähnlich wird mancher fragen. Antworten kann nur eine Analyse der natürlichen Grundlagen und der wirtschaftlichen Faktoren unter Berücksichtigung der historischen Dimension geben.

Das ozeanische Klima Schleswig-Holsteins mit seinen milden, feuchten Wintern (Eiderstedt: mittlere Januar-Temperatur + 0,2 C, Niederschläge Dezember bis Februar 156 mm), einem späten, kalten und relativ trockenen Frühling (Niederschläge März bis Mai 127 mm) und einem kurzen, kühlen, vor allem feuchten Sommer (Eiderstedt: mittl. Temperatur im Juli 16,6° C, Niederschläge Juli bis September um 240 mm!). Die geringen Niederschläge in der Wachstumszeit, die hohen dagegen in der Reifezeit des Getreides und die tonigen (allgemein zwischen 12,5 und 63 Prozent Tongehalt) wasserspeichernden Böden begünstigen die Graswirtschaft, d. h. auch die gegenwärtige Nutzung. Ohne Zweifel haben daher auch nach der Eindeichung um 1000 n. Chr. Weide- und Viehwirtschaft die Nutzung der Marschen bestimmt. Doch die hohe Güte der Böden (Ackerzahlen 60 bis 80, teilweise höher) schenkten den Marschbauern einen größeren Spielraum in ihren wirtschaftlichen Entscheidungen, so daß die Betriebe sich besser den Absatzmärkten anpassen konnten. Bereits im 15. Jh. führte der Handel mit den Holländern zu einer Umstellung der bäuerlichen Betriebe auf den Ackerbau, weil die Holländer wegen ihres umfangreichen Ausbaues gewerblicher Betriebe einen großen Bedarf an Getreide und später auch an Käse hatten. In Eiderstedt beschleunigte man daher die Eindeichungen, brach man die meisten Weiden um und nutzte seit der Mitte des 16. Jhs. das verbliebene Grünland nicht nur für die Gräsung von Ochsen, sondern auch für eine umfangreiche Milchwirtschaft. Aus Eiderstedt erfolgte – vor allem über die Häfen von Tönning und Husum (Nr. 19) – ein erheblicher Export an Getreide, Ochsen und Käse – teilweise jährlich 1 Mio. kg. In dieser Zeit übernahmen die Eiderstedter von den Holländern auch den Haubarg. Dieses Bauernhaus mit dem großen Vierkant als Stauraum für Heu hatte sich als Haus des Graslandes entwickelt, bewährte sich mit seinen Lagerräumen und umfangreichen Stallungen sowie der Loo als Dreschplatz auch in der Phase des Getreidebaus mit Milchwirtschaft.

Nach wirtschaftlich schweren Jahren während der vielen Kriege im 17. und 18. Jh. und dem damit verbundenen Niedergang des Handels mit Westeuropa brachte die Industrialisierung Englands und später Deutschlands im 19. Jh. einen erneuten Aufschwung. Auf den Märkten Englands stieg die Nachfrage nach Fleisch so sehr, daß die Zölle für Einfuhren von Vieh aufgehoben wurden. Die Marschbauern erkannten ihre Chancen und stellten sich auf die Fettgräsung um. In wenigen Jahren verwandelten sich die meisten Ackerfennen – sie machten während der „Holländerzeit" bis zu 90 Prozent aus – in Weideland. Als England wegen der stärker einsetzenden Versorgung aus Übersee seinen Markt für Einfuhren aus der Marsch schloß, hatte dies keine Bedeutung, weil ihre Bauern in Hamburg, im aufstrebenden Ruhrgebiet, in Sachsen und in Berlin neue große Absatzmärkte gefunden hatten. In der gewandelten Agrarlandschaft verlor der Haubarg seine Funktion. Viele wurden abgebrochen – so auch auf der Warft in der heutigen Getreidefläche –, andere wurden Museum mit Gastwirtschaft.

Gegenwärtig kommt es wieder zu Veränderungen. Überlegungen zur Rentabilität der Betriebe zwingen die kleineren und mittleren entgegen der Marktlage (Butterberg) zur Milchwirtschaft überzugehen; denn sie müssen die Arbeitskraft eines Familienbetriebes voll zur Geltung bringen. Von 19 Betrieben (17 sind kleiner als 50 ha, 2 größer) halten 18 in Katharinenheerd Milchkühe, 3 Höfe besitzen Herden über 20 Tiere. In Eiderstedt stieg die Zahl der Milchkühe von 1960: 8290 auf 1975: 12 910 an. Die Großbetriebe können dagegen in der überwiegenden Zahl noch der kapitalintensiven, aber arbeitsextensiven Gräsung nachgehen und bleiben damit markt- und raumkonform. Allerdings stehen Großbetriebe, die viel Pachtland (teilweise bis zu 50 Prozent) bewirtschaften, vor neuen wirtschaftlichen Überlegungen, weil die steigenden Kosten der Pachtungen (500 bis 1000 DM/ha) durch die Mastwirtschaft nicht mehr gedeckt werden können. Da sich aber aus der Ackerwirtschaft größere Überschüsse erwirtschaften lassen (Rohüberschuß je ha bei Getreidebau um 800, bei Viehwirtschaft um 400 DM), wird wieder mehr gepflügt. Der Ausbau des Entwässerungssystems nach dem Zweiten Weltkrieg, d. h., die Verbesserung der Vorfluter und der Dränage durch kostengünstigere Kunststoffröhren sowie die Anlage neuer Wirtschaftswege (Programm Nord), vor allem die Möglichkeit, die wasserstauende Knickschicht, einen Verdichtungshorizont, der teilweise schon 40 cm unter der Flur anzutreffen ist, durch den Einsatz starker Schlepper und Tiefpflüge kostenerträglich beseitigen zu können, schaffen die Voraussetzungen für eine Rückkehr zum Ackerbau. Neben der reinen Gräsung (extensiv 2 Ochsen je ha, intensiver durch Zufütterung 2–4 Ochsen je ha) gibt es heute wieder mehr Betriebe mit Milchwirtschaft und solche mit Ackerbau. Daher erhält vielerorts der Haubarg seine Funktionen innerhalb der Landnutzung Eiderstedts zurück. Wieder zeigt es sich, daß die hohe Bodengüte den wirtschaftlichen Entscheidungen einen großen Spielraum läßt, zumal Negativ-Faktoren (z. B. das Klima oder die Knickschicht) durch eine verbesserte Kulturtechnik ausgeglichen werden können. Die Ackerfläche auf unserem Bilde (48,4 ha) wird von einem Bauern aus Ostenfeld als reines Getreideland genutzt. Bei der Technisierung und der Verkürzung der Arbeitszeit (z. B. durch den Mähdrescher) spielen die Wege nicht mehr eine so gewichtige Rolle. Welchen Umfang die neue Entwicklung erreichen wird und ob weite Teile Eiderstedts wieder zum Ackerbau wie im 15. und 16. Jh. zurückkehren werden, läßt sich heute noch nicht sagen.

Katharinenheerd — im Vordergrund des Bildes — liegt um 2,50 m über NN auf einer ehemaligen Nehrung. Sie wird heute von ausgedehnten Marschen umschlossen. Eisenbahn und Straßen, so die Bundesstraße 202 zwischen Garding und Tönning, nutzen sie wegen der höheren Lage und des trockenen Baugrundes. Scharf hebt sich in der Flur der „Alten Marsch" zwischen Katharinenheerd und Tetenbüll die geschlossene Getreidefläche ab. Dies überrascht alle, die mit dem Wort Eiderstedt nur die Begriffe Weiden, Ochsenherden und Haubarge verbinden. Ackerflächen erkennen wir im Hintergrund auch an der Nordküste der Halbinsel und auf der Insel Nordstrand. — Blickrichtung N

18 Sönke-Nissen-Koog: Konzentration in der Landwirtschaft

Als man im Dezember 1926 die Deicharbeiten vor den Reußen-Kögen abschließen konnte, hatte man dem Meer 1033 ha Land abgerungen, das bei einer Bodengüte zwischen 80 und 90 zu den besten Ackerböden Deutschlands zählte. Arrondierte Betriebsflächen, ein zunächst ausreichendes Straßen- und Entwässerungssystem sowie einige im Kolonialstil errichtete Zweckbauten bildeten gute Voraussetzungen für eine intensive Landnutzung. Da Klima und Bodengüte der Nutzung einen großen Spielraum boten, konnten in erster Linie ökonomische Zielsetzungen und technische Möglichkeiten die Entwicklung des Kooges bestimmen. Einschränkungen zugunsten einer reinen Weidenutzung ergaben sich bei den zu tonigen Böden vor dem Binnendeich oder an anderen tiefer gelegenen Stellen des Kooges.

Schon wenige Jahre nach dem Beginn der Inwertsetzung des neuen Landes zwangen die allgemeinen wirtschaftlichen Nöte während der Weltwirtschaftskrise zu einer innerbetrieblichen Selbstversorgung. Das bedeutete eine vielseitige Wirtschaftsweise. Da Arbeitskräfte genug vorhanden waren, konnte man sich neben dem Getreidebau auch arbeitsintensiven Wirtschaftsformen, wie z. B. der Milchwirtschaft und dem Gemüsebau, zuwenden. Die einzelnen Betriebe wurden sowohl Selbstversorger als auch Lieferanten für den deutschen Markt.

Die Karte von dem Wirtschaftsflächenbild 1942 verdeutlicht, wie der Anbau durch die ernährungspolitischen Bestrebungen der Nationalsozialisten bestimmt worden ist. Um die Ernährungsbasis verbreitern und das Ausbleiben von Ölfrüchten von Übersee möglichst auszugleichen, mußten Raps und Gemüse angebaut werden. Viel Land blieb Weide, um durch Viehherden von hoher Qualität die Erzeugung von Milch, Butter und Käse zu sichern. Die extrem hohe Arbeitsleistung, die vor allem der Gemüsebau und die Milchwirtschaft forderten, mußte von den Frauen, den Kriegsgefangenen und den Kindern erbracht werden, denn die notwendige Mechanisierung blieb wegen der Rüstungsindustrie aus. Ferner ließen die nur wenig widerstandsfähigen Tonröhren der Dränage einen Einsatz von Maschinen, die starken Bodendruck erzeugen, nicht zu und setzten einer arbeitskräftesparenden Entwicklung Grenzen.

Um so mehr überrascht das Wirtschaftsflächenbild von 1976, wie es uns das Luftbild zeigt. Die Gründe für diese völlige Wandlung sind sowohl in dem Zwang zur Konzentration der Erzeugung als auch in neuen technischen Möglichkeiten zu suchen. Während man nach dem Zweiten Weltkrieg zunächst auf ein großes Angebot von Arbeitskräften aus dem Kreise der Heimatvertriebenen und der um ihre Eigenversorgung besorgten Städter zurückgreifen konnte, fehlten die Arbeiter, als der allgemeine Aufbau der Volkswirtschaft schnell voranging. Mit den stärker steigenden Löhnen in der Industrie konnten die Bauern nicht mithalten. So mußten sie ihre Betriebe auf arbeitsextensive Formen umstellen, d. h., der mechanisierbare Getreideanbau löste Gemüsebau und Milchwirtschaft ab. Mit dem wachsenden Getreidebau (1942: 489 ha, 1976: 804 ha) wurden auch die Fennen mit Raps vermehrt (1942: 106 ha, 1976: 169 ha), weil der Raps einen hohen Vorfruchtwert für den Humuszehrer Weizen besitzt. Diese aus wirtschaftlichen Gründen notwendige Konzentration der Erzeugung auf Getreide war aber nur möglich, weil Wissenschaft und Technik die Voraussetzungen für den Ackerbau auch im Koog verbessert hatten. Der Ausbau des Entwässerungssystems, vor allem aber die maschinelle Verlegung von Kunststoffdränageröhren sorgten für Schläge, auf denen auch große Maschinen, wie z. B. Mähdrescher, eingesetzt werden konnten. Heute laufen im Koog Schlepper mit einer Motorkraft bis zu 135 PS. Da sie so stark sind, daß auch die schwersten Böden gepflügt werden können, werden die schweren Böden der ehemaligen Weiden vor dem Binnendeich ebenfalls umgebrochen und mit Getreide bestellt. Durch ein geschicktes Zusammenwirken von Trecker, vierscharigen Wendepflügen, Eggen und anderen Arbeitsgeräten in einem Zug mit Drillmaschinen lassen sich heute die notwendigen Arbeiten für die Bestellung einer Fläche von 10 bis 12 ha an einem Tage erledigen — eine Leistung, für die man früher mit 70 bis 80 Pferden zwei Wochen benötigte. Eindrucksvoll ist der selbstfahrende Mähdrescher mit Korntank, der die Einmanngetreideernte ermöglicht hat. Der Mähdrescher spart pro Tag um 25 Arbeiter ein und macht die Ernte vom Wetter unabhängiger. Um Löhne sparen zu können, gab man auch die Milchwirtschaft auf und wandte sich der Schweine- und Rindermast zu. Da Kleinbauern den hohen Aufwand an Kapital für die neue Wirtschaftsweise nicht leisten können, haben im Koog viele Betriebe aufgegeben und ihr Land verkauft oder verpachtet. Vor dem Zweiten Weltkrieg gab es 28 Höfe mit einer Größe zwischen 12 und 64 ha, gegenwärtig sind es noch 15, von denen 8 zwischen 100 und 200 ha, die übrigen zwischen 40 und 100 ha groß sind. Ernten von durchschnittlich 70 bis 80 dz je ha (allgemein 35 dz/ha) zeigen die Produktionskraft der Getreidebetriebe. Leere oder umgewandelte Wirtschaftsräume auf den Höfen und die Getreidesilos sind Zeugen dafür, daß nach vielen Umwegen aus dem Neuland heute ein Kornkoog geworden ist.

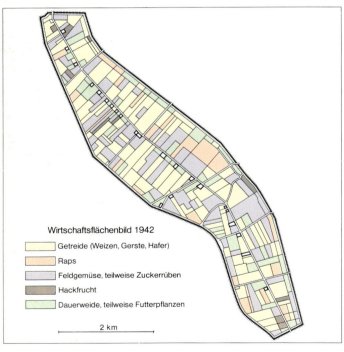

Sönke-Nissen-Koog, Wirtschaftsflächenbild 1942

Ein Vergleich des Bildes mit der Wirtschaftsfläche von 1942 zeigt, ebenso wie die großen Getreideschläge und die hohen Silos, daß der Sönke-Nissen-Koog sich zu einem fast reinen Kornkoog gewandelt hat. Die weiten Flächen eindeichungsreifen Vorlandes bilden eine ausgezeichnete Reserve für eine weitere Aufstockung der Betriebe. Heute ist das Vorland noch ein Vogelschutzgebiet. – Blickrichtung N

19 Husum: Funktionswandel einer Stadt

Seit dem Mittelalter hat die Landwirtschaft des Umlandes von Husum mit ihrem mehrfachen Wechsel von Weide- auf Ackerwirtschaft und umgekehrt ständig auf die Stadtlandschaft Husum eingewirkt. So sind z. B. der Aufstieg und der Niedergang der Brauereien eng mit der wirtschaftlichen Verflechtung der Marschen mit Holland im 15. und 16. Jh. verbunden gewesen. In allen Jahrhunderten aber hat der Viehhandel — wenn auch mit unterschiedlicher Intensität — die Wirtschaft der Stadt geprägt. Unser Bild erfaßt das Viehmarktviertel. Es hat sich seit der Umstellung der Marschen auf die Gräsung von Mastvieh im 19. Jahrhundert (Nr. 17) ständig verändert. Der Bau der Kreisverwaltung auf dem Gelände des Viehmarktes überrascht alle, für die Husum und Viehmarkt noch eins sind, und es stellt sich die Frage nach den Ursachen der eindrucksvollen Veränderungen.

Die entscheidenden Wandlungen im Viehmarktviertel setzten in den sechziger Jahren ein, als die herkömmliche Vermarktung des Mastviehs, d. h. Abtransport mit LKW vom Hof, Aufstallen bei den Viehagenturen — vor allem in den Gastställen der Neustadt —, Auftrieb und Verkauf auf dem Markt an den folgenden Tagen durch neue Vermarktungsformen abgelöst wurde. So stellte man beispielsweise im Herbst 1964 in Eiderstedt Sonderviehtransporte der Eisenbahn von 21 Waggons mit je 21 Stück Mastvieh zusammen und leitete sie direkt nach den Schlachthöfen im Ruhrgebiet. Allein in Garding, Tating und Katharinenheerd wurden 2500 Stück Großvieh verladen. Auf dem Husumer Viehmarkt ging im gleichen Jahr bereits der Viehauftrieb von 50 096 Stück des Vorjahres auf 26 261 Stück zurück. Noch stärker wirkte sich das Überwechseln von der Lebendvermarktung zu dem „Versand im geschlachteten Zustand" aus. Auf Grund der guten Erfahrungen mit dem Versandschlachthaus in Schleswig übernahm die Nordfleisch AG den seit 1963 in Bau befindlichen Husumer Schlachthof — erst als Pächter und seit 1967 als Eigentümer. Die Gesellschaft organisierte den Betrieb in einen Industriebetrieb mit neuen Schlachtanlagen (Fließbandprinzip) um und erweiterte auch die Kühlhäuser, um Schwankungen auf dem Markt besser begegnen zu können. Die neuen Anlagen und die Sicherung einer kontinuierlichen Arbeit senkten die Schlachtkosten gegenüber den öffentlichen Schlachthöfen erheblich. Die unmittelbare Verbindung von Erzeuger- und Vermarktungsbetrieben erwies sich dem alten System: Erzeuger — Viehmarkt — Viehhändler — Verarbeitungsbetrieb gegenüber als so leistungsfähig, daß der Viehmarkt keine Chance mehr hatte. Nachdem er durch die Aufkäufe der „Einkaufs- und Vorratsstelle" noch einige Jahre gestützt wurde — sie kaufte z. B. 1968 von dem nur noch geringen Auftrieb von 14 154 Stück allein 87,8 Prozent auf —, schloß man 1970 den Markt.

Dies war möglich, weil auch der Magerviehmarkt wegen der Aufzucht von Jungvieh in den traditionellen Gräsungsgebieten (Nr. 17) und wegen der aufkommenden Stallmast in den hergebrachten Aufzuchtgebieten auf der Geest rückläufig geworden war. Auf dem Gelände „Maas" (links unten außerhalb des Bildes) erhielt der Industrieschlachthof westlich des alten Viehmarktviertels seinen Standort mit eigenen Gleis- und Straßenanschlüssen. Kein Ort in der Bundesrepublik liegt so günstig in einem Produktionsgebiet von Schlachtvieh und erfährt ein jahreszeitlich so ausgeglichenes Angebot wie Husum. Das heutige Vermarktungszentrum erhält seine „Rohstoffe" vorwiegend aus den Kreisen Nordfriesland und Dithmarschen. Die Vermarktung erfolgt durch die Zentrale der Nordfleisch AG in Hamburg (1976 Rinder insgesamt 160 000, davon vom Werk Husum 31 400, Schweine insges. 1,1 Mio., davon Werk Husum 241 500). Mit dem Aufbau einer fleischverarbeitenden Industrie kann nicht gerechnet werden, weil solche zweckmäßiger in den Ballungsräumen der Bevölkerung, also in der Nähe des Absatzmarktes, errichtet werden.

Die zahlreichen öffentlichen Gebäude und neuen Wohnstraßen im Bereich des ehemaligen Marktviertels zeigen eindrucksvoll die Auswirkungen der beschriebenen Veränderungen in der Vermarktung auf diesen Bezirk und auf die Stadt im allgemeinen. So wurde die alte Viehhalle eine Mehrzweckhalle; auf dem Gelände des Viehmarktes entstand das Haus der Kreisverwaltung, dazu wurden Parkplätze angelegt. Sportanlagen, neue Schulen, ein Jugendheim, das Kreiskrankenhaus und die Kongreßhalle (rechts vom Sportplatz außerhalb des Bildes) sowie die umfangreichen neuen Wohnstraßen mit Wohnhäusern und Einfamilienhäusern unterstreichen die gegenwärtige Entwicklung. Weniger auffällig, aber beim Bummel durch die Straßen deutlich feststellbar, verändern sich die Marktstraße sowie die Neustadt — die Straßen laufen an der neuen Kreisverwaltung und der ehemaligen Markthalle vorbei und weiter nach rechts der Innenstadt zu (Bild). An der unteren Neustadt hatten — nachdem der Straßenmarkt hier aufgehoben worden war und 1888 der Viehmarkt seinen letzten Standort erhalten hatte — Geschäfte aller Art die Gaststätten und Viehagenturen verdrängt. Der gleiche Prozeß ergriff in den letzten Jahrzehnten — zunächst allmählich, dann seit 1960 sprunghaft — auch die obere Neustadt (Bild Vordergrund rechts). Von den 104 Schankwirtschaften im Jahre 1874 gab es 1968 noch 11, von den 44 Gaststätten 1937 im Jahre 1968 noch 23. Die verbliebenen Ställe dienen heute Transportunternehmen als Lagerräume und Garagen oder sind zu Handwerksbetrieben umgebaut worden. Weitere Gaststätten werden mit Sicherheit verschwinden. Aus der oberen Neustadt wird ebenso wie aus der unteren eine Wohn- und allgemeine Geschäftsstraße werden.

Längst sind die Zeiten vorbei, als man in der ersten Hälfte des vorigen Jahrhunderts sagen konnte, Viehhandel und Marktwesen seien die alleinige wirtschaftliche Grundlage der Stadt. Husum — bereits seit 1867 nach der Zusammenlegung mit dem Amte Bredstedt Sitz einer Regionalverwaltung — ist heute als Kreisstadt des Großkreises Nordfriesland ein zentraler Ort für ein großes Umland geworden. Es hat neben Heide die größte Zentralität für Einkäufe und Dienstleistungen unter den Orten an der Westküste. Daneben zeugen die gewaltigen Getreidespeicher am Hafen von der wachsenden Bedeutung als Sammel- und Umschlagplatz landwirtschaftlicher Güter oder als Versorgungshafen für die dammlosen Inseln im Wattenmeer. Mit Ausnahme der Werftindustrie wird es gegenwärtig kaum zu bedeutungsvollen Ansiedlungen von Industrien kommen, da die Anbindung des Ortes an die Fernstraßen unzureichend ist. Als Hafen- und Einkaufsstadt hat das heutige Husum (1900 8268 Einwohner, 1976 24 841 Einwohner) eine breitere wirtschaftliche Basis (1970 Arbeitsstätten 921, davon im produzierenden Gewerbe und Handwerk 235, Handel und Dienstleistungen 686) als in vergangenen Jahrhunderten gewonnen. Damit hat es den Anschluß an die Gegenwart gefunden.

Über das Viertel der Marktstraße und der oberen Neustadt mit noch verbliebenen Gaststätten im Vordergrund gleitet der Blick auf das Haus der Kreisverwaltung und auf die alte Viehhalle, die heutige Nordseehalle. Beide Bauwerke auf dem Gelände des ehemaligen Viehmarktes verdeutlichen am anschaulichsten die Wandlungen im Viehmarktviertel. Die neue „Adolf-Brütt-Straße" — sie läuft von links fast diagonal durchs Bild — schließt zahlreiche junge Bezirke an die Durchgangsstraßen und an die Innenstadt an. – Blickrichtung O

20 Schalkholz und Wittensee: Zungenbecken verschiedener Eiszeiten

Ein nur flüchtiger Blick auf die beiden Bilder erfaßt sehr schnell die Ähnlichkeit in den Landformen, die Unterschiede in den Ausfüllungen der Becken — hier Wasser, dort ebenes Weideland — und könnte den Eindruck erwecken, als handele es sich um dieselbe Landschaft in verschiedenen Phasen ihrer Entwicklung. In der Tat — so ähnlich sind sich das „Schalkholzer Zungenbecken" in der Altmoränenlandschaft Norderdithmarschens und das „Wittenseer Zungenbecken" im jungglazialen östlichen Hügelland. Beide Landschaftsausschnitte verkörpern einen gleichen eiszeitlichen Grundtypus: ein von einer Gletscherzunge — man sagt auch Eislobus — ausgeräumtes Zungenbecken mit Seitenmoränen und hohen Stauchendmoränen an der Stirn. Die sich vom Moränenrand abflachenden Sander und die auf dem Grund des Eises abgesetzten Grundmoränen zeigen die Bilder nicht. Die zu unseren Beispielen genannten typischen glazialmorphologischen Landformen sind nicht ausschließlich an eine Eiszeit gebunden, sondern können überall dort entstehen, wo ein Klima wie in einer Eis- oder Kaltzeit herrscht, also gegenwärtig auf Spitzbergen oder auf Grönland.

Auf diesen Inseln hat in den Jahren 1927 und 1930 der schleswig-holsteinische Geologe Karl Gripp die Vorgänge an zerlappten Inlandeismassen sowie vorstoßenden und abtauenden Gletschern beobachtet und sie in einen erklärenden Zusammenhang gebracht. Durch die Übertragung seiner Ergebnisse auf Schleswig-Holstein ist es ihm gelungen, die durch die Eiszeit geprägten Landschaften besser zu deuten. Auch in unserem Land haben sich in allen Eiszeiten Eisloben relativ selbständig vor einer zusammenhängenden Inlandeismasse bewegt.

Das Bild von Schalkholz zeigt einen solchen Vorgang aus der vorletzten, der Saale-Warthe-Eiszeit. Durch geringe Klimaschwankungen, d. h., durch einen Wechsel von kürzeren Warm- und Kaltzeiten, kam es zu einem mehrfachen Vordringen und Abtauen von Eisloben. Während eines kälteren Abschnittes der Warthezeit (n. Picard „Winnertstadium") drang in Norderdithmarschen eine Gletscherzunge nach Westen vor — sie folgte sehr wahrscheinlich einer salztektonisch vorgeformten Rinne —, räumte den Untergrund aus, lagerte an ihren Seiten Moränen ab und schob an ihrer Stirn mächtige Stauchendmoränen auf. Heute zeigen Aufschlüsse, daß in diesen Moränen glazigene Sedimente unterschiedlicher Art aufgeschoben und gestaucht worden sind. So gibt es auch Sandgruben (wichtig für die jetzige Bauindustrie).

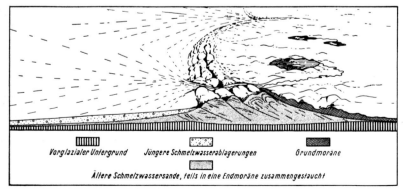

Schema der morphologischen Grundtypen glazigener Landschaften

Auf dem von Schmelzwassern einer noch älteren Eiszeit geprägten Untergrund bildeten sich aus den Ablagerungen der Eismassen Grundmoränen. Durch Bohrungen fand man Geschiebelehm in einer Tiefe von 10,70 bis 22,20 m. Bereits mit dem Abschmelzen des Eises begannen abtragende Kräfte, z. B. Wasser und Wind, die Höhen abzuflachen und die Senken auszufüllen. In den Hohlformen kam es besonders in der letzten großen Zwischeneiszeit — nach einem Fluß in Holland auch Eem-Zeit genannt — zur organogenen Verlandung. Durch Pollenanalysen konnten Forscher (Menke, Lange) 1976 die Entwicklung der Vegetation im Raume Schalkholz nach der Erwärmung während der Eem-Zeit von Laubwäldern verschiedenster Zusammensetzung über Tannenwälder bis zu einer subarktischen Flora am Übergang zur letzten Eiszeit, der Weichseleiszeit, zeigen.

In der Weichseleiszeit setzten an der Peripherie des Inlandeises, auf den jetzt fast vegetationslosen Flächen durch damals den tages- oder jahreszeitlich bedingten Wechsel von Frost und Auftauen der Oberschichten über ständig gefrorenem Untergrund erhebliche Bodenabtragungen ein. Zu solchen periglazialen Vorgängen gehört auch das Kriechen oder Fließen ganzer Bodenschichten an Hängen, auch Solifluktion genannt. Weichseleiszeitliche Solifluktionsdecken, Schmelzwassersande, aber auch Flugsandschichten konnten an mehreren Stellen nachgewiesen werden. Die nacheiszeitliche organogene Verlandung bietet sich in den Flachmooren jedem Besucher dar (Bild). Durch die über einen Zeitraum von etwa 500 000 Jahre wirkenden die Höhen abtragenden und die Senken ausfüllenden Kräfte ist das einst ebenso lebhafte Relief wie heute im Raum Wittensee ausgeglichen worden. Die Böden wurden ausgelaugt und sind daher ärmer als die der Jungmoränen, aber immer noch besser als die Podsolböden der Sander. So kann man auf den Altmoränen relativ gut Ackerwirtschaft betreiben und die inzwischen kultivierten Moore im Becken als Weideland nutzen.

Das Zungenbecken des Wittensees wird ganz von einem See ausgefüllt. Die über 70 m hohen Stirnmoränen weisen eine kräftige Reliefenergie auf. Während der Weichseleiszeit glitt aus der heutigen Eckernförder Bucht eine Eiszunge auf ihrer Südseite an der bereits vorhandenen Randmoräne Sehestedt — Rothenstein entlang nach Westen vor. An ihrer Stirn schob sie die Hüttener Berge auf. Nach einem weiteren Vorstoß mit erneutem Abschmelzen drang wieder eine Eiszunge vor. Dieser nur 3 km breite Lobus arbeitete die bereits vorgeformte Mulde, insbesondere im Raum des heutigen Wittensees, tief aus und schob an seiner Stirn die Duvenstedter Berge auf. Salztektonische Auswirkungen haben aller Wahrscheinlichkeit nach auch hier die Richtung der Vorstöße beeinflußt. Die mit 127 Mio. cbm berechnete Masse der Stirnstauchmoränen von Duvenstedt entspricht der Hohlform des Wittensees. Natürlich setzte nach der Eiszeit auch im Raume des Wittensees das Spiel der abtragenden und ausfüllenden Kräfte ein, das Verhältnisse wie in Schalkholz schaffen kann. Da die Zeit jedoch dazu nicht ausgereicht hat, ähneln sich die beiden Zungenbecken zwar auf Grund ihrer gleichen Genesis, unterscheiden sich aber im Grad der Umformung und damit auch in der Nutzung erheblich. Gleichen werden sich die beiden Landschaftsausschnitte erst, wenn alle Landformen bis auf Meeresniveau abgetragen worden sind. Dies setzt allerdings voraus, daß keine anderen geologischen Kräfte unseren Raum verändern.

Unser Blick geht über die um 70 m über NN hohen jungen Stauchendmoränen von Duvenstedt, gleitet über den etwa 50 m tiefer liegenden Wittensee und endet im Hintergrund auf den Wasserflächen der Eckernförder Bucht. Links erblicken wir auch die kräftigen Seitenmoränen. Auf ihnen liegen zahlreiche Bauerndörfer in einer ausgeprägten Knicklandschaft.

Auch beim Zungenbecken von Schalkholz schauen wir gen Osten über eine, wenn auch flachere Stirnmoräne in ein Zungenbecken. Es ist allerdings vollständig verlandet. Die Moorflächen — besonders links gut erkennbar — konnten kultiviert werden. Das Becken entwässert über ein ausgebautes Grabensystem durch die Tielener Au nach Osten in die Eider. Die Dörfer liegen auf dem besseren Baugrund der das Becken begrenzenden Altmoränen. Die schleswig-holsteinische Knicklandschaft prägt — wie im Raume Wittensee — den Kulturraum. — Blickrichtung O

21 Tinningstedt: Umwertung der Heide auf der schleswigschen Geest

Die Gemarkung Tinningstedt gehört zu einem Ausläufer der Lecker Geest, der nach Westen weiter abflacht und schließlich von der Marsch überlagert wird. Eine Moräne der vorletzten, der Rißeiszeit bildet den Kern der heutigen Tinningstedter Flur. Er wird umschlossen von Schmelzwassersanden der letzten, der Würmeiszeit. Mehrere Stellen wurden von Dünensanden der Nacheiszeit überweht. Nach dem Ende der Eiszeit wurde die Oberfläche des zunächst vegetationslosen Landes durch Wasser und Wind weiterhin eingeebnet. Das Gelände senkt sich heute z. B. auf unserem Bild von SO nach NW um nur 0,3 m ab. Als das Klima wärmer wurde, entwickelten sich auf den anlehmigen Böden der Altmoräne und auf den kargen Böden der Sander Eichen-Birken-Wälder verschiedener Ausprägung.

Die natürlichen Wälder sind vermutlich schon in vorgeschichtlicher Zeit verändert oder ganz zerstört worden. Dabei wirkten bis zu den Kultivierungsmaßnahmen im 19. Jahrhundert — also über einen sehr langen Zeitraum — mehrere Faktoren zusammen: Holznutzung und Weidegang (ursprüngliche Nutzung als Waldweide), ferner die Mineralarmut der Böden und das feuchte Klima (750 mm N/J). Da von dem Vieh die Jungpflanzen ständig abgefressen wurden, konnte sich kein neuer Wald bilden. Damit hörte der Stofftransport aus dem tieferen Untergrund auf; das Gegenteil trat verstärkt ein, denn die hohen Niederschläge schwemmten mehr lösliche Stoffe laufend in den Untergrund. Auf dem verarmten Boden breitete sich die Heide aus. Die sauren Humusstoffe beschleunigten Lösung und Abtransport der Stoffe. Letztere wurden in etwa 50—100 cm Tiefe als harter und für Pflanzenwurzeln undurchdringbarer Ortstein wieder abgelagert. Natürliche Faktoren und raumfeindliches Wirtschaften haben also bei dieser negativen Umwertung der Landschaft zusammengewirkt. Das Ergebnis ist der Bleicherdeboden (Podsolboden). Noch heute müssen zwei Drittel des Ackerlandes in Tinningstedt als leistungsschwach bezeichnet werden, d. h., die Ackerzahlen liegen unter 30, häufig unter 20. Lediglich einige Felder mit Moorboden — insgesamt nur 22 ha — erreichen Ertragsmeßwerte um 40 (vgl. Eiderstedt 80 und mehr). Die Heide diente als Weide, vorwiegend für Schafe. Das wenige Ackerland lag überwiegend in der Nähe des Dorfes auf den lehmigen Böden der Altmoräne. Das Winterfutter gewann man auf den niedrigeren, feuchten und zum Teil anmoorigen Sanderflächen. Torf oder niedriger Krüppelwald (Kratt) ergaben das Brennmaterial.

Da dies menschliche Wirken im Raume nicht im Einklang mit dem natürlichen Landschaftshaushalt stand — wie wir oben gesehen haben —, sondern den Prozeß der Ortsteinbildung ständig begünstigte, mußte der Boden degenerieren, mußten die Menschen daher ärmer werden. Von diesen negativen Veränderungen wurden die Felder in Ortsnähe weniger erfaßt, weil sie mit dem aus der Viehwirtschaft anfallenden Dung versorgt werden konnten. Hauptfrüchte waren Roggen, Buchweizen und Gerste.

Die Verkopplung (vgl. Nr. 27) führte zu Verbesserungen in der Viehhaltung und im Feldbau. Anfang des 19. Jahrhunderts stiegen die Ernten von Roggen und Buchweizen auf das 4,3- bis 5,6fache der Aussaat. Der Übergang zur Individualwirtschaft, die Aussiedlung zahlreicher Betriebe in die Feldmark (Süderfeld, Osterfeld) und Neugründungen (Hyerswang, Westerwang) erreichten nicht die gleichen Erfolge wie im fruchtbaren östlichen Hügelland.

Seit Mitte des 19. Jahrhunderts leiteten neue wissenschaftliche Erkenntnisse (z. B. Mineraldünger) und bessere technische Möglichkeiten (z. B. der Dampfpflug) eine erneute, aber diesmal positive Umwertung der Lecker Geest ein. Man konnte mit Tiefpflügen jetzt die Ortsteinschicht brechen und den Boden durch Dünger erheblich verbessern. Niederungen erhielten neue Entwässerungsanlagen, so daß der Graswuchs sich verstärken konnte. Alle Maßnahmen ließen einen größeren Viehbesatz zu. Der höhere Dunganfall, der ausgezeichnete Mergel aus den Gruben bei Ladelund und später der Mineraldünger verbesserten die umgebrochene Heide so sehr, daß sich die Kultivierung immer mehr lohnte. Die Heide wurde in Ackerland — meist noch Ackerweide —, in Weiden und Wald (vgl. Nr. 22) umgewandelt.

Zwischen den Weltkriegen kultivierten die Tinningstedter die letzten Heideflächen im Osten der Gemarkung — außerhalb unseres Bildes. Die neuen Nutzflächen dienten — wie schon früher — entweder der Aufstockung alter Betriebe oder zur Gründung von Siedlerstellen. Die Struktur der heutigen Siedlung spiegelt die geschilderte Entwicklung wider: Von den 28 Betrieben des Dorfes gibt es 1970 nur 12 im Ortskern; die anderen liegen verstreut in der Gemarkung (Bild).

Die Wirtschaft wurde immer intensiver: Aus der extensiven Weidewirtschaft mit etwas Ackerbau entwickelte sich über eine Futtergetreidebauwirtschaft in den letzten Jahrzehnten eine Getreidefutterbauwirtschaft mit Milchwirtschaft. Die Zahlen über den Viehbesatz verdeutlichen die Wandlungen ebenfalls: Anfang 19. Jahrhundert: Schafe 160, Rinder 250 — heute: Rinder um 1350, Schafe 0. An die Zeit der armen Heidebauern erinnern nur noch Flurnamen: z. B. Süderheide, Heidekoppel, Heide an der Landstraße usw.

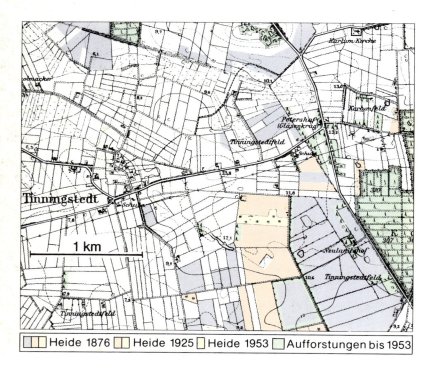

☐ Heide 1876 ☐ Heide 1925 ☐ Heide 1953 ☐ Aufforstungen bis 1953

Äcker und Weiden umgeben heute das ehemalige Heidedorf. Der helle Ton des Grünlandes macht deutlich, wie sehr die sandigen Böden — wie hier im trockenen Sommer 1976 — von der Austrocknung bedroht sind. Windschutzanlagen bei den Höfen und an den Wegen sollen die ausdörrende Kraft des Windes brechen. Am rechten oberen Bildrand erkennen wir noch den „Provinzwald", der zum Eckpfeiler eines „Schutzsystems" werden soll. Diese Aufforstungen sind besonders von den Forstdirektoren C. und W. Emeis gefördert worden. — Blickrichtung N

22 Stieglund: Moorkultivierung und Aufforstung

In der Übergangszone zwischen Hoher und Niederer Geest wechseln Altmoränen, Sander und Niederungen, vor allem Schmelzwassertäler, häufig miteinander. So ragt auf unserem Bild ein Altmoränenteil aus bis zu 10 m tiefer gelegenen Niederungen auf. Ein Vergleich mit der Karte ergibt, daß seine Ackerflächen im vorigen Jahrhundert noch fast ganz von Mooren und einigen Heidestücken eingeschlossen gewesen sind. Ihre Kultivierung setzte erst um die Jahrhundertwende ein — im allgemeinen später als die der Heide —, weil die Moore unter unklaren Besitzverhältnissen litten und der Ausbau von Vorflutern für eine sichere Entwässerung noch nicht gegeben war. Vor allem aber hatten die Bauern noch nicht den Schock überwunden, den die 1760 gescheiterte Kultivierung der Moore im Eider-, Sorgeraum ausgelöst hatte.

Im Raume Stieglund und im nördlich angrenzenden großen Seelandmoor wurde von der Jahrhundertwende bis 1931 planmäßig abschnittsweise kultiviert. Hier und da mußten Teile wegen der hohen Feuchtigkeit oder der geringen Belastbarkeit durch Maschinen wieder aufgegeben werden. Zu ihnen gehört auch das in 25 Jahren wildgewachsene Waldstück im Vordergrund. Die höher gelegenen Nachbarfelder konnten durch Dränage einer Nutzung erhalten bleiben. Die kultivierten Moore verbesserten die wirtschaftliche Basis der Bauern erheblich, weil sie ihnen nicht nur zusätzlich Flächen, sondern auch bessere Böden bescherten. Doch wenn sich auch hier wie unter der Heide ein Ausfällungshorizont bildet (Raseneisen, Ortstein), kommt es zum Stau von Wasser (Bild) und zu einer Minderung der Bodenqualität. Auf den höher gelegenen Sandböden, wo eine grobe Bodenkörnung das Wasser schnell einsickern läßt, ruft dagegen Wassermangel eine geringere Bewertung hervor (häufig unter 20). Wenn wenig Wasser gespeichert worden ist und auch keine Feuchtigkeit kapillar aufsteigen kann, stirbt die Vegetation ab und „brennt" der Boden aus. Solche Brennerböden können dann durch Winde leicht abgetragen und weiter zerstört werden. Besonders heute, wo die „Naturarten" Heide, Moor und Wald weitgehend zugunsten der Ackerfluren verdrängt worden sind, kann dieser Prozeß größere Flächen der Geest erfassen. Dabei wirken mehrere Faktoren negativ zusammen: vegetationsarmer Sandboden, Ortsteinhorizonte, Stürme in den niederschlagsarmen Zeiten des Frühjahrs und des Herbstes. Chronisten berichten ebenfalls von erheblichen Sandverwehungen in den vergangenen Jahrhunderten.

Sandverwehungen gibt es auch in Stieglund. Die rostbraune Farbe in den Ecken des gepflügten Feldes läßt erkennen, daß der Boden hier bereits vom Wind so weit abgetragen worden ist, daß der Pflug die Ortsteinschicht mit erfaßt hat. Auf dem übrigen Feld liegt sie noch um 50 cm tief. Flugsand findet sich an der Ostseite — d. h. der Luvseite — der Knicks des angrenzenden Feldes. Er verursachte 1977 an einigen Stellen vegetationsfreie Ecken. Zeitweilig mußten im benachbarten Joldelund jährlich je ha 30–100 Fuhren Sand abgefahren werden. 1950 entwickelte Prof. Iwersen einen Windschutzplan für Joldelund. Grundzüge des hier vorgeschlagenen Systems lassen sich auch auf dem Bild von Stieglund erkennen. Ertragsmäßig unsichere Flächen wurden planmäßig aufgeforstet (Bildmitte) oder einem Wildwuchs überlassen (Bildvordergrund). Man strebt allgemein den Mischwald an, weil die abfallenden Blätter einer gefährlichen Übersäuerung des Bodens entgegenwirken (Nr. 21). Ebenfalls werden die Hofstätten und die Hausgärten vorwiegend mit Bäumen — häufig Obstbäumen — angereichert, so daß sie mit den aufgeforsteten Flächen zu Eckpfeilern eines Windschutzsystemes werden (vgl. Stieglundsand, Bildmitte). Baum- und Knickreihen verbinden diese Eckpfeiler. Es dürfen keine Lücken entstehen, weil sie wie Düsen die Kraft des Windes verstärken würden. Eine besondere Bedeutung besitzen die in Ost-West-Richtung verlaufenden Pflanzenreihen, weil sie die in etwa 45° auftreffenden gefährlichen Nordwest- oder Nordostwinde in Längsrichtung der gemischten Baum- und Knickreihen ableiten. Weitere Wallhecken verbinden die Hauptlinien miteinander und knüpfen dadurch das Schutznetz noch enger. Man leitet durch dieses Schutzsystem die Winde „über die Landschaft", so daß die ausdörrende und verwehende Kraft des Windes den Boden nicht erreicht.

Die Entscheidung für den Mischwald (Rotfichte, Lärche, Laubbäume) unter Ausschluß der billigen deutschen Kiefer aus klimatischen Gründen verteuerte die Aufforstung vor etwa 15 Jahren um 1800 DM auf 4100 Mark je ha. Davon mußte der Eigentümer jeweils 20 Prozent tragen. Monokulturen von Fichten legen die Bauern dann an, wenn sich eine Nutzung durch einen späteren Verkauf als Weihnachtsbäume ergeben könnte. Seit 1950 sind insgesamt in unserem Land etwa 14 600 ha aufgeforstet worden. Der Anteil des Waldes ist aber mit fast 9 Prozent immer noch gering (Bundesrepublik 28 Prozent). Dies ist um so bedauerlicher als der Wald neben seiner Leistung als Windschutz weitere Aufgaben für eine gesunde Umwelt übernimmt: so als Wasserspeicher, als Feuchtigkeitsspender durch Verdunstung, als Luftfilter (Stadtluft enthält je Liter 150 000 Staubteilchen, Waldluft dagegen nur 500), als Erzeuger von Sauerstoff über seine Blätter und Nadeln. Neben den staatlichen Forstämtern bemühen sich in Schleswig-Holstein 44 Forstverbände um eine planmäßige Aufforstung von Ödland und Grenzertragsböden, so im Raume Stieglund der Verband Löwenstedt-Pobüll.

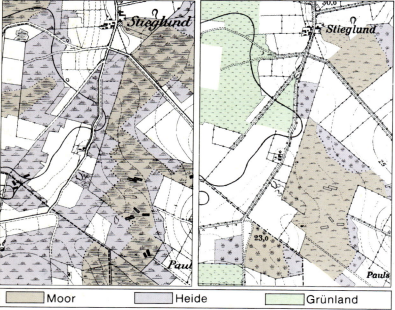

Stieglund 1878 und 1926

Wir schauen auf eine 30 m über NN liegende Altmoräne. Sie hebt sich durch ihre stärker ackerbauliche Nutzung von den etwa 10 m tiefer gelegenen Niederungen, den ehemaligen Mooren, die sich vor allem außerhalb des Bildes weit erstrecken, ab. Deutlich erkennt man auf dem gepflügten Feld grauen Podsolboden. Die Farbverschiebung läßt auf Feuchtigkeit schließen, die durch einen wasserundurchlässigen Horizont — sehr wahrscheinlich Ortstein — gestaut worden ist. Aufforstungen sollen gegen Sandverwehungen schützen. — Blickrichtung N

23 Der Verkehrsknotenpunkt Rendsburg

Eindrucksvoll veranschaulichen der Kanaltunnel und die Hochbrücke, wie man Verkehrsprobleme durch die Verlagerung des Verkehrs auf verschiedene Ebenen löst. Gleichzeitig bestätigen die neuen Bauten, die in Jahrhunderten als Schnittpunkt zwischen einem Wasserweg und Landstraßen gewachsene Bedeutung des Rendsburger Verkehrsraumes. Hier boten bereits in frühgeschichtlicher Zeit eine Insel und eine Furt gute Möglichkeiten, den Fluß zu überqueren. Wegen der strategischen Bedeutung dieses Ortes an der Grenze zwischen Holstein und Schleswig legte bereits im 12. Jh. ein Ritter namens Reinhold als Feste gegen die Dänen die Reinholdsburg (= Rendsburg) an. Nach dem Untergang Haithabus im 11. Jh. nahmen Warenströme zwischen Ost- und Nordsee den Weg zunächst über die Eider, dann ab 1784 über den Eiderkanal — der Schwerpunkt verlagert sich seit der Hanse jedoch nach Lübeck und Hamburg. Im Schnittpunkt dieser Wasserstraße mit dem östlichen Ochsenweg, der alten Handelsstraße zwischen Jütland und dem südlichen Holstein, erlebte Rendsburg als Festungs- und Handelsstadt eine wechselhafte Geschichte. Sie führte im 19. Jahrhundert zur Zerstörung der Festung und mit dem Bau des Nord-Ostsee-Kanals (1895, Erweiterungsbau 1907—1914) zu einer neuen wirtschaftlichen Epoche. Die Karte von 1857 zeigt, wie Stadtbild und Straßennetz noch die alten Verhältnisse darstellen, wie aber die Eisenbahn bereits die „Neue Zeit" ankündet. Doch auch der „Fortschritt" drang wegen der durch Wasserläufe, Moore und Sümpfe bedingten ungünstigen Raumverhältnisse nur langsam vor. Nachdem die Bahnverbindungen nach Hamburg (1845) und nach Flensburg (1854) geschaffen worden waren, aber im Norden bzw. im Süden vor der Stadt endeten, blieb die Reise beschwerlich, denn man mußte umsteigen und den Weg zwischen den Bahnhöfen zu Fuß zurücklegen. Erst 1856 gelang es, durch den Bau von Brücken über den Holstengraben und den Eiderkanal die notwendige Verbindungslinie zu schaffen. Eine Haltestelle in der Stadt erhielt für die Einwohner damals eine größere Bedeutung als die Bahnhöfe.

Die entscheidenden Veränderungen brachte jedoch nicht die Anlage der Eisenbahnlinien, sondern der Kanalbau. Man senkte den Wasserspiegel der Obereider um 2,90 m, so daß größere bisher vom Wasser bedeckte Flächen Land wurden. Leergelaufene Gräben schüttete man mit dem beim Schleifen der Festung angefallenen Material zu. Nur der Eingeweihte kann daher noch das „Alte Rendsburg" wiedererkennen.

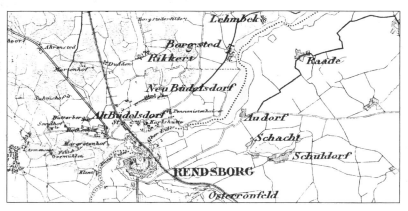

Der Raum Rendsburg um 1857

Damit die Schiffe, vor allem die Kriegsflotte, schnell zwischen Ost- und Nordsee wechseln konnten, verlegte man den Eisenbahnverkehr über den Kanal auf eine Hochbrücke (Lichtraum 42 m). Eine weite Schleife ermöglichte eine angemessene Steigung auf kleinerem Raum, so daß der Bahnhof in der Stadt erhalten bleiben konnte. Für den Landverkehr baute man 1912 eine Drehbrücke. Die beiden Brücken erwiesen sich zunächst als eine gute Lösung. Doch als der Verkehr in den letzten beiden Jahrzehnten erheblich wuchs, kam es zu unerträglichen Schlangen vor der Drehbrücke, zumal die Schiffe „Vorfahrt" hatten. Noch 1930 passierten täglich im Durchschnitt nur 230 Kraftfahrzeuge die Brücke. 1958 waren es schon 20 000. Heute wären es bei einer Addition der Verkehrszahlen auf den neuen Umgehungsstraßen schätzungsweise 40 000 bis 50 000 gewesen (Zahl der Schiffe: 1967 durchschnittlich 220, 1976 durchschnittlich 165 täglich). Diese Zahlen bestätigen die getroffenen Entscheidungen: Entlastung der Innenstadt und Teilung des Verkehrsstromes durch den Bau neuer Fern- und Umgehungsstraßen auf verschiedenen Ebenen. Im Westen kreuzt heute eine vierspurige Autostraße (Bild oben) mit Hilfe eines Tunnels in einer Tiefe bis zu 20 m den Kanal. Mit dem Bau dieses Tunnels, mit der Anlage eines Fußgängertunnels sowie mit dem Abbruch der alten Drehbrücke begann in den 60er Jahren für Rendsburg eine neue wirtschaftliche Epoche.

Das Bild von der Hochbrücke „Rader Insel" spiegelt sowohl die neueste Entwicklung als auch einzelne Phasen der Verkehrsgeschichte wider. Um die Bundesautobahn Hamburg—Flensburg, einen Streckenabschnitt der Europastraße Lissabon—Stockholm, zügig über den Kanal und über die Borgstedter Enge leiten zu können, wurden die Wasserwege und die Niederungen in einer Länge von 1,5 km überbrückt. Die Hochbrücke (Lichtraum 42 m) beginnt im Süden von einer 16 m hohen Rampe (45,10 m über NN), zieht in fast 49 m Höhe über den Kanal und senkt sich bis zur Nordrampe auf 25,95 m ab.

Um den Brückenbau und eine lange geplante Erweiterung des Kanalbettes sowie eine Sicherung der Böschungen wirtschaftlich durchführen zu können, schlossen sich Bundeswasserstraßen- und Straßenbauverwaltung zu einer Gemeinschaftsaufgabe hier zusammen. Bei der ersten Trassenführung (1895) hatte man sich noch gescheut, das hochgelegene Sandgelände bei Rade zu durchbrechen, sondern nur die Eider — die heutige Borgstedter Enge — zwischen dem Schirnauer See im Osten und dem Audorfer See im Westen ausgebaut. Bei der Kanalerweiterung schuf man dann 1914 den Rader Durchstich, so daß zwischen dem alten und dem neuen Kanal die Rader Insel entstand (Bild). Man hatte damit zwar eine bessere Linienführung des Kanals gewonnen, aber wegen der zum Fließen neigenden Sande entstanden Probleme bei der Erhaltung der Böschungen. Da große Massen an Sand für den Straßenbau benötig wurden, konnte man den Kanal in diesem Abschnitt erheblich erweitern: Sohle von 44 m auf 120 m, Wasserlinie von 120 m auf 215 m. Bei dieser Breite ließen sich die Unterwasserböschungen im günstigeren Verhältnis anlegen und die Oberwasserböschungen so zurücklegen, daß Rutschungen nicht gleich in das Wasser gleiten konnten.

Durch den Bau der neuen Verkehrswege wurde einerseits der Stadtkern entlastet und andererseits die Stadt in ihrer Gesamtheit an die Fernstraßen angeschlossen. Die neuen Anlagen zeigen, daß Schleswig-Holstein zum Brückenland geworden ist.

In der linken unteren Ecke des Bildes verschwindet die B 77 im Kanaltunnel und erreicht nach etwa 1279 m die Oberfläche des Nordufers. Vor dem Kanal erkennen wir die ehemalige Baugrube, in der man das Mittelstück des Tunnels hergestellt hat. Heute ist sie ein Badesee. Im Hintergrund überquert die Bundesstraße auf einer Brücke die Eider. Zwischen der Straße und den Wasserläufen liegen die alte Gartenstadt „Hoheluft" und neuere Wohngebiete. Vom Abzweiger „Mitte" laufen Straßen in die Wohngebiete und in die rechts außerhalb des Bildes gelegene Altstadt.

Östlich von Rendsburg überwindet die Autobahn, die neue Nordsüdverbindung, auf der fast 49 m hohen Brücke „Rader Insel" in einer Länge von 1,5 km die Wasserwege. Wir erkennen im Mittelgrund des Bildes zunächst den Nord-Ostsee-Kanal und weiter nördlich die Borgstedter Enge. — Blickrichtung NW

24 Padenstedt und Kreuzfeld: Verschiedene Formen der Rekultivierung von Kiesgruben

Die Vorgeest eignet sich wegen ihrer geringen Reliefenergie und ihren ausgezeichneten Sanden besonders gut für den Bau von Verkehrswegen. Schwierigkeiten bereiten bei der Anlage von Straßen nur die Moore. Besonders Autobahnen beanspruchen nicht nur mit ihren breiten Trassen viel Land, sondern verändern beim Bau durch ihren Materialbedarf auch die Umgebung. Für den Untergrund der Trassen, zum Bau von Brückenrampen und zum Auswechseln von Moorschichten werden große Mengen an Sanden und Kiesen benötigt. Für den Abbau wählte man im Raum Neumünster wegen der hohen Transportkosten die nächstgelegenen Sander- oder Endmoränen aus.

Beim Abbau des Sandes wendete man die Trockenbaggerung an, wenn die Lagerstätten oberhalb des Grundwassers lagen. Zurück blieb eine zerstörte Landschaft mit Aushöhlungen, mit steilen Böschungen und Wasserlöchern. Das Bild von dem „Aktiven Kieswerk" bei Kreuzfeld südlich des Dieksees zeigt uns diese Vorgänge sehr anschaulich. In einer Tiefe zwischen 5 und 35 m wurden hier aus der Endmoräne Kiese und Sande oberhalb des Grundwassers mit Baggern herausgeholt. Um von vornherein eine negative Entwicklung auszuschließen und eine landwirtschaftliche Nutzung zu ermöglichen, wurde der Mutterboden vorher abgetragen und am Rande des Arbeitsfeldes deponiert — das Bild zeigt auf dem Feld am rechten Rand solche Haufen. Am linken Bildrand erblicken wir eine nach dem Abbau planierte und mit Mutterboden wieder versehene Fläche. Der auflaufende Roggen verdeutlicht, daß die Rekultivierung gelungen ist.

Schäden im Landschaftshaushalt treten vor allem dann auf, wenn aufgegebene Gruben — und das ist häufig der Fall gewesen — zu einer wilden Mülldeponie umgestaltet werden. Grundwasserschäden können dann auch für eine weitere Umgebung gefährlich werden. Wenn der Mensch dagegen nicht negativ eingreift, kann sich wieder eine Vegetation bilden, kann ein Baggerloch zu einem Lebensraum für solche Pflanzen und Tiere werden, die, wie z. B. Sprosser, Eisvogel, Molche, Ringelnatter, in einer ganz vom Menschen beanspruchten Landschaft gefährdet sind.

Beim Abbau des Materials für die Trassen der Autobahn bei Neumünster und zum Auswechseln von Moorschichten im Störtal und bei Krogaspe mußte im Bereich der Sander wegen des hohen Grundwasserstandes das Naßverfahren angewandt werden. Nachdem Bagger die notwendige Wassertiefe geschaffen hatten, setzte man Spülbagger ein. Das im Untergrund gelöste Material wurde im Verhältnis von 1:6 bis 1:10 mit Wasser gemischt und konnte dann durch Röhren von 50 cm Durchmesser in einen Umkreis von 2 km transportiert werden. Bei diesem Verfahren entstanden zahlreiche Seen von mehreren Hektar Größe und mit Tiefen bis zu 20 m.

Eine Rekultivierung wie in Kreuzfeld war wegen des anderen Niveaus naturgemäß nicht möglich. Die als große „Wasserlöcher" zurückgebliebenen Baggerlöcher konnten nur als Seen in die Kulturlandschaft eingefügt werden. Dabei mußte man folgendes beachten: Damit sich ein biologisches Gleichgewicht bilden kann, muß der See groß genug sein, sind Inseln mit Vegetation sinnvoll, vor allem aber muß der Böschungswinkel richtig ausgearbeitet sein, damit sich die natürliche Ufervegetation entwickeln kann. Ein so geschaffener See kann als Naturschutzgebiet oder als Erholungslandschaft genutzt werden. Beim Padenstedter See entschied man sich für eine gewerbliche Nutzung. Zwischen dem Ort und dem See wurde ein Campingplatz mit über 300 Stellplätzen errichtet. Die Gäste kommen fast ausschließlich aus Hamburg. Da die Badestelle am Nordufer allgemein zugänglich ist, werden See und Umgebung erheblich von den die Erholung suchenden Menschen beansprucht. Ob der See daher sein biologisches Gleichgewicht erhalten kann, muß sich noch erweisen, zumal durch die starke Nutzung als Badesee große Teile des Ufers der für das Ökosystem so wichtigen Vegetation beraubt worden sind (Bild).

Größere Chancen für die Entwicklung oder Erhaltung des biologischen Gleichgewichtes können dem östlich der Autobahn gelegenen See (Karte) eingeräumt werden, da er nur durch wenige Anteiler genutzt wird. Natürlich bleiben die neuen Seen von dem Konflikt zwischen ökologischen und ökonomischen Interessen nicht unberührt. Schäden treten meistens dann auf, wenn die Nutzung so früh beginnt, daß die Zeit für die notwendige Setzung des Erdreiches oder das Anwachsen der Pflanzen nicht gewährt wird.

Mit dem Landschaftspflegegesetz für Schleswig-Holstein von 1973 will der Gesetzgeber einheitliche Richtlinien für den Abbau von Kies schaffen. Vor allem soll von Anfang an eine enge Verbindung von Abbauplan und Rekultivierungsplan hergestellt werden, so daß schon während des Baggerns auf den bereits ausgebeuteten Flächen mit der Rekultivierung begonnen werden kann (z. B. Kornfeld auf Bild Kreuzfeld). Auch lassen sich Aufforstungen oder die Anlage von Knicks schon frühzeitig durchführen. Bei einer späteren Nutzung der Umgebung eines Sees als Weiden wird die Einzäunung wichtig, um eine Eutrophierung durch Fäkalien zu verhindern.

Unsere Beispiele beweisen, wie durch gezielte Maßnahmen Landschaften, die durch einen wirtschaftlich notwendigen Abbau von „Bodenschätzen" zerstört worden sind, wieder in die Kulturlandschaft integriert werden können.

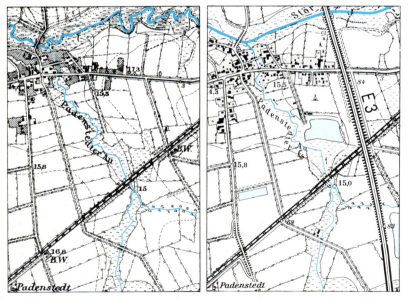

Padenstedt 1925 und 1976

Die abgeschlossene Umwandlung eines durch Naßbaggerung entstandenen Kiessees in einen Badesee und ihre Verbindung mit einem Campingplatz zu einem „Freizeitraum" erkennen wir auf dem Bild von Padenstedt. — Blickrichtung N

Das Bild von Kreuzfeld zeigt uns, wie durch den Abbau von Kies die Landschaft zunächst zur sogenannten „Mondlandschaft" zerstört, dann aber wieder in Akkerland rekultiviert wird, wie das Feld am linken Rand es veranschaulicht. — Blickrichtung NO

25 Der Kreideabbau bei Lägerdorf: Vom Bauerndorf zum Industrieort

Durch den Abbau von Kreide und die Produktion von Zement hat sich Lägerdorf, die einstige Bauernsiedlung am Südostrand der Münsterdorfer Geestinsel, seit der Mitte des 19. Jhs. zu einem Industrieort entwickelt. Mit dem gegenwärtigen Aufbau einer neuen Produktionslinie im Werk Breitenburg greifen die Anlagen auch auf die vorgelagerte Marsch und das alte Hufendorf Rethwisch über (Bildvordergrund). Die bäuerliche Nutzung der Altmoränen und die Kultivierung der Marschen erfolgte ähnlich wie in entsprechenden anderen Regionen Schleswig-Holsteins (Nr. 17, 21, 27). Der Übergang von der Feldgemeinschaft zur Individualwirtschaft vollzog sich in Lägerdorf 1799.

Im Jahre 1826 bestanden: 2 Dreiviertelhufen, 1 Halbhufe, 10 Viertelhufen, 8 Achtelhufen, 12 Katen mit Land, 10 Katen ohne Land (Hufengröße 17,2 ha). Wegen der permanenten schlechten wirtschaftlichen Lage zu kleiner Betriebe auf der armen Geest begann die Herrschaft Breitenburg am Anfang des 19. Jhs. eine Heimindustrie für Webwaren aufzubauen. Doch es blieb bei einem Versuch. Entscheidende Veränderungen brachten erst die Kreide- und Zementindustrie.

Nachdem bereits früher Bauern auf ihren Äckern Kreide abgebaut und verkauft hatten, begannen in der Mitte des 19. Jhs. größere Unternehmen, die unter einer dünnen Schicht eiszeitlicher Ablagerungen gelegene Kreide planmäßig abzutragen. Unter den bis 700 m tiefreichenden Kreideschichten befinden sich Salzstöcke. Ihre spezifisch leichteren und plastischen Massen sind im Raum Lägerdorf aufgestiegen und haben die Kreide bis an die Erdoberfläche gehoben (daher Tagebau). Die Kreide ist wenig verfestigt und besitzt mit 94–97 Prozent einen hohen Anteil an Kalziumkarbonat. Den zur Zementherstellung notwendigen Ton (Rohkreide: Rohton = 4:1) holt man gegenwärtig per LKW von der 22 km entfernt gelegenen Grube Muldsberg. Die vordere Grube mit dem Namen „Schinkel" ist bis auf eine Tiefe von 110 m abgebaut worden. In der sich anschließenden Grube „Heidestraße" arbeiten Eimerkettenbagger mit einer Schnittiefe von 14 und 16 m. In der ausgebeuteten und daher heute unter Wasser stehenden „Englischen Grube" erfolgte anfänglich noch der Abbau von Hand, wobei die Kreide von Terrasse zu Terrasse mit dem Spaten an die Erdoberfläche geworfen wurde (Gruben: 12–14 m tief, 15 m breit).

Kreidemühlen und Schlämmereien wurden seit den Anfängen im vorigen Jahrhunderts bis nach dem Zweiten Weltkrieg in ausgesprochenen Handwerksbetrieben mit nur 1 bis 3 Arbeitskräften betrieben. Seit 1966 gibt es nur noch das Werk Schröder der „Vereinigten Kreidewerke Damman KG" mit 27 Arbeitsplätzen (Jahresproduktion 1975: 150 000 t). Umfangreiche Wandlungen löste wegen des größeren Flächenbedarfs, der aufwendigeren Technologie und des höheren Bedarfs an Arbeitskräften die Zementindustrie aus (z. B. Werk Breitenburg auf dem Bild 1908: 530, 1966: 715 Beschäftigte). Lorenzüge, Schlämmkisten, Kanalöfen für die Trocknung, Schachtöfen (2,5 m Durchmesser, 7 m hoch) beherrschten das Bild um 1900 ebenso wie neue Straßenzüge mit Arbeiterhäusern — noch heute an der Münsterdorfer Straße zu sehen. Schwer war die Umweltbelastung, da die nur 15 m hohen Schornsteine keine modernen Filteranlagen besaßen. Wegen der schlechten Straßenverhältnisse baute man eine Pferdebahn nach Itzehoe — ab 1877 mit kleinen Lokomotiven. Erst seit 1951, insbesondere nach der 1973 erfolgten Verstärkung des Unterbaus für die im beladenen Zustand 60 t schweren Tankwagen für Heizöl, rollen die Transporte auf einer modernen Bahnanlage. Mit diesem Ausbau und der wachsenden Bedeutung des flexiblen LKW-Verkehrs verloren die „Lägerdorfer Ewer" auf dem Breitenburger Schiffahrtkanal ihre Bedeutung. 1974 hat man die Kanalschiffahrt eingestellt. Zahlen aus dem Jahre 1961 spiegeln die Wandlung zum Industrieort bis zu diesem Stadium der Entwicklung wider: Es gab 4022 Einw. (vgl. 1800: 400 Einw.), 191 Mehrfamilien-, 303 Ein- und Zweifamilienhäuser, 6 Bauernhäuser; 67 Prozent der Erwerbspersonen arbeiteten in der Industrie und nur 3 Prozent in der Landwirtschaft.

Doch damit ist die Entwicklung nicht abgeschlossen. Im Gegenteil! Harte ökonomische Zwänge — der Absatz von Zement ging im allgemeinen in den letzten Jahren um 30 Prozent zurück — führten 1972 zum Zusammenschluß der aus der wechselvollen Geschichte der Fabriken in diesem Raum verbliebenen Werke „Alsen'sche Portland-Cement-Fabriken KG" und „Breitenburger-Portland-Cement-Fabrik" (Bild) zur „Alsen-Breitenburg Zement- und Kalkwerke GmbH". Mit diesem Schritt will man die Produktion durch neue Verfahren rationalisieren und in Lägerdorf konzentrieren. Mit der Umstellung des dortigen Werkes vom Naß- auf das Halbnaßverfahren entfiel die zeitraubende Lufttrocknung der handlichen Ziegel in Darren oder Kanalöfen. In der heutigen mechanischen Entwässerung wird in einer Filtrationsanlage unter einem Druck von 25 atü innerhalb von 30 Minuten der Wassergehalt des Zementrohschlammes von 40 auf 21 % verringert. Siebkneter mit Lochblenden formen den Filterkuchen zu ofengerechten Stücken, den sogenannten Formlingen. Letztere werden durch Ausnutzung der Ofenabgase auf einem Wanderost auf 700° C erwärmt und gelangen trocken in den Brennofen. Die 1100° C heißen Ofenabgase durchströmen dort die Formlinge, so daß eine vollkommene Ausnutzung der Abwärme gegeben ist. Für den Prozeß des Klinkerbrennens (Klinker = zur Herstellung von Zement gebranntes Material) wird das Material bei 1450° C zu Zement-Klinker gesintert. Mit einer Länge von 90 m und einem Durchschnitt von 5,6 m ist der Drehofen der größte Lepol-Ofen der Welt. Durch das neue Verfahren konnte nicht nur erheblich Energie gespart, sondern auch die Leistung erhöht werden. Man vergleiche: 1911 erster Naßofen von 300 t pro Tag und einem Wärmeverbrauch von 2200 Kcal/kg Klinker, der neue Lepol-Ofen 3500 t pro Tag bei einem Wärmekonsum von nur 935 Kcal/kg Klinker. Das Gesamtwerk Lägerdorf produzierte 1975 mit 5 Öfen 2 Mio. t Klinker und über 200 000 t Brennkalk. Am Ende der Produktionslinie entsteht zur Zeit ein weitgehend automatisierter Versand-Terminal (rechts am Ende der Linie). Auf den im Bild erst vorhandenen ringförmigen Fundamenten stehen heute drei 60 m hohe Silos für je 10 000 t Zement (Kapazität der Gesamtanlage 55 000 t).

Die Rationalisierung kann nicht ohne Auswirkungen auf die Beschäftigungslage bleiben. Der Verlust an Arbeitsplätzen hier ist vor allem für die Facharbeiter durch den Zuwachs in dem noch gut erreichbaren Brunsbüttel (Nr. 13) weitgehend ausgeglichen worden.

Durch den Bau eines Zubringers an die Autobahn Hamburg–Itzehoe wird das Werk ab 1980 besser an die Hauptverkehrswege angeschlossen werden. Die westlich der Gruben geplante Trasse ergibt wegen der Ortsferne eine umweltfreundliche Linienführung. Dieser Ausbau wird für den ganzen Ort bessere Standortbedingungen schaffen.

Unmittelbar an der Grube sehen wir in der Mitte des Bildes das ältere Breitenburger Werk. Fast parallel zur Rethwischer Straße im Vordergrund läuft in einem Abstand von etwa 400 m die neue Produktionslinie. Sie wird mit Rohkreide aus der rechts außerhalb des Bildes gelegenen Grube „Saturn" über eine Kreidebandstraße versorgt. Von der im oberen Bildteil gelegenen Grube „Heidestraße" wird die durch Bagger geförderte und zu 25 % Wasser aufgeschlämmte Kreide mit 25 atü Druck durch eine 5,5 km lange Pipeline ins Werk Itzehoe gepumpt — später auch in die Neuanlage. Die im Windschatten des Werkes liegenden Häuser sollen aus Gründen des Umweltschutzes demnächst verlagert werden. Für einen besseren Verkehrsfluß wird man die Straßenkurven demnächst begradigen. — Blickrichtung NW

26 Hohenwestedt und Garding: Orte zwischen Wachstum und Stagnation

Auf Karten aus dem 19. Jh. weisen die Siedlungsflächen kaum Größenunterschiede auf. Sie entsprechen den Bevölkerungszahlen (1880: Garding 1868, Hohenwestedt 1794 Einwohner). Anderes zeigen die Bilder: Die Stadt Garding hat ihre Fläche nur unwesentlich erweitert, das Kirchspiel Hohenwestedt hat dagegen seinen Kern gesprengt und sich nach allen Seiten ausgedehnt. Die Einwohnerzahlen bestätigen diesen Unterschied — 1976: Garding 2016, Hohenwestedt 4365 Einwohner (vgl. um 1770: Garding 838, Hohenwestedt 680 Einwohner). Wir fragen nach Gründen für Stagnation hier und für Expansion dort.

Nach der ersten Phase der Stadtgründungen im 12. bis 14. Jh., also zur Zeit der Ostkolonisation (Lübeck 1143, Kiel 1242) und der Besiedlung der Flußmarschen (Wilster 1263, Krempe 1306), kam es im 16. und 17. Jh. zu mehreren fürstlichen Stadtgründungen. Die Fürsten wollten auch im Nordseebereich nach der Verlagerung der Seefahrt von der Ost- auf die Nordsee über Häfen und städtische Handelszentren verfügen. So sollten Friedrichstadt und Glückstadt Gegenpole zu Hamburg bilden.

Als Hauptort des Landes Everschop, eines der drei Lande Eiderstedts, ist Garding neben Tönning im 16. Jh. ein Zentrum des umfangreichen bäuerlichen Exporthandels mit Holland gewesen (Nr. 17). Nachdem der Ort bereits 1575 das Waage-Privileg und das noch heute bestehende Marktrecht erhalten hatte, verlieh ihm Herzog Johann Adolf 1590 das Stadtrecht. Ja, Garding wurde sogar Hafenstadt, indem man durch die Süderbootsfahrt eine Verbindung zur Eider beim Katinger Siel herstellte. Nachdem 1895 das letzte Boot Garding verlassen hatte, wurden Hafen und Teile des Kanals im Laufe der Zeit zugeschüttet. Auf den so gewonnenen Flächen stehen am „Hafenplatz" heute Gewerbebetriebe (Bild rechts unten). Mit den neuen Aufgaben im 16. Jahrhundert setzte eine rege Bautätigkeit ein. Sie schuf die für Eiderstedt so typische Bebauung in unmittelbarer Nähe der Kirche, weil diese in der Regel auf dem besten, aber knappen Baugrund standen — hier in Garding war es eine frühere Nehrung (Bild). Von Eiderstedt und seinen Orten sagte man damals: „In Eiderstedt gibt es mehr Silber als Eisen und Kupfer zusammen."

Doch diese Blütezeit endete mit dem Niedergang des Handels mit den Holländern (Nr. 19) und durch die Folgen der vielen Kriege im 17. Jh. schnell. Wie Garding haben auch die anderen fürstlichen Gründungen Friedrichstadt und Glückstadt die großen Erwartungen ihrer Gründer nicht erfüllt. Andere Orte wie Husum und Heide lagen erheblich günstiger zu den Handelsstraßen und wichtigsten Verkehrsverbindungen. Sie entwickelten sich daher zu den bedeutendsten zentralen Orten an der Westküste Schleswig-Holsteins. Garding konnte wegen seiner Randlage, aber auch wegen seiner Nähe zu diesen Zentren keine wesentliche eigene Zentralität entwickeln und muß sich heute mit den Funktionen eines ländlichen Zentralortes für den Einzugsbereich des mittleren Eiderstedts begnügen. Neue Impulse soll die „Weiße Industrie" geben. Die Besonderheit der Eiderstedter Marschlandschaft mit ihrer Weite und ihren Warften, das Idyll einer Kleinstadt und die Nähe zum Meer ziehen gegenwärtig immer mehr Urlauber an (1967 10 014, 1976 28 081 Übernachtungen). Die Stadt will daher an ihrem nördlichen Stadtrand im Bereich der Hahneburg — auf dem Bild im Wald zu erkennen — einen Erholungsraum schaffen, in dem der Pferdesport eine bevorzugte Stellung erfahren soll.

Ganz anders konnte sich wegen seiner zentralen Lage seit alters her Hohenwestedt entwickeln. Ebenso wie Garding begann seine Geschichte als Mittelpunkt eines Kirchspiels. 1217 wird es in einem Schriftstück des Erzbischofs von Bremen erwähnt. Nach einer wechselvollen Geschichte zwischen Wohlstand im 16. Jahrhundert — es hieß damals „Kellinghusen, de Rieken, Hohenwestede ehresglieken" — und vielen Nöten in den Kriegen des 17. und 18. Jahrhunderts — 1786 brannten etwa 70 % des Ortes ab — brachte die Lage an dem Ochsenweg zwischen Rendsburg und dem Viehmarkt Itzehoe dem Ort einen Aufschwung als Rastort für die dänischen Treiber. Alljährlich im Oktober wurden große Ochsenherden von Jütland zum Markt nach Itzehoe getrieben. Bereits 1830 gab es für nur 700 Einwohner 14 Gastwirtschaften und 9 Brauereien sowie 20 Schuhmacher.

Mitte des 19. Jahrhunderts weitete sich das Handwerk weiter aus und begannen die ersten industriellen Unternehmen (z. B. eine Färberei, Wollspinnereien, Farbwerke). Darüber hinaus wurde der Ort 1868 Poststation und 2 Jahre später Sitz einer landwirtschaftlichen Lehranstalt von überregionaler Bedeutung (weißes Doppelgiebelhaus rechts von der Kirche, heute Gemeindehaus). Die Schule wurde von Schülern aus allen Teilen Deutschlands, teilweise auch aus dem Ausland, besucht. 1867 hatte Hohenwestedt mit 1656 Einwohnern fast die Stadt Garding (1736 Einwohner) erreicht. Seine Bedeutung als Kirch- und Bildungsort hat Hohenwestedt bis in die Gegenwart erhalten können. So pendelten zwar 1970 75 Schüler nach Neumünster oder Rendsburg aus, dagegen 245 jedoch aus auswärtigen Gemeinden ein. 1973 wohnten von 719 Schülern der Dörfergemeinschaftsschule nur 48 % im Ort selbst. Sehr eng ist Hohenwestedt durch die Behörden mit dem Umland verwachsen: Amtsverwaltung, Amtsgericht, eine Außenstelle des Kreisgesundheitsamtes. Im Gegensatz zu Garding konnte Hohenwestedt nach dem Zweiten Weltkrieg den großen Teil des kriegsbedingten Bevölkerungszuwachses wirtschaftlich eingliedern, weil es seine Verkehrszentralität voll ausnutzen konnte. Die traditionellen Verflechtungen mit dem Nahbereich, der ausreichende Abstand zu den nächsten zentralen Orten wie Rendsburg, Heide, Neumünster und Itzehoe, die Lage im Kreuzungspunkt von mehreren Bundes- und Landstraßen und der Eisenbahn von Neumünster nach Heide ermöglichten den Ausbau zu einem Unterzentrum in Mittelholstein. Wegen der günstigen Verkehrslage gelang vor allem die Erweiterung von Gewerbe und Industrie. Bereits 1943 nahm eine in Hamburg ausgebombte Armaturenfabrik in Hohenwestedt die Produktion wieder auf. Es folgten nach dem Kriege u. a. eine Polsterfabrik, ein Werk für Spannbeton, die Lego-Spielwaren GbmH, die Lego-Werkzeug GmbH, ein Butterwerk, ein Werk für den Bau von Kühlwasseranlagen, mehrere Baufirmen und andere Werke. Hinzu kommen 48 gewerbliche Dienstleistungs- und 30 Handwerksbetriebe (Stand 1972). Die beachtliche wirtschaftliche Ausweitung ermöglichte wegen des wachsenden Steueraufkommens auch die Lösung allgemeiner Probleme. So entstand am Ostrand des Ortes — rechts außerhalb des Bildes — ein vorbildliches Schul-, Kultur- und Erholungszentrum mit modernen Sportanlagen, Schwimmbecken und einem Jugendheim. Diese Einrichtungen verstärken die Bedeutung Hohenwestedts für das Umland noch mehr und schaffen eine Zentralität, die Garding wegen seiner anderen geographischen Bedingungen nicht erreichen kann.

Auf dem Bild von Garding sehen wir, wie die Häuser auf dem guten Baugrund der schmalen Nehrung im Bereich der Kirche auf engem Raum errichtet worden sind. Die Stadt hat im Laufe ihrer Geschichte nur unbedeutende Erweiterungen erfahren. Hohenwestedt erlebte dagegen in den letzten Jahrzehnten einen solchen wirtschaftlichen Aufschwung, daß es seinen alten Ortskern sprengen mußte und sich nach allen Seiten ausdehnen konnte. Wir erkennen in dem Kirchspielort viele neue Geschäftshäuser und Banken — häufig sind sie weiß getüncht. Auf der an der linken Seite durchlaufenden B 77 haben sich wegen der günstigeren verkehrsgeographischen Lage zahlreiche größere Betriebe angesiedelt. Gegenwärtig entsteht im Bereich der Seen nördlich des Ortes ein Feriengebiet mit zahlreichen Wochenendhäusern. — Blickrichtungen N

27 Loop: Wandlung eines Dorfes durch Verkoppelung und Intensivierung der Nutzung

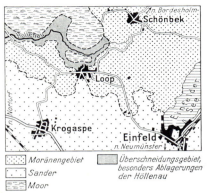

Landformen der Umgebung von Loop

An der Grenze zwischen dem östlichen Hügelland und der Sandergeest hat sich bereits seit dem Mittelalter das Dorf Loop entwickelt. Hier haben im einstigen Grenzraum zu den Wenden, dem Falderagau, die Holsten den Wald auf den Jungmoränen gerodet und auch die vorhandenen Heiden und Ödländereien der Vorgeest genutzt (vgl. Seite 10). Als das Dorf im Dreißigjährigen Krieg abgebrannt war, baute man an den alten Stellen die Niedersachsenhäuser wieder auf, so daß der Grundriß eines Rundangerdorfes erhalten blieb. Der Anger diente als Platz für die Sicherung des Viehs in der Nacht.

Die Flurkarte aus dem Jahre 1766 gibt uns Aufschluß über die Agrarstruktur in dieser Zeit. Die Bodenverhältnisse bestimmen die Nutzung: Auf den Jungmoränen lag das Ackerland, auf der Vorgeest die Heide als Weideland fürs Vieh, in den Niederungen an der Höllenau befanden sich die Wiesen für die Heugewinnung. Zwischen diesen Nutzflächen erkennen wir Wälder, vorwiegend auf den Moränen gelegen, und Moore sowie Ödländereien. Die Gemarkung bestand aus Gewannen. Jahrhundertelang bewirtschafteten in Loop sieben Hufner sieben Gewanne. Zu einer Bauernstelle, damals eine Hufe genannt, gehörte räumlich keine feste Wirtschaftsfläche, sondern das Recht auf die Bewirtschaftung eines Anteils an der Flur, in Loop also auf ein Siebentel. Um die unterschiedlichen Bodengüten bei der Verteilung berücksichtigen zu können, waren die Gewanne in Ackerstreifen aufgeteilt worden. Ihre Zahl ließ sich in jedem Gewann durch sieben teilen. Eine so geordnete Gewannflur läßt keine individuelle Bewirtschaftung zu. Durch den „Flurzwang" wurden alle Hufner bei den Feldarbeiten einem gemeinsamen Plan unterworfen. Überfahrtsrechte sicherten den Zugang zu den Feldstücken. Neben den Gewannen gab es schon vor der Bauernbefreiung zahlreiche Beischläge. Als Weideland genutzte Beischläge waren bereits vor der Auflösung der Feldgemeinschaft Eigentum. Das Bestehen von Eigentum an der Flur in Form von Beischlägen verdeutlicht, daß die alte Agrarverfassung sich bereits in der Auflösung befand.

Die Erträge waren immer geringer geworden und erreichten im 18. Jahrhundert oft nicht mehr als das Doppelte der Einsaat. Die Gründe dafür lagen in erster Linie im Flurzwang. Fleiß und Tüchtigkeit konnten sich nicht entfalten, weil häufig unfähige Hufner Tempo und Qualität der Arbeit bestimmten. Reformen sollten helfen, die Erträge wieder zu steigern.

Ende des 18. Jahrhunderts führte man auch in Loop die Auflösung der Feldgemeinschaft durch. Bei der Neuaufteilung der Flur berücksichtigte man wohl das Verhältnis von Bodengüte und Arbeitsweg, konnte aber dennoch wegen der großen natürlichen Unterschiede in den Böden keine arrondierten Besitzungen schaffen. Immerhin teilte man damals die Felder so auf, daß in Loop im Gegensatz zu vielen anderen Dörfern eine grundlegende Flurbereinigung später nicht erforderlich geworden ist. Lediglich im Zerschneidungsgebiet der Autobahn waren vor einigen Jahren Umlegungen notwendig, um die Wirtschaftswege zu normalisieren. Bei der Flurbereinigung Ende des 18. Jahrhunderts erhielten die Bauern die Auflage, ihre Felder durch Wälle mit lebenden Hecken einzukoppeln. Dieser Vorgang gab der Zeit den Namen „Verkopplungsperiode".

Um die Wallhecken anlegen zu können, holten die Bauern wahllos Jungpflanzen aus den Holzungen, so daß artenreiche Hecken, die sogenannten „Bunten Knicks", entstanden. Heute möchten viele Bauern die Knicks beseitigen, weil sie ihren Wert als Holzlieferanten verloren haben und bei einer maschinellen Bearbeitung der Felder oft hinderlich sind. Um so mehr kämpfen die Umweltschützer für ihre Erhaltung, denn die Knicks stellen vielseitige ökologische Reservate in einer immer einseitiger genutzten Agrarlandschaft dar.

Im Ort selbst setzten Wandlungen in größerem Umfang erst in der Intensivierungsphase der Landwirtschaft im vorigen Jahrhundert, vor allem aber in den letzten Jahrzehnten dieses Jahrhunderts ein. Unser Bild zeigt die letzten Niedersachsenhäuser neben den großen neuen Wirtschaftsgebäuden. Man benötigte mehr Ställe für die wachsenden Viehherden und mehr Lagerplatz für die reichen Ernten (allgemeine Entwicklung der Erträge von Winterweizen in dz/ha: 1878: 19, im Durchschnitt 1925/30: 27, 1960/65: 38, 1974: 45). Die Mechanisierung leitet gegenwärtig neue Wandlungen ein, denn z. B. allein durch den Einsatz von Mähdreschern entfällt der Lagerraum für Getreide.

Die Karte von 1935 zeigt, daß die Ausweitung der Flur auf Kosten der Wälder und der Heiden bereits damals im wesentlichen abgeschlossen worden war. Von 23 Betrieben hatten 13 mehr als 20 ha in Nutzung. Die Produktion war vielseitig: Futter-, Getreide- und Hackfruchtbau bestimmten die Feldwirtschaft; Milchwirtschaft, Jungviehaufzucht und Schweinemast die Viehhaltung.

Einen Vergleich der Entwicklung der Kulturpflanzengruppen ermöglicht folgende Tabelle:

Jahr	Landwirtschaftlich genutzte Fläche (LF) in ha	Futterbau ha	% d. LF	Getreidebau ha	% d. LF	Hackfruchtbau ha	% d. LF
1935/38	708	395	55,8	224	31,6	65	9,2
1971	701	414	59,1	239	34,1	48	6,8

Das Verhältnis der Kulturpflanzen (s. Tabelle) und die räumliche Gliederung des Wirtschaftsflächenbildes (vgl. Luftbild und Karten S. 10) haben sich in den letzten Jahrzehnten nur wenig verändert, weil die natürlichen Grundlagen die Nutzungsmöglichkeiten einengen. Die Wandlungen zeigen sich vielmehr in der erhöhten Intensität der Bewirtschaftung und der Konzentration der Produktion. Eine Arbeitskraft konnte im vergangenen Jahrhundert etwa 5 ha bewirtschaften, heute dagegen etwa 50 ha. Um das umfangreiche Zwangsgrünland und die Arbeitskraft des Familienbetriebes voll ausschöpfen zu können, konzentrieren sich die meisten Höfe heute auf die Milchwirtschaft. Sie wird teilweise durch die Mast von Rindern und Schweinen ergänzt. Bei dieser Zielsetzung dient auch der Ackerbau — also auch der Anbau von Getreide — direkt oder indirekt der Viehwirtschaft.

Ein Vergleich der Karten auf Seite 10 mit dem Luftbild zeigt, wie sich noch heute die Landformen durch eine unterschiedliche Vegetation oder Nutzung abzeichnen: der Sander — zwischen den nach rechts unten laufenden Knickreihen klar zu erkennen —: einst vorwiegend Heide, heute fast ganz Weideland, die Jungmoränen östlich und westlich davon: einst Wald, heute durchweg Ackerland, die Niederungen an der Höllenau — wir sehen sie zwischen dem Dorf und dem Großen Moor —: einst Moor und Sumpf, heute Wiesen und Restmoor. Die großen Wirtschaftsgebäude veranschaulichen die Auswirkungen der Intensivierung der Nutzung in diesem Jahrhundert. — Blickrichtung N

28 Sierhagen: Gestaltwandel eines Gutshofes

Die weitaus meisten Güter liegen im Osten Schleswig-Holsteins. Diese Verteilung ist historisch bedingt. Die holsteinischen Grafen eroberten im 12. Jahrhundert das dünnbesiedelte slawische Ostholstein; sie gliederten diesen Raum ihrem Territorium dadurch ein, daß sie das Land an ritterliche Vasallen als Lehen vergaben.

Zur Erschließung des Neulandes wurden Bauern angesiedelt. Ein Lokator organisierte und leitete die Ansiedlung, auch beteiligte er sich — ggfs. gemeinsam mit dem Grafen — an den Kosten, die für die Rodung und Erschließung entstanden. Dem Aufwand entsprechend wurden später die Einnahmen aufgeteilt. Die ursprüngliche Größe des vom Ritter selbst bewirtschafteten Hoflandes ist nicht bekannt. Für das späte Mittelalter setzt Leister es auf etwa 4–8 Hufen an.

Viele Rittersitze waren befestigt. Als eine solche Ritterveste wird Sierhagen um 1340 urkundlich erwähnt. In den Wehrgraben leitete man einen Bach und staute ihn auf, er trieb eine Mühle. Der Name Sierhagen ist von Syrawe (slaw.: Futterplatz) abgeleitet.

Etwa zwischen 1460 und 1500 ging der schleswig-holsteinische Adel, dessen militärische Funktion durch die Landsknechtsheere überflüssig geworden war, von der Selbstversorgungs- zur — marktorientierten — Gutswirtschaft über. Dazu bot die steigende Nachfrage nach Getreide, besonders auf dem flandrischen Markt, einen starken Anreiz. Durch Kauf und Tausch gelangte man von der früheren Gemengelage zu arrondierten Wirtschaftsflächen. Im 16. Jahrhundert sanken bei hohen Steuerlasten die Bodenpreise, wodurch dem Adel der Grunderwerb erleichtert wurde; im 17. und 18. Jahrhundert vergrößerte man das Hofland auch durch Niederlegung von Hufen, durch Einziehung wüstgefallenen Landes und durch Rodung.

Im Mittelalter war das Ackerland der Adelshöfe zusammen mit den Äckern der Bauern unter Flurzwang — oft als Dreifelderwirtschaft — bestellt worden, während die Viehhaltung wesentlich auf der Waldweide beruhte. Jetzt wurde eine individuelle Nutzung möglich. Im 17./18. Jahrhundert entwickelte man zehn- und mehrjährige Fruchtfolgen, die wesentlich höhere Erträge ergaben; bei der Koppelwirtschaft (auf Gut Satjewitz um 1795) folgten z. B. aufeinander: vier Ackerjahre, ein Jahr Mähklee, vier Jahre Weide, ein Jahr Brache. Die intensive Milchwirtschaft, die etwa gleichzeitig aufkam, betrieb man auf den Gütern nicht selbst, sondern verpachtete Herden und Grünland an Holländer, welche als fachkundige Unternehmer die Meiereiprodukte auf eigene Rechnung verarbeiteten und verkauften.

Gleichfalls im 17./18. Jahrhundert entstanden die großen Gutshöfe. Auf Sierhagen entspricht die heutige Anordnung von Herrenhaus und Wirtschaftsgebäuden um den 0,6 ha großen gepflasterten zentralen Hofplatz noch weitgehend dem Zustand um 1800. Neben der großen, 1810 erbauten Scheune stand bis 1956 noch eine zweite in gleicher Größe. Das Herrenhaus wurde 1825 im klassizistischen Stil neu gestaltet. Für die Holländerei legte man den Meierhof Mühlenkamp an, große Stallungen fehlten daher in jener Zeit auf dem Haupthof.

Um 1800 gab man auf den Gütern die Holländerei auf und übernahm die Milchwirtschaft wieder in eigene Regie. Auf Sierhagen wurde die Viehhaltung auf dem Haupthof eingerichtet bzw. ausgeweitet, große Stallungen und Scheunen entstanden im 19. Jh. außerhalb der Umgräftung (Bild). Auch die Pferdehaltung wurde vermehrt, da seit 1804 die gutsuntertänigen Bauern keine Spanndienste mehr leisten mußten. Um 1925 gab es auf Sierhagen etwa 60 Gespanne.

Neue, einschneidende Veränderungen der Gutswirtschaft führten im 20. Jh. zu einem Wandel und großenteils zum Wegfall der alten Gebäudefunktionen. Die Motorisierung hat die Pferdehaltung überflüssig gemacht; der Mähdrusch macht die riesigen Scheunen, die Sofortvermarktung auch die Lagerräume für gedroschenes Getreide entbehrlich. In Ställen und Scheunen stehen jetzt landwirtschaftliche Maschinen.

Bis 1967 gab es auf dem Gut bei 190 ha Grünlandfläche noch eine Herde von 230 Milchkühen sowie etwa 200 Jungtieren. Vor allem wegen der hohen Lohnkosten gab man die Rinderhaltung auf und stellte nach einer Übergangszeit, in der 600 Schafe und 900 Lämmer gehalten wurden, den Betrieb auf reine Ackerwirtschaft um. 90 ha Zwangsgrünland sind verpachtet, der Rest ist in Ackerland umgewandelt worden. Damit verloren weitere Gebäude ihren Zweck; mehrere hat man seit Erfliegung der Luftaufnahme (1972) bereits abgerissen.

Die Wandlungen der Gutswirtschaft hatten eine sehr weitgehende Verminderung des Arbeitskräftebedarfs zur Folge. 1730 arbeiteten auf Sierhagen aus den Dörfern Kassau, Stolpe, Plunkau und Jarkau 211 Menschen, viele von ihnen waren leibeigene Bauern, die außerdem ihren eigenen Hof bewirtschafteten. Auf dem Gut selbst gab es nur dreizehn ständige Arbeitskräfte, darunter vier Vögte, zwei Hirten, einen Schmied und einen Bauknecht. Nach Aufhebung der Leibeigenschaft (1804) war man auf Lohnarbeit angewiesen.

Um 1925 benötigte das Gut noch 60 bis 70 ständige Arbeitskräfte, zu denen zur Erntezeit noch polnische Wanderarbeiter kamen. Bis zur Aufgabe der Viehhaltung arbeiteten 18 Vollarbeitskräfte auf dem Gut, dazu stundenweise vier Melkfrauen. 1977 wird die 730 ha große Ackerfläche von zehn ständigen Arbeitskräften bearbeitet, deren ganzjährige Beschäftigung durch die 510 ha große Waldfläche, auf der vor allem im Winter Arbeiten anfallen, erleichtert wird. Das Ackerland unterliegt — bei einem jährlichen Düngeraufwand von etwa 400 DM/ha — einem vierjährigen Fruchtwechsel: 1. Winterraps, 2. Hafer/Zuckerrüben, 3. Winterweizen, 4. Wintergerste.

	früher:	heute:
1	Herrenhaus (1825)	Herrenhaus
2	Orangerie (1714)	Garage
3	Büro u. Wirtschaftshaus	Büro u. Wohnräume
4	Scheune (1810–1956)	abgerissen
5	Scheune (1810)	Getreidescheune (steht leer)
6	Pferdestall	Treckerschuppen
7	Kutschstall (vor 1500)	Schlosserei, Schmiede
8	Torhaus (1738)	Torhaus u. Pferdestall (Kutschpferde)
9	Meierei	abgerissen
10	Kuhstall	abgerissen
11	Jungviehstall	abgerissen
12	Getreidescheune, Speicher	Düngerlager
13	Viehställe	Abstellraum f. Wohnwagen u. Boote i. Winter
14	Landarbeiterhäuser	Landarbeiterhäuser
15	Maschinenschuppen	Maschinenschuppen
16	Gärtnerei	Gärtnerei
17	Wassermühle	abgerissen

Inmitten sehr großer Felder, auf denen einzelne alte Eichen stehen, liegt der Gutshof Sierhagen. Man erkennt deutlich den von Wasser umgebenen Kernbereich, dessen Grundriß im 17./18. Jahrhundert seine heutige Gestalt erhielt: An drei Seiten des rechteckigen Hofplatzes sind die Wirtschaftsgebäude angeordnet; ihnen liegt inmitten eines kleinen Parks das Herrenhaus gegenüber. Später außerhalb der Insel errichtete Ställe und Scheunen, von denen seit der Aufnahme des Luftbildes im Sommer 1972 mehrere wieder abgerissen worden sind, zeigen einen bis in die jüngste Zeit andauernden Wandel der Gutswirtschaft. — Blickrichtung N

29 Lindau: Parzellierung eines Gutes

Als im östlichen Hügelland der Krongutbezirk nördlich der Levensau im Jahre 1260 an die holsteinischen Grafen verpfändet worden war, strömten viele landlose Bauern aus Holstein und anderen deutschen Landschaften in das kaum besiedelte Waldland, in den Grenzraum zwischen Dänen, Holsten und Wagrier. Die Bauern rodeten die Wälder und legten Fluren und Dörfer an. Überall errichteten Adlige Grundherrschaften. Auf dieser Basis entwickelten sie in den späteren Jahrhunderten die Gutswirtschaft mit abhängigen Bauerndörfern. Das Ergebnis der Feudalisierung war der „Dänischwohlder Güterdistrikt".

Im westlichen Teil dieses Gebietes besaßen die Ahlefeld seit dem 15. Jahrhundert die Güter Lindau und Königsförde. Unser Bild von Lindau zeigt im Gegensatz zur Karte nicht mehr die Struktur einer Gutslandschaft. Die kleinen Feldstücke und die zahlreichen Höfe kennzeichnen den Raum heute als Bauernland. An die Zeit der Großgrundbesitzer erinnert nur noch das alte Herrenhaus. Wie ist es zu dieser Wandlung gekommen? Bis ins 18. Jahrhundert hinein hatten sich im ganzen Lande die Güter auf Kosten des Bauernlandes vergrößert. Durch das Einbeziehen neuer Rodungen in die Gutsländereien konnten keine neuen Höfe geschaffen werden, und durch das „Bauernlegen" verringerte sich die Zahl der dienstpflichtigen Bauern so sehr, daß dies auf den Frondienst von Leibeigenen angewiesene System der Gutswirtschaft sich selbst erschüttern mußte. Rückgänge in der Produktion und im Steueraufkommen waren die Folge. Reformen wurden notwendig! Vor allem mußte das Eigeninteresse der Hufner an der Wirtschaft wieder geweckt werden. Deshalb erhielten die Bauern an der Wende vom 18. zum 19. Jahrhundert nicht nur die persönliche Freiheit, sondern auch die Verfügbarkeit über den größten Teil ihrer Produktion. Um ihre Mitarbeit noch mehr zu fördern, wurden zahlreiche Güter, vor allem Domänen, parzelliert. Auf den ehemaligen Wirtschaftsflächen solcher Großbetriebe entwickelten sich Streusiedlungen mit fast vollständig arrondierten bäuerlichen Höfen, d. h., aus einer Gutslandschaft wurde eine Parzellierungslandschaft. In dieser Agrarepoche behielten Lindau und Königsförde Gutscharakter. Nur die Bauernstellen der ehemaligen Leibeigenen in den Dörfern Revensdorf und Königsförde wurden in Zeitpachtstellen umgewandelt. Befreit von der Leibeigenschaft und vom Frondienst, konnte man nun Individualwirtschaft betreiben. Dank staatlicher Schutzbestimmungen, die z. B. verhinderten, daß die Großgrundbesitzer für den Wegfall der Fronarbeit durch Landabgabe entschädigt werden konnten, ist es in Schleswig-Holstein im Gegensatz zu Ostelbien nicht wieder zum „Bauernlegen" gekommen. Die auf Grund von Parzellierungen geschaffenen Neusiedlungen konnten in der Regel wohl ihre Betriebsgröße erhalten, waren jedoch im Gegensatz zu Erb- oder Zeitpachtstellen einem erheblichen Besitzwechsel unterworfen; denn der Staat hatte zwar die Kosten der Parzellierungen übernommen, auch Steuervergünstigungen gewährt, aber die Siedler dann sich selbst überlassen. Fähigkeiten und Kapitalkraft reichten häufig nicht aus, so daß der Hof verkauft werden mußte.

Infolge der seit der Jahrhundertwende immer stärker werdenden Landflucht und auf Grund neuer politischer Zielsetzungen nach dem Ersten Weltkrieg (Reichssiedlungsgesetz von 1919) begann man erneut, Güter zu parzellieren, um möglichst vielen Familien eine Lebensgrundlage auf dem Lande zu erhalten oder neu zu geben. In Schleswig-Holstein sollten 71 300 ha aus Großgrundbesitz gegen Entschädigung in Bauernland aufgesiedelt werden. Außerdem setzte das Reichssiedlungsgesetz die Umwandlung von Erb- und Zeitpachtverhältnissen in Eigentum fest. Um diese Aufgaben erfüllen zu können, kaufte die Höfebank als Träger der Siedlungsmaßnahmen in den Jahren von 1919 bis 1927 die Güter Lindau und Königsförde mit ihren Meierhöfen und ihren Zeitpachtdörfern auf. Nach der Ablösung der Zeitpachtstellen in Revensdorf und Königsförde, nach der Abgabe von Land für kommunale Aufgaben sowie für die Aufstockung von zu kleinen Betrieben wurde der Rest der landwirtschaftlichen Nutzfläche parzelliert. Um die vorhandenen Wirtschaftsgebäude der ehemaligen Güter verwenden zu können, wurden drei Großbetriebe geschaffen. Sonst errichtete man mittelbäuerliche Stellen von 22—25 ha, also von Größen, die auch eine sinnvolle Nutzung des umfangreichen Grünlandes zuließen. Auf Grund der natürlichen Grundlagen und des Arbeitskräfteverhältnisses der Familienbetriebe entwickelten die Lindauer arbeitsintensive und kapitalextensive Betriebsformen. Charakteristisch für die neue Parzellierungslandschaft wurde eine Futter-Getreidebauwirtschaft mit Milchwirtschaft.

Die zweite und die dritte Parzellierungsphase nach dem Zweiten Weltkrieg waren erfolgreicher als die erste. Fast alle Verfahren führten zu einem guten Ende, weil billige Staatskredite und die beratenden Unterstützungen bessere Grundlagen für die Lösung der wirtschaftlichen Probleme der Siedler geschaffen hatten. Gegenwärtig gibt es keinen Anreiz mehr für die Schaffung neuer Parzellierungen, weil kleinere Betriebe weder die Arbeitslast allein noch die Lohnkosten und die hohen Kosten für einen Maschinenpark zu tragen vermögen.

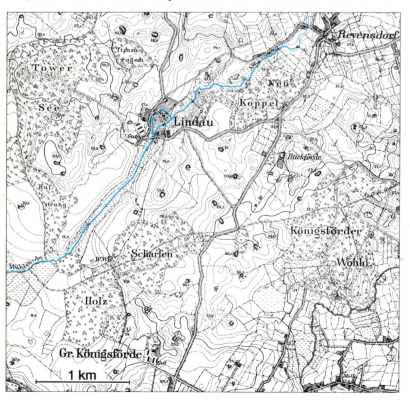

Das Herrenhaus, das weite Knicknetz, die zahlreichen Zweckbauten und die kleinen Feldstücke kennzeichnen den Raum als Parzellierungslandschaft. Im Gegensatz zu Parzellierungen während der Verkopplungszeit (vgl. Loop Nr. 27) bestand zwischen den Weltkriegen die Auflage, Knicks anzulegen, nicht mehr. Viele Flächen sind nach der Parzellierung in Grünland umgewandelt worden. — Blickrichtung N

30 Die Zuckerfabrik bei Schleswig: Neue Formen der Vermarktung

Von den Verarbeitungsbetrieben landwirtschaftlicher Rohstoffe an der Schlei (u. a. Butterwerk, Nordfleisch AG) hat die Zuckerfabrik am stärksten auf den Nah- und Fernraum eingewirkt. Die Verarbeitung der Zuckerrübe verlangt nicht nur viel Süßwasser, eine günstige verkehrsmäßige Anbindung, sondern große Flächen für die Produktions- und Kläranlagen sowie für die Auflandung des umfangreichen Schmutzanhanges der Rübe — hier jährlich etwa 50 000 m³. Damit wirft eine Zuckerfabrik erhebliche Probleme bei der Wahl des Standortes und bei der Entsorgung auf. Mit den Niederungen westlich von Johannishof und den Restanlagen eines ehemaligen Fliegerhorstes konnte Schleswig nicht nur diese Voraussetzungen erfüllen, sondern noch weitere günstigere Bedingungen anbieten: gute Straßen und Schienenanschlüsse, die Schlei als billiger Wasserweg, erschlossenes Bauland, die Zusage einer eigenen Stromversorgung und eine gute Arbeitslage.

Nach fast zweijähriger Planung begann man 1953 mit dem Bau. Die alte Flugzeughalle wurde zur Schnitzeltrocknung, als erste Zuckerablage und zu Büroräumen umgebaut. Neu errichtete man ein Kesselhaus, ein Fabrikationsgebäude und einen Schnitzelspeicher sowie ein Pumpenhaus. In den folgenden Jahren wurde bis heute ständig weiter investiert (etwa 100 Millionen DM), um bei steigenden Anlieferungen von Rüben reibungslos die notwendigen Arbeitsgänge erledigen zu können.

Zur Versorgung mit den erforderlichen Kalksteinen sowie mit Kohle (Halden am Ufer rechts) ist das Werk mit Dänemark, Schweden, Polen und dem Ruhrgebiet verbunden. Die Lage der Fabrik ermöglicht eine günstige Anlieferung dieser Massengüter auf dem Wasserwege. Der Kalk wird im Werk gebrannt und dem Produktionsgang zugesetzt, weil durch ihn und durch Zugabe von Kohlensäure etwa 30—40 Prozent des Nichtzuckerstoffes vom Rohsaft getrennt werden können. Das mit Kohle betriebene eigene E-Werk versorgt nicht nur den Gesamtbetrieb, sondern liefert zeitweilig noch Strom an die Schleswag. Die Zuckerfabrik bei Schleswig konnte so ausgebaut werden, daß heute die Ernte einer Anbaufläche von 11 000—12 000 ha in einer Kampagne von reichlich 90 Tagen aufgenommen werden kann. Täglich bringen dann bis 300 LKW je 20 t Rüben zum Werk (90 % der Anlieferung).

Die Schleswiger Fabrik macht auch den Wandel in der Zuckerwirtschaft sichtbar. Am Ende des vorigen Jahrhunderts schuf man viele kleine Fabriken mit einer Kapazität für Anbauflächen von 500—1000 ha, so in Wesselburen, St. Michaelisdonn, Oldesloe, Ahrensbök und Neustadt. Bis auf die Fabrik in St. Michaelisdonn sind alle wegen schlechter Rentabilität wieder stillgelegt worden. Entschieden wurde der Niedergang jedoch durch eine zu geringe Ausnutzung der Kapazitäten mangels sicherer Anbauflächen.

Um diesen Fehler zu vermeiden, hat man heute über 1700 Bauern durch Aktien und Anbauverträge (pro 1000 DM nom. Aktie sind 1 ha anzubauen) an das Werk gebunden. Die Verträge bieten beiden Seiten Vorteile: Die Fabrik kann für eine festgelegte Anbaufläche ihre Kapazität planen und voll ausnutzen, der Anbauer erlangt nicht nur einen sicheren Absatz für seine Rohprodukte, sondern gewinnt als Aktionär Einfluß auf die Verarbeitung und hat Anteil an den Gewinnen. Durch die Organisation des Zuckerrübenanbaus ist die Fläche von 1953: 3383 ha auf 1976: 12 047 ha im Einflußbereich der Schleswiger Fabrik angewachsen (Karte). Dieser Ausbau war auch dadurch ermöglicht worden, daß die Mechanisierung den Arbeitsaufwand im Rübenanbau um rund 80 Prozent gesenkt hat.

Die Zuckerrübe hat in der intensiven Landwirtschaft einen festen Platz, denn allein ihre Nebenprodukte erreichen den Futterwert einer ausgezeichneten Klee-Ernte von gleicher Fläche. So preßt man z. B. die entzuckerten Schnitzel auf 20 Prozent zusammen, vermischt sie mit Melasse und trocknet sie. Aus dieser Masse formen Pressen runde Stäbe, die Pellets.

Neben den positiven Fernwirkungen der Fabrik und den Wandlungen im Nahbereich durch die Werksanlagen sowie die Auflandungen — das ehemalige Sumpfgebiet ist schon um 5 m aufgehöht — drohen negative ökologische Auswirkungen. Um sie zu unterbinden, werden die Abwässer mit ihren hohen Schmutzanteilen über mehrere Stationen geleitet: Absatzbecken (Bildvordergrund), Stapel- und Belüftungsteichen (Verbleib 1/2 Jahr), Nachklärbecken (Verbleib 1/2 Jahr). Auf diesem Wege regeneriert sich das Wasser auf natürlichem biologischem Wege und kann, wenn die Genehmigung der Wasserbehörde vorliegt, danach in die Schlei geleitet werden. Der Umweltschutz verbrauchte bisher 10 % der Investitionen.

Durch die Marktordnung der EG erhalten die Bauern und die Fabrik nach Kosten kalkulierte Garantiepreise für ein festes Kontingent. Wenn mehr erzeugt wird, muß eine Produktionsabgabe (60 Prozent tragen die Bauern, 40 Prozent die Fabrik) gezahlt werden. Bei steigender Tendenz gehen schon heute 20 Prozent der Produktion nach Vorderasien, Afrika und in Länder der Südsee. Der Binnenmarkt wird von Hamburg und Schleswig-Holstein bestimmt. Die Vermarktung der Produkte erfolgt über die Norddeutsche Zucker GmbH in Uelzen, um durch Konzentration feste Marktanteile für die schleswig-holsteinische Landwirtschaft zu sichern.

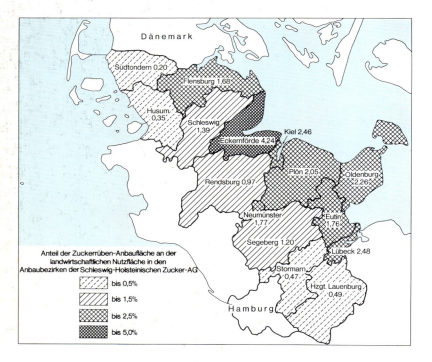

Recht scharf grenzt die Zuckerfabrik an die Erholungslandschaft der Schlei an. Im Mittelpunkt der Werksanlage erblicken wir die Produktionshallen, rechts heben sich deutlich die Halden von Kalk, Kohle und Rüben ab, links ragen die Zuckersilos (Gesamtfassungsvermögen 40 000 t) — ein fünfter ist inzwischen fertig geworden — und davor der Silo für die Pellets (6000 t) auf, im Vordergrund liegt eines der beiden Absetzbecken. Seit 1977 werden die Abgase über einen 66 m hohen zentralen Schornstein abgeleitet. — Blickrichtung SO

31 Der Oldenburger Graben: Inwertsetzung eines Niederungsgebietes

Zwischen den flachen Grundmoränen des Oldenburger Landes und den kuppigen Moränen im Süden zieht sich von der Hohwachter bis zur Lübecker Bucht eine etwa 22 km lange und 2—3 km breite, niedrige Zone quer durch das Land. Diese als Oldenburger Graben bezeichnete Niederung zeigt heute ein recht einheitliches Bild, ist aber dennoch ihrer Entstehung nach sehr kompliziert und für den Menschen in der Nutzung bis heute ein Problemgebiet geblieben.

Im Mittelalter sind die Buchten durch Strandwälle und Sandbänke vom Meer abgeschnitten worden, so daß nur noch große Sturmfluten tiefer ins Land eindringen konnten. Es setzte sehr früh und schnell eine organogene Verlandung ein. Aus den nahe und relativ hoch gelegenen Niederschlagsgebieten wurden große Mengen an nährstoffreichen Sedimenten in den Graben gespült. Die Niederungsmoore mit ihren großen Anteilen von Sanden, Lehmen und Tonen bildeten ein gutes Potential für die spätere landwirtschaftliche Erschließung.

Mehrfach geäußerte Meinungen, die Buchten von Wessek und Dahme seien durch den Oldenburger Graben sundartig miteinander verbunden gewesen, konnten nicht bestätigt werden. Oldenburg und Grube sind keine Hafenstädte gewesen. Bereits in frühgeschichtlicher Zeit haben Sümpfe und Moore den Nordzipfel Wagriens im Süden abgeschlossen. Bauern und Gutsherren nutzten die Moore zur Gewinnung von Torf und Brennholz, zum Fischfang und zur Jagd. Die geringen technischen Möglichkeiten und eine fehlende Organisation verursachten immer wieder erhebliche Hochwasserschäden.

Zur größten Katastrophe kam es, als am 13. 11. 1872 die von einem Orkan getriebene Wasserflut an der Küste auf 3 m über NN anstieg und ein flacher Sanddeich bei Dahme brach.

Viel Vieh, aber auch Menschen ertranken, Häuser wurden zerstört. Die Flut erreichte das im Hinterland gelegene Oldenburg so schnell, daß viele Bewohner der niedrig gelegenen Straßen fast nichts retten konnten. In Grube wurden mehrere Gebäude zerstört und beschädigt, so daß allein in diesem Dorf 216 Menschen obdachlos wurden. Die Katastrophe öffnete aber allen: den Bauern, den Gutsherren und auch den Städtern, die Augen für die Probleme des Küstenschutzes und der Entwässerung. Durch die Not geeint und mit Hilfe des Staates schloß man sich zu einem Deichverband zusammen. Bereits bis 1878 wurden durch neue Deiche mit einer Höhe von 4 m über NN und durch „Seeschleusen" die Buchten und damit der ganze Graben gegen das Meer abgeriegelt. Doch bald zeigte es sich, daß die natürliche Entwässerung durch die Siele nicht ausreichte. So wurden Forderungen nach einer Trockenlegung der niedrig gelegenen Flächen und einer gründlichen Melioration im Gesamtgebiet immer stärker.

Mit der Gründung der Wassergenossenschaft zur Entwässerung der Gruber-Wesseker Niederung begann ein neuer Abschnitt in der Geschichte der Inwertsetzung des Grabens (vgl. Karte und Bild!). Sie wurde ab 1927 durch den Randkanal im Nordosten und durch den Ausbau des Wasserlaufs Oldenburger Graben zu einem Hauptfluter fortgesetzt. Mit Hilfe leistungsstarker Schöpfwerke konnte der Wasserstand konstant auf minus 1,80 NN gehalten werden. Neue Deichbauten riegelten niedrige Stellen im Graben oder ganze Seen, wie z. B. den Gruber See, von dem Außenwasser ab. Durch weitere örtliche Schöpfwerke wurde das Wasser aus den so neu geschaffenen Kögen in den Hauptfluter gepumpt. Die Landgewinnung war erheblich: 1935—1936 Matzenkoog 136 ha, 1937—1938 Gruber Seekoog 278 ha (siehe Luftbild!), 1938 Feddersenkoog 232 ha.

Die Senkung des Wasserstandes führte jedoch bei einer instabilen Moorschicht von bis zu 17 Metern Stärke zu erheblichen Sackungen, so z. B. Gruber Seekoog 90 cm, Feddersenkoog 100 cm. Außerdem erwies es sich im August 1946, daß die Pumpen die Wassermengen der Binnenflut bei einem langen Dauerregen — damals fiel in 36 Stunden ein Drittel der mittleren Jahresmenge — nicht bewältigen konnten. Der vollgelaufene Seekoog war erst nach 30 Tagen wieder wasserfrei, aber auch seiner Grasnarbe beraubt worden. Daher entschloß man sich nach einer gründlichen Bestandsaufnahme 1950 zu einem „Generalplan zur Sicherung des Oldenburger Grabens". Seine Verwirklichung führte zu Deicherhöhungen, zum Bau neuer Schöpfwerke mit größeren Pumpleistungen (z. B. Dahme 12 m³ in der Sekunde), zur Verbreiterung der Sohle des Hauptfluters (je nach Lage von 4—14 m) und zu einem Ausbau der offenen und verrohrten Wasserläufe (Gewässerdichte je ha heute ca. 29 lfd. Meter). An einigen Stellen konnte sogar aufgeforstet werden, oder es wurde der Bruch, z. B. am Rande der Stadt Oldenburg, zu einer Erholungslandschaft umgestaltet. Trotz aller Entwässerungsmaßnahmen nimmt noch immer das Grünland fast die ganze Niederung ein (Bild). Versuche, ausgewählte Flächen zu pflügen, um Getreide anbauen zu können, führten in den letzten Jahren zum Erfolg.

Beim Bau neuer Köge (1961—1963: Dannenkoog 87 ha, 1962: Seewiesenkoog 55 ha) wurde es aber auch deutlich, daß man sich der Grenze genähert hatte, wo Aufwand und Gewinn nicht mehr in einem ausgewogenen Verhältnis stehen. Um die heutige Kulturlandschaft „Oldenburger Graben" zu sichern, haben sich ca. 4800 Bewohner zum Wasser- und Bodenverband Oldenburg zusammengeschlossen, denn Gefahr besteht noch immer, wie es sich am 13. 11. 1972 (vgl. 13. 11. 1872) zeigte, als ein Nordwestorkan die See vor Weißenhaus bedrohlich staute und nur ein frühzeitiges Abflauen des Sturmes eine Katastrophe verhinderte.

Der Oldenburger Graben um 1860

Durch seine großen Grünlandflächen hebt sich der Oldenburger Graben noch heute scharf von den Moränen seines Umlandes ab. Grundsätzlich kann man alles Land unterhalb 1,25 m unter NN zur Niederung rechnen. Wir blicken über die Dörfer Thomsdorf und Altratjensdorf in den Seekoog und können den Graben über Oldenburg hinaus bis zur Hohwachter Bucht verfolgen. — Blickrichtung NW

32 Verlandung im Schulensee und Westensee

Fast alle Seen Schleswig-Holsteins liegen im östlichen Hügelland. Voraussetzungen für ihre Entstehung waren vor allem dort gegeben, wo bei Gletscherbewegungen Eis in den Untergrund eindrang, in dem es nach dem Ende der letzten Vereisung als Toteis zurückblieb, z. B. in Zungenbecken (vgl. Nr. 20). Erst beim Auftauen des Toteises kamen Hohlformen zustande, die sich mit Wasser füllen konnten. Geologisch sind Seen kurzlebige Gebilde, die früher oder später durch Verlandung aus der Landschaft wieder verschwinden. Bei diesem natürlichen Landschaftswandel wirken mehrere Teilvorgänge zusammen:

Die Zuflüsse — beim Schulensee und beim Westensee in erster Linie die Eider — schwemmen anorganisches Material, vor allem Sand und Ton, in den See ein, ferner organisches Material, z. B. Pflanzenteile und Plankton. Schließlich bringen die Zuflüsse gelöste Stoffe mit, u. a. als Pflanzennährstoff wirksame Verbindungen. Im See selbst bauen die Pflanzen organische Stoffe auf. Diese können entweder abgelagert oder aber von Bakterien und anderen Mikroorganismen wieder abgebaut werden, wobei die enthaltenen Pflanzennährstoffe in das Wasser zurückgelangen. Beides gilt sinngemäß für die von den Zuflüssen herangebrachten organischen Stoffe.

Der am Boden des Gewässers zur Ablagerung gelangende Schlamm besteht also sowohl seiner Herkunft als dem Material nach aus verschiedenen Komponenten. Der Schlamm kann seinerseits Pflanzennährstoffe durch Adsorption dem Wasser entziehen. Ein Teil der organischen und anorganischen Feststoffe sowie der Lösungsfracht kann den See durch den Abfluß wieder verlassen.

Bei dem Zusammenspiel dieser Vorgänge werden dem See stets mehr Stoffe zugeführt als ihm entzogen; daraus ergibt sich von selbst die Verlandung. Die abgelagerte Stoffmenge ist keineswegs konstant. Seit etwa 1950 sind in die Binnengewässer vermehrt Phosphate gelangt, die teils aus den Düngemitteln der Landwirtschaft, teils aus den Detergentien der Waschmittel stammen. Die gegenüber der Zeit um 1900 auf das Zehnfache erhöhte Phosphatmenge stellt eine enorme Überdüngung dar. Ein stark vermehrtes Pflanzenwachstum mit entsprechenden Auswirkungen auf die Verlandung ist die Folge dieser als „Eutrophierung" bezeichneten Überdüngung.

Im Schulensee herrscht die stärkste Verlandung am Eidereinlauf, hier hat sich ein Delta ausgebildet. Der üppige Pflanzenwuchs im Mündungsbereich fängt einerseits bei Hochwasser Feststoffe ein und trägt andererseits zur biologischen Produktion bei. Im Bild sieht man einen Bagger, der gerade den Eiderlauf räumt. Im übrigen See schreitet die Verlandung von den Ufern zum tieferen Wasser hin fort, wobei typische Pflanzengesellschaften aufeinanderfolgen. Am Rande des tieferen Wassers sieht man die Zone der Schwimmblattpflanzen (See- und Teichrosen); diese bilden einzelne grüne Inseln, die sich landwärts zu einem Gürtel zusammengeschlossen haben. Die Häuser im Vordergrund bieten einen Maßstab für die Breite dieser Zone. Mit deutlicher Kante abgesetzt ist der Schilfgürtel (Schilf, Rohrkolben, Schwertlilien). In der Seerosen- und Schilfzone wird besonders viel organisches Material produziert. Das letzte Stadium stellt der Erlenbruchwald dar; am Einlauf der Eider und am linken Bildrand (Mitte) hat er sich bereits entwickelt. Auf dem unteren Bild ist der Erlenbruchwald durch Kulturmaßnahmen in Grünland umgewandelt und daher auf eine schmale Zone beschränkt.

Im Schulensee hat sich die Entwicklung seit etwa 1900 sehr rasch vollzogen. Damals hatte das Gewässer noch eine Fläche von etwa 50 ha bei einer maximalen Tiefe von 12,3 m. Bis 1972 war die Fläche auf 15,7 ha zurückgegangen; der See hatte nur noch eine mittlere Tiefe von 0,5 m und ein Wasservolumen von 80 000 m³. Neben den natürlichen Verlandungsvorgängen haben zum Rückgang auch menschliche Eingriffe beigetragen: Man hat den Wasserspiegel mehrmals, insgesamt um 1,5 m, abgesenkt, Schutt und Müll wurden eingebracht, und mit Abwässern gelangten weitere Feststoffe in den See. Nach Müller führt die Eider jährlich etwa 550 m³ Frischsedimente zu, die Menge des im See selbst produzierten organischen Sedimentmaterials dürfte in der gleichen Größenordnung liegen.

Wegen seiner landschaftlich reizvollen Lage hat sich das Westufer des Schulensees zu einem bevorzugten Wohngebiet entwickelt. Der Wunsch der Bewohner, vor allem der Anlieger, nach Wiederherstellung des Sees ist daher verständlich. Technisch ist eine derartige Maßnahme durchaus möglich; so wurde z. B. der Vordere Russee, der 800 m nordwestlich des Schulensees liegt, 1976/77 ausgebaggert und wieder auf eine Tiefe von 2 m gebracht. Damit eine Ausbaggerung nicht allzuoft wiederholt werden muß, sollte man allerdings versuchen, auch die Ursachen der Verlandung zu bekämpfen. Meist scheitern die Projekte zur Sanierung von Seen an den Kosten.

Für den 767 ha großen und bis 20 m tiefen Westensee liegt die Gefahr der endgültigen Verlandung noch in weiter Ferne. Immerhin ist im Bereich des Eidereinlaufes eine etwa 50 ha große Fläche bereits verlandet. Daß das Delta hier langsamer wächst als im Schulensee liegt teilweise daran, daß die Feststoffe aus dem Eideroberlauf in anderen Seen, z. B. im Schulensee, zurückgehalten werden. Daher wird, wenn letzterer vollständig verlandet ist, die Stoffzufuhr in den Westensee zunehmen.

An ihrer niedrig gelegenen, ebenen und moorigen Oberfläche sowie an ihrem Grünlandcharakter oder — seltener — am Erlenbruchwald kann man verlandete Gewässer in der Landschaft erkennen. Beispiele dafür werden bei Nr. 20 und 31 im Luftbild dargestellt.

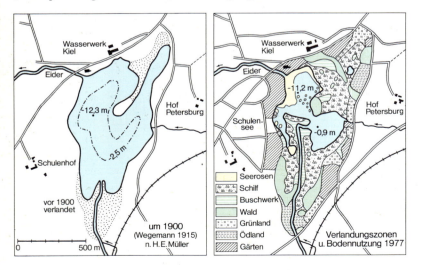

Das obere Luftbild zeigt den Schulensee im Sommer 1976. Von oben rechts her schiebt sich das Eiderdelta in den See vor. Breite Gürtel aus Schilf und Schwimmblattpflanzen begleiten die Ufer. In der Mitte des unteren Bildrandes verläßt die Eider den See. — Blickrichtung SO

An der Mündung der Eider in den Westensee bei Hohenhude erkennt man deutlich das Ausmaß der seit der letzten Eiszeit bereits verlandeten, jetzt als Grünland genutzten Fläche. — Blickrichtung NNO

33 Küstenentwicklung, Deichbau und Entwässerung am Geltinger Noor

Die Entwicklung der heutigen Küsten nördlich von Gelting setzte vor etwa 4000 Jahren ein. Die Moräneninsel Beveroe, die am rechten Bildrand oben noch angeschnitten ist, war lange Zeit durch einen etwa 300 m breiten Wasserarm vom Festland getrennt (Karte). Von Südosten, vom Steilufer bei Falshöft her, wurden Strandwälle aufgebaut, die später von der Birk aus nach Süden wuchsen; der Haken erreichte bis zum 17. Jh. die Insel Beveroe. Zwischen dieser, den Moränen des Festlandes und dem Haken entstand das flache Beveroer Noor, das im Süden mit dem Geltinger Noor und mit der Geltinger Bucht in Verbindung blieb.

In diesem Stadium griff der Mensch ein. Schon um 1580 dämmte man das Geltinger Noor etwa im Zuge der heutigen Küstenlinie ab, um durch Trockenlegung der flachen Noore Land zu gewinnen. Dieser erste Deich an der schleswig-holsteinischen Ostseeküste hatte allerdings nicht lange Bestand. Dagegen konnte um 1750 der südliche Teil des Geltinger Noores, das sog. Kleine Noor, durch einen Deich abgetrennt und trockengelegt werden. Über diesen Deich führt die Straße nach Grahlenstein (vorn links); in dem Knick des Deiches erkennt man das Entwässerungssiel.

1821–1828 wurde das Beveroer Noor durch den im Luftbild rechts sichtbaren Deich zwischen Goldhöft und Beveroe abgedämmt. Zum Schutz gegen Sturmfluten erhöhte man außerdem die Strandwälle zwischen Beveroe und Birk und von dort bis nach Falshöft durch Deiche. Das Beveroer Noor wurde seit 1830 nach holländischem Vorbild durch zwei Windmühlen mittels Wasserschnecken entwässert, von denen eine, die Mühle „Charlotte", noch vorhanden ist (rechter Bildrand). Seit 1928 erfolgt die Entwässerung durch ein Schöpfwerk. Wie überall an der Ostseeküste sind die Deiche nach der Sturmflut von 1872 erhöht und verbessert worden. Erst durch die Deichbauten von 1750 und 1828 hat das Geltinger Noor seine heutige Form erhalten.

Das Luftbild zeigt im Norden und Süden je einen Haken, der in die flache Mündung des Noores hineinragt. Man könnte vermuten, daß die beiden Haken schnell zusammenwachsen, wobei das Noor in einen Strandsee umgewandelt würde. Mehrere Anzeichen sprechen aber dafür, daß sich das Wachstum der Haken zur Zeit nur sehr langsam vollzieht, eine Abschnürung des Noores für die nächste Zukunft daher noch nicht zu erwarten ist. Diese Anzeichen sind: 1. An dem niedrigen Steilufer, das im Norden an das Noor anschließt, findet nur selten Abbruch statt, es ist daher mit Pflanzen bewachsen. 2. An seinem Fuß befinden sich auch keine Strandwälle, die — etwa durch Abrasion gespeist (vgl. Nr. 34) — das Kliff schützen und das Material für den Aufbau der Haken liefern könnten. Auf der Südseite sind die Bedingungen ähnlich.

Den Schlüssel zur Lösung enthält das Bild selbst: Das Wasser vor der Küste ist so flach, daß man mehrere 100 m weit hineinwaten kann. Jenseits dieser (im Bild hellen) Zone fällt dann die Tiefe rasch auf 8–9 m ab. — Starke westliche Winde, die hier eine Brandung erzeugen können, gehen nahezu immer mit fallendem Wasserstand einher. Die Brandung kann daher nur am Außenrand des Flachwasserbereichs Arbeit leisten, wie dies die — weit außen liegenden — Sandriffe (vgl. Nr. 38) auch deutlich erkennen lassen. Nur wenn ausnahmsweise hoher Wasserstand und Westwind zusammentreffen, kommt es zu einem geringen Wachstum der Haken.

Der nördliche Haken ist länger und breiter als der südliche, der nur aus der graugrünen Spitze besteht. Dennoch ist die — durch größere Tiefe dunklere — Mündungsrinne des Noores nach Norden verschoben. Dies wird durch einen — zweifellos künstlichen — Wall aus großen Steinen bewirkt, den man als perlschnurartige Linie in der Mündung erkennt. Vermutlich handelt es sich dabei um die Reste des 1580 erbauten Dammes. Wenn die Datierung gesichert wäre, könnte man die Geschwindigkeit des Küstenrückgangs hier genau bestimmen.

Ein einschneidender Landschaftswandel ist erst dann zu erwarten, wenn der Sandtransport von der Geltinger Birk her das Noor erreicht. Die am Außenrand der Flachwasserzone vordringenden Strandwälle sind von 1786 bis 1875 um 220 m, von 1875 bis 1962 um weitere 320 m nach Süden gewachsen, sie waren 1962 noch etwa 875 m vom Ansatz des nördlichen Hakens (rechter Bildrand) entfernt.

Das Geltinger Noor ist Bestandteil des Naturschutzgebietes Geltinger Birk. Als Brutgebiete für Wasservögel spielen die Salzwiesen der beiden Haken eine Rolle, ebenso die schilfumsäumten Noorufer und die feuchten, teilweise unter Salzwassereinfluß stehenden Verlandungsflächen im Südosten des Noores (Vordergrund). Außerdem ist das Noor, das bei jeder Windrichtung geschützte Flächen aufweist, ein wichtiger Rastplatz für Wasservögel während der Zugzeiten, so für zahlreiche Enten- und Sägerarten.

Unmittelbar neben dem Südufer des Noores liegt der etwa 40 ha große Grahlensteiner Wald, überwiegend hochstämmiger Buchenwald, der eine Graureiherkolonie enthält. Der teilweise versumpfte Untergrund weist eine reiche Pflanzenwelt auf, darunter auch seltene Arten (Knabenkräuter, Gelbe Anemone). Ein Waldlehrpfad beginnt nahe bei Grahlenstein. Beiderseits des Noores bieten die nach Westen exponierten Waldränder schöne Beispiele für Windeinwirkung auf den Baumwuchs (Windschur).

Der Blick vom Geltinger Noor auf die Geltinger Bucht würde 1977 mehrere Supertanker erfassen, die hier während der schon mehrjährigen Flaute der Tankschiffahrt auf Reede liegen.

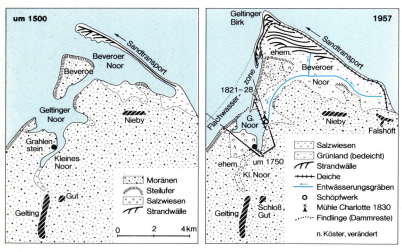

Landschaftsentwicklung nördlich Gelting

Als Noore bezeichnet man im Landesteil Schleswig kleine Buchten, die an Förden liegen, allein an der Schlei gibt es deren neun. Der Blick aus der Luft geht überall bis auf den Grund des flachen Geltinger Noores; es ist der Rest eines einst ausgedehnten buchtenreichen Meeresarmes, den wir uns in seinem ursprünglichen Zustand ähnlich flach vorstellen müssen. Ihre jetzige, noch immer im Wandel begriffene Gestalt hat diese Küstenlandschaft durch ein Wechselspiel zwischen natürlichen Vorgängen und menschlichen Eingriffen erhalten. — Blickrichtung NW

34 Küstenentwicklung und Funktionswandel von Strandseen im Südwesten Fehmarns

Das Luftbild und die Textzeichnungen zeigen eine typische Ausgleichsküste. Man erwartet, daß eine solche Küste aus zwei verschiedenen Elementen besteht: einer Steilküste, deren Abbruch das Material liefert, aus dem vor den zurückspringenden Partien der Küste Haken und Nehrungen aufgebaut werden (vgl. Nr. 4). Eine aktive Steilküste sucht man jedoch auf der Westseite Fehmarns vergebens. Das Material muß also einen anderen Ursprung haben.

Die Landschaftsentwicklung in diesem Raum ist im Zusammenhang mit den Vorgängen zu verstehen, die sich im Küstenvorfeld abgespielt haben bzw. noch abspielen. Westlich von Fehmarn fällt der Meeresboden sehr flach ein, erst 3,5 km westlich von Flügge werden 5 m Wassertiefe erreicht. Auf dem hier überall anstehenden Geschiebemergel, der zu etwa 40 Prozent Tonbestandteile mit einer Korngröße unter 0,02 mm enthält, liegen etwa 1 bis 2 Dezimeter mächtige Sedimente aus vorwiegend tonfreiem, grobem Material, die Seekarte verzeichnet „unreinen Grund mit großen Steinen". Hier findet vor allem bei starken Winden aus westlicher Richtung Abrasion statt: Der aufgeweichte Geschiebemergel wird durch die Wellenbewegung, besonders der Brandung, oberflächlich bewegt, ausgespült und sortiert; das feine Tonmaterial wird im Wasser schwebend fortgetragen, während der Sand von Strömungen am Boden entlang fortbewegt wird. Seiner Korngröße entsprechend wird der Sand verschieden schnell und weit abtransportiert. Die gröbsten Teile bleiben zurück. Wenn sie genügend angereichert werden, können sie eine schützende Deckschicht bilden, welche die weitere Abrasion bremst. Eine Verlangsamung des Vorganges tritt auch ein, wenn die Wassertiefe zunimmt, wobei es keine Rolle spielt, ob dies durch die Abrasion selbst oder etwa durch einen Anstieg des Meeresspiegels erfolgt.

Wegen der vorherrschenden westlichen Winde wird ein großer Teil des Materials auf die Insel Fehmarn zu transportiert. Dessen Küste sah zu Beginn der Entwicklung anders aus als heute: Flügge war noch eine selbständige, durch einen Meeresarm von Fehmarn getrennte Insel. Flügge wurde im Westen von der Ostsee angegriffen, so daß dort eine Steilküste entstand. Bald jedoch bildete sich ein Haken aus, der von Norden nach Süden wuchs und der vermutlich vor etwa 250 bis 300 Jahren die Insel Flügge erreichte; ihre ehemaligen Kliffs sind heute von Strandwällen umgeben. Auch heute noch ist der Transport an der Westküste Fehmarns überwiegend von Norden nach Süden gerichtet.

Der Sand wird also aus dem Küstenvorfeld auf die Insel Fehmarn zu transportiert. Dort wandert er an der Küste entlang nach Süden und weiter um die Südwestecke Fehmarns herum; schließlich gelangt er auf dem im Bild sichtbaren, unter Wasser liegenden Teil des Hakens, dem „Breiten Barg", zur Ablagerung. Das Luftbild läßt eine auf den Betrachter hin gerichtete Sandwanderungsbahn deutlich erkennen. Der Aufbau des über Wasser befindlichen Hakens, des „Krummsteert", vollzieht sich bei Winden mit einer auflandigen Komponente, also aus WNW bis SW. Man kann die älteren, kurzen und stärker gekrümmten Strandwälle des Hakens gut von den jüngeren unterscheiden. Von 1878 bis 1974 wuchs der Haken um 500 m nach Südosten. Auf den Strandwällen gedeihen Strandpflanzen, teilweise wächst Heide. Die niedrigen Flächen sind Salzwiesen.

Im nördlichen Teil der Westküste Fehmarns findet heute ein Abbruch der Strandwälle statt. Dies dürfte ein Anzeichen dafür sein, daß sich die Abrasions- und Transportbedingungen in jüngster Zeit wieder geändert haben, z. B. könnte ein Defizit zwischen Sandanlieferung (Quertransport von See her) und Sandabtragung (Längstransport nach Süden) eingetreten sein.

Um 1860 wurde der Strandwall nördlich Flügge durch einen privaten Deich aufgehöht. Nach der Sturmflut von 1872, die über die im Westen Fehmarns sehr niedrigen Moränen weit landeinwärts vordrang und sogar den 3,5 km von der Küste entfernten Ortsrand von Petersdorf erreichte, legte man am Westrand des diluvialen Inselkörpers einen Landesschutzdeich an. Der zwischen diesem Deich im Osten und den Strandwällen im Westen gelegene flache Kopendorfer See machte einen mehrfachen Wandel durch. Nach der Bedeichung wurde er zuerst durch eine Dampfmühle trockengelegt und landwirtschaftlich genutzt. Um 1900 unterteilte man die trockengelegte Niederung durch Dämme in Teilflächen und setzte sie wieder unter Wasser, diese „Wallnauer Teiche" wurden zur Fischzucht genutzt. Zur Abfischung mußten die Teiche jeweils leergepumpt werden.

1975 erwarb der Deutsche Bund für Vogelschutz das 210 ha große Gelände des ehemaligen Teichgutes Wallnau; es steht jetzt unter Naturschutz. Mit seinen ausgedehnten Wasserflächen, Schilfwäldern, Wiesen und Feldgehölzen bietet das Wasservogelreservat Wallnau für Wasser- und Sumpfvögel hervorragende Bedingungen. Fast 60 Vogelarten brüten hier, darunter die seltenen Säbelschnäbler. Das ehemalige Gutshaus Wallnau soll zu einem Informationszentrum ausgestaltet werden. Von hier aus können angemeldete Besucher während des Sommers unter kundiger Führung die Vögel im Schutzgebiet beobachten.

Der Flügger Teich wird fischereiwirtschaftlich genutzt; seine breiten Schilfgürtel beherbergen neben zahlreichen Wasservögeln auch Unken. Die nahe Sulsdorfer Wiek unterliegt ebenfalls der Betreuung durch den Deutschen Bund für Vogelschutz.

Am Westrand der Flügger Insel und auf den Strandwällen nördlich davon ist ein Campingplatz entstanden; ein weiterer befindet sich nördlich von Wallnau.

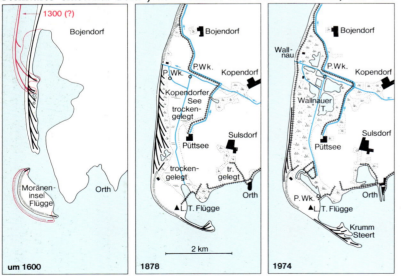

Gegenüber dem tiefen, dunklen Wasser der Orther Reede zeichnet sich eine helle, wasserbedeckte Sandfläche markant ab. Aus dieser Flachwasserzone erhebt sich der langgestreckte Haken Krummsteert, der in der Nähe des Leuchtturms Flügge an der Insel Fehmarn ansetzt. Den Hintergrund bilden die Strandwälle und Teiche zwischen Flügge und Wallnau. — Blickrichtung NW

35 Grömitz: Zusammenwachsen von Dörfern zu einem Badeort

Im Gegensatz zu den planmäßig auf grüner Wiese errichteten Ferienzentren (vgl. Nr. 37, 38) haben sich die meisten Bäder an der Lübecker Bucht aus älteren Siedlungen entwickelt. So wuchsen an der holsteinischen Küste im letzten Jahrhundert das auf der Jungmoräne gelegene Bauerndorf Grömitz und Wicheldorf, ein Fischerdorf des Vorlandes, zu einem Seebad zusammen. Der Raum besaß günstige Voraussetzungen für den Fremdenverkehr: fast Südlage am offenen Meer, Schutz vor den Westwinden durch Moränenzüge, geringe Wassertiefen in Küstennähe und einen breiten Sandstrand. So war es nur folgerichtig, daß man bereits 1839 die erste Badeanstalt errichtete.

Unter dem Eindruck der Auswirkungen der großen Sturmflut vom 3. 11. 1872 an der schleswig-holsteinischen Ostseeküste (Nr. 31) baute man einen Deich zum Schutz der umfangreichen Niederungen zwischen Grömitz und Kellenhusen im NO. Karte und Bild geben den Deichverlauf klar wieder und machen zugleich deutlich, wie sich der Raum seit dieser Zeit verändert hat. Auf der Karte erkennen wir, wie ein Steilrand Ober- und Unterdorf trennt. Durch lange Baumreihen betont auch das Bild diese markante Linie. Parallel zum Steilrand läuft die breite Wicheldorfstraße. In der Mitte des Bildes sehen wir, wie zur Brücke hin die Seestraße und ins Oberdorf der Fischerkamp abzweigen. An das alte Fischerdorf erinnern nur noch Straßennamen, denn an seine Stelle ist das Zentrum eines modernen Seebades getreten. Doch bis dahin war es ein weiter Weg.

Als Grömitz nach dem Ersten Weltkrieg durch eine Autobuslinie und auch Dampfer über Lübeck an ein weites Hinterland angeschlossen wurde, verlief der Aufbau schneller. Eine 460 m lange Brücke stellte die Verbindung zu dem tiefen Fahrwasser her. Zwischen den Weltkriegen wurde der Naturstrand steinfrei gemacht und auf 70 m verbreitert. Man hatte sehr schnell erkannt, daß Zustand und Umfang der Strandzone die dominierenden Faktoren für die Entwicklung eines Seebades sind. Die Fischer verkauften ihre Katen und Liegeplätze für Boote und Netze, wanderten ab oder wechselten ins Gaststättengewerbe über. Hotels, Pensionen und Geschäfte füllten die Baulücken und gaben dem Ort ein neues Gesicht. Zwischen Seebrücke und Deich errichtete man unmittelbar am Strand Kursaal und Strandhalle. Sie prägen noch heute mit einer langen Promenade, der sogenannten Grömitzer Wandelbahn, die Strandzone — rechter Bildrand —. Der wirtschaftliche Schwerpunkt des Raumes verlagerte sich schnell von dem bäuerlichen Oberdorf in das einst ärmere Unterdorf.

Noch stürmischer verlief der Ausbau des Bades nach dem Zweiten Weltkrieg. Zunächst erhielten viele Flüchtlinge auf einer unbebauten Freiweide der ehemaligen Fischer unmittelbar hinter dem Seedeich — rechte Bildseite zwischen den Tennisplätzen und dem Freibad — Bauland und neue Heime (heute: Schlesierweg, Königsberger Allee usw.). Der sich dynamisch entwickelnde Fremdenverkehr sichert den Einheimischen und den Neubürgern ihre Existenz. 80 Prozent aller Bauten des Seebades sind nach 1945 entstanden. Hotels, Appartementhäuser (Bild rechts unten), Neu- und Umbauten von Privathäusern vergrößerten das Bettenangebot sprunghaft. So verdreifachte sich dessen Zahl allein von 1952 bis 1970. Entsprechend wuchs auch die Zahl der Übernachtungen: 1952 etwa 152 000 bei 3925 Einwohnern, 1970 etwa 1,4 Millionen bei 5703 Einwohnern, 1976 1,7 Millionen bei 6400 Einwohnern.

Diese Erfolge gründen sich auf entscheidende Verbesserungen des Angebotes, z. B. durch das Brandungsbad mit Kurmittelhaus (auf dem Bild in Höhe der Brücke unterhalb der Strandhalle zu erkennen), durch das Meerwasser-Freischwimmbad zwischen Strand und Deich, durch den Jachthafen (unterer Bildrand, außerhalb des Bildes gelegen), durch die autofreie Kurzone, durch den neuen Kurpark (linke Bildseite am See), durch die sich jährlich wiederholenden Strandsanierungen. Auf Grund dieser Anstrengungen erreichte man es, daß immer mehr Gäste ihren Urlaub in die Vor- und Nachsaison legten. So konnte die Saison im ganzen verlängert und damit die Rentabilität der Betriebe verbessert werden (Durchschnittsbelegung eines Bettes 1952: 60 Tage; 1970: 108 Tage; 1977: 96 Tage). Da sich die Strandfläche kaum noch vergrößern läßt, kann man ohne Qualitätsverlust die Zahl der Betten nicht mehr vermehren. Grömitz verfügt 1977 über mehr als 15 000 Betten (Hotels 1887, Gasthäuser 194, Pensionen 970, Appartements 1458, Privat 10 500). Eine weitere Ausdehnung der Saison ist schwierig, weil die Flugreisen in südliche Länder im Herbst und Winter relativ billig angeboten werden.

Die „Weiße Industrie" hat heute Fischerei und Landwirtschaft im Ort verdrängt. Aus Bauernhäusern und Scheunen sind Gaststätten und Pensionen geworden, Wirtschaftsgebäude wurden zu Reithallen oder Kegelbahnen, Bauerngärten zu Minigolfanlagen oder Parks umgestaltet. Der aus dem Verkauf von Boden und Inventar erzielte Gewinn floß nicht in die Landwirtschaft zurück, sondern wurde zum Ausbau des Seebades eingesetzt.

Durch den Fremdenverkehr hat das heutige Grömitz teilweise städtischen Charakter angenommen. Stadt ist Grömitz schon einmal gewesen. Der große Marktplatz und das enge Straßennetz im Oberdorf zeugen noch von der Zeit, als Grömitz im 15. Jahrhundert unter der Herrschaft Cismars Stadt mit Lübischem Recht gewesen ist.

Grömitz 1877

Deutlich sieht man, wie der Ort sich auf den Strand hin ausrichtet. Drei Zonen haben sich entwickelt: der Strand mit Promenade, Bade- und Kureinrichtungen, Gaststätten und Modeläden, eine Mittelzone, in der das Beherbergungsgewerbe vorherrscht, und im Westen der alte Dorfkern mit den öffentlichen Einrichtungen. Hinter dem Deich hat man bei Lenste — auf dem Bild oberhalb von Grömitz — zahlreiche Campingplätze angelegt. Im Hintergrund liegt Kellenhusen. Bei Dameshöved schwenkt die Küste scharf nach Norden um. — Blickrichtung NO

36 Großenbrode: Campingplätze als Landschaftselement

Überzeugend veranschaulichen die beiden Bilder zunächst den Wandel einer Agrarlandschaft zu einer Erholungslandschaft. Doch bei Betrachtern, die den Namen Großenbrode noch mit den Fähren nach Dänemark verbinden, führt der Vergleich der Bilder auch zur Frage nach den Auswirkungen, die der Verlust der Funktionen als Fährhafen nach 1963 ausgelöst hat, und zu einer gründlicheren Beschäftigung mit dem Raum um den „Binnensee Großenbrode". Am nördlichsten Zipfel der Halbinsel Wagrien, wo es durch einen langen schmalen Wasserarm aus dem Norden und dem Binnensee im Süden noch einmal zu einer Abschnürung — ähnlich wie am Oldenburger Graben (Nr. 31) — gekommen ist, erhielt das alte Bauerndorf Großenbrode schon früh die Aufgaben eines Brückenortes, weil die Niederungen hier durch eine Furt (-brod = Furt) überwunden werden konnten.

Das Geschehen an der Küste vor dem sogenannten Binnensee ähnelt dem vor Burgtiefe (Nr. 37). Als man den Großenbroder Binnensee als Hafen nutzen wollte, mußte auch hier eine Mole als Schutz vor einer möglichen Versandung gebaut werden. Im Werden und Zerstören der Mole spiegelt sich die wechselvolle jüngere Geschichte des Ortes wider. In noch größerem Umfange wurde sie zuerst vor dem Zweiten Weltkrieg errichtet, als Großenbrode Fliegerhorst wurde. Neben den Angehörigen der Luftwaffe arbeiteten ständig über 200 Männer des Reichsarbeitsdienstes an den Anlagen des Flugplatzes. Die Bevölkerung des Ortes stieg von 726 sprunghaft auf 1239 im letzten Friedensjahr an. Versorgungseinrichtungen, Barackenlager, Gaststätten und zahlreiche Geschäfte folgten und erweiterten das Siedlungsbild.

Das Ende des Krieges brachte die Zerstörung der militärischen Anlagen, auch die der Mole. Die wirtschaftliche Schwächung vergrößerte sich durch den Zustrom von Flüchtlingen (1950: 2347 Einw.). Hilfe brachten überregionale Entscheidungen. Bereits 1951 erhielt die Funktion eines Fährhafens — von Großenbroder Fähre lief schon seit alters her der Verkehr nach Fehmarn — eine neue Dimension durch die Einrichtung der Fährverbindungen nach Dänemark. Die Schutzlage am Binnensee, ausreichende ausbaufähige Kaiflächen bevorzugten Großenbrode gegenüber „Großenbroder Fähre" im Norden. Zahlreiche Nachfolgeeinrichtungen (siehe oben) schufen neue Arbeitsplätze. Der Ort blühte wieder auf. Mit dem Aufbau der Bundeswehr kehrten Marine und Luftwaffe nach Großenbrode zurück. Zum Schutze von Fährhafen und Anlagen der Marine baute man die Mole wieder auf.

Doch die Wirtschaft des Ortes (1961: 1020 Einw.) wurde erneut durch eine Fremdentscheidung gefährdet. Mit dem Ausbau der Vogelfluglinie verloren sowohl „Großenbroder Fähre" als auch „Großenbroder Kai" ihre Aufgaben. Jetzt besannen sich die Vertreter der Gemeinde auf die günstigen natürlichen Gegebenheiten ihres Raumes: die Lage im regenärmsten Gebiet Schleswig-Holsteins (vgl. Nr. 37), den Reiz der Steilküsten, den Vorteil steinfreier Sandstrände am offenen Meer, eine auch bei höherem Wellengang gefahrlose Badezone, die Möglichkeit, „Ferien auf dem Bauernhof" mit dem Urlaub in einem Seebad kombinieren zu können, und nicht zuletzt die einmalige Lage an der Vogelfluglinie.

Hinter der neuen Marineküstendienstschule an der Wurzel der Mole erkennen wir an den Hochbauten und dem verbreiterten Strand das auf grüner Wiese eingebettete Zentrum des Bades. Es besitzt alle Einrichtungen eines modernen Seebades: Hotels, Gaststätten, Schwimmbäder, Sportanlagen und zahlreiche Geschäfte. Sie liegen einerseits konzentriert unter den Flachbauten (Bild), andererseits aber auch auf die einzelnen Bezirke des Kurortes verteilt, so daß es keine langen Anmarschwege gibt. Leitlinie der Siedlung und zugleich wichtigster Anziehungspunkt ist der einmalige Sandstrand. Der Campingplatz wurde nicht auf geringwertige Küstenabschnitte wie anderswo verdrängt, sondern mit den neuen Anlagen integriert. Auf 500 Stellplätzen können bis zu 1750 Gäste Platz finden. Sie tragen wesentlich zur Wirtschaftlichkeit der zahlreichen öffentlichen Einrichtungen, z. B. der Hallenbäder, bei, so daß ein ganzjähriger Betrieb möglich geworden ist. Vorteile, derer sich nicht zuletzt die Bewohner der Appartements erfreuen können. Räumlich getrennt, funktional aber miteinander verbunden, bietet Großenbrode für Zeltplätze eine Lösung an, die anderen als Vorbild dienen kann.

Unser Bild veranschaulicht die Dichte der Campingplätze an der Lübecker Bucht. Sie stellt innerhalb der Bereiche der Ostseeküste, die bereits 1973 70 % aller Zeltplatzübernachtungen des Landes registrieren konnten, einen besonderen Schwerpunkt dar. Zwischen Neustadt und der Hohwachter Bucht gibt es gegenwärtig um 80 Campingplätze. Bei dieser Dichte werden keine neuen Zeltplätze oder wesentliche Kapazitätserweiterungen mehr zugelassen. In ganz Schleswig-Holstein soll nach den Plänen der Landesregierung der Anteil der Campingplätze an den Fremdenübernachtungen 20 % nicht übersteigen. In Ostholstein sank daher ihr Anteil von um 25 % vor 1970 auf 15 % 1976. Durch die „Landesverordnung für das Zeltwesen" haben die Plätze seit 1969 ihre einwandfreie hygienische und umweltfreundlichere Gestaltung erhalten. Die Entsorgung — das schwierigste Problem bei großen Menschenzusammenballungen auf Zeit — erfolgt durch den Anschluß fast aller Plätze an ein zweistufiges Klärwerk bei Lütjenbrode (Nr. 44). Der zuständige „Zweckverband Ostholstein" regelt ebenfalls die Beseitigung des Mülls, die Versorgung mit Wasser (um 65 l pro Person und Tag) sowie teilweise mit Gas. Damit verfügen die Zeltstädte über eine bessere Versorgungs- und Entsorgungseinrichtung als mancher fester Ort.

Großenbrode konnte neben den bereits genannten Vorteilen noch seine Häfen einbringen. Der Kommunalhafen am Binnensee (rechts außerhalb des Bildes) und der von „Großenbroder Fähre" — rechts neben der Auffahrt zur Fehmarnsundbrücke im Norden — wurden zu Jachthäfen umgebaut. Die Gemeinde bot 1976 2432 Betten an, davon 990 privat und 923 in Ferienwohnungen. Über 50 % der am Orte Erwerbstätigen wirken in Dienstleistungsberufen und haben in den letzten Jahren jährlich um 40 000 Gäste bewirtet. Die Leistungen werden hier nicht von einer großen Gesellschaft gesteuert, sondern von 30 Familienbetrieben erbracht. Diese Tatsache verdeutlicht, wie unmittelbar die neuen wirtschaftlichen Entscheidungen der eigenen Bevölkerung des Ortes gedient haben. Wegen der hohen Zahl der Ferienwohnungen gab es 1976 neben den 1947 Einwohnern über 2000 mit einem Zweitwohnsitz in Großenbrode.

In seiner wechselvollen Geschichte zwischen Fremdbestimmungen und Eigenentscheidungen, in dem dadurch bedingten mehrfachen Funktionswandel spiegelt die Landschaft von Großenbrode ein Stück unserer Zeitgeschichte wider.

Die Agrarlandschaft beherrscht auf dem Bild aus dem Jahre 1964 noch ganz den Raum. Die Marineküstendienstschule am „Binnensee" hinter der Mole und die ersten Neubauten dahinter künden den Übergang von der ausgelaufenen Phase als Fährhafen zur wiedergewonnenen Funktion als militärischer Stützpunkt und der neuen Aufgabe als Seebad an. — Blickrichtung NO

Auf dem Bild von 1976 schauen wir über die Zeltplätze von Sütel und Seekamp im Vordergrund und erkennen nördlich des „Binnensees" das neue Ostseebad Großenbrode mit einem integrierten Campingplatz. Die „Weiße Industrie" hat im Bereich der Küste die Agrarlandschaft fast vollständig verdrängt. Doch, wo die jahreszeitlich gebundenen Zeltplätze vorherrschen, ähneln sich die Landschaftsbilder im Herbst wieder. Oben links biegt die E 4, die Vogelfluglinie, nach Norden um und läuft über die Fehmarnsundbrücke weiter zum neuen Fährhafen Puttgarden im Norden der Insel. — Blickrichtung NO

37 Ostseebad Burg: Kombination einer Stadt mit einem modernen Ferienzentrum

Mit der Überbrückung des Fehmarnsundes und mit dem Ausbau der Vogelfluglinie im Jahre 1963 begann für die größte Insel der Bundesrepublik (185 km²) ein neuer Abschnitt ihrer Geschichte. Fehmarn sollte nicht nur zu einem Durchgangsland für Reisende, sondern durch einen Ausbau der weißen Industrie selbst Ferienland werden.

Mit Hilfe der Karte von 1825 lassen sich die Kräfte, welche die Küstenentwicklung in diesem Teil Fehmarns bestimmen, gut erläutern. Bei Südostwind tritt eine küstenparallele Strömung auf, die Sand vom Kliff bei Staberhuk nach Westen transportiert. Ein entsprechender Sandtransport nach Osten erfolgt bei Südwestwind vom Kliff bei Wulfen her. Zwischen dem kürzeren östlichen Haken und der längeren Nehrung (Nr. 4) im Westen verblieb nur eine flache und schmale Fahrrinne nach Burg. Alle Versuche, einen tieferen Hafen mit Hilfe eines Durchstichs durch die Nehrung anzulegen, scheiterten, weil Burgtiefe immer wieder versandete. Heute entsteht zwischen den 1880 bis 1890 errichteten Molen bei Wasserspiegelschwankungen ein so starker Strom, daß die Fahrrinne sich selbst offenhält. An den Luvseiten der Molen und Buhnen lagern die küstenparallelen Strömungen den Sand ab (Bild). Diese Sandzufuhr — einst ein Fluch für Burg — bildet heute ein großes „Kapital", denn die Größe der verfügbaren Strandfläche ist ein wesentlicher Faktor für den Aufbau eines Seebades.

Wie das Luftbild von 1964 zeigt, gab es früher nur einige Gebäude auf der Halbinsel, so das „Voßhaus", das heute zwischen den Neubauten als Hotel auffällt, oder der Felsenbau „Wartturm", einst Hotel, heute völlig umgebaut und Sitz der Kurverwaltung (rechts am Wald). Im übrigen wird die Halbinsel kaum genutzt. Man beachte die Wassertiefen (Farbe!) sowie die Breite der Nehrung und des Strandes.

Die Entscheidung, Burgtiefe zum Mittelpunkt einer Ferienlandschaft zu machen, wurde durch eine Reihe weiterer günstiger Bedingungen beeinflußt: Die Niederschläge sind gering (um 550 mm/Jahr), es gibt viele Sonnentage im Jahr, der Strand ist nach Süden exponiert, das ruhige Wasser des „Binnensees" ist für einen Bootshafen hervorragend geeignet; in der Umgebung gibt es interessante Kliffküsten, die idyllische Kleinstadt Burg sowie Burgstaaken als Ausgangspunkt für kurze Seereisen. Das Ganze ist in die weite Agrarlandschaft der Insel Fehmarn eingebettet.

Wegen der Bedeutung des Strandumfanges und der Beschaffenheit des Sandes für die Entwicklung eines Seebades und des Wunsches der Gäste, möglichst nahe am Meer zu wohnen, begann man mit den Entwicklungsarbeiten in Burgtiefe. Der „Binnensee" wurde auf 3 m vertieft. Den Aushub von etwa 1 Mio. m³ spülte man so auf, daß man hinter der Nehrung 20 ha Neuland gewann und vor der Nehrung den Strand auf 150 000 m² vergrößern konnte (vergleiche die Bilder). Der „Binnensee" wurde zu einem großen Jachthafen mit Liegeplätzen für über 100 Boote umgestaltet; die verbreiterte Nehrung zu einem 60 ha großen Baugelände umgewandelt. Damit war genug Platz gewonnen worden, um unmittelbar hinter dem feinsandigen Strand ein modernes Ferienzentrum so zu bauen, daß trotz der Kompaktheit einzelner Bauten ein aufgelockertes, klar gegliedertes Ferienzentrum entstehen konnte.

Wir erkennen auf dem Bild von 1976 die Anlage sehr gut: Die verlängerte Mole trennt die Fahrrinne von dem neuen, breiten Strand; hinter der befestigten Düne (ursprünglicher Zustand auf Bild 1964) läuft die Promenade auf das Haus des Seenotrettungsdienstes zu. Bis zum Jachthafen folgen nach Norden die Reihen der Bungalows und der drei- bzw. fünfgeschossigen Appartementhäuser. Rechts erblicken wir am Rande des Bildes zwei der drei 17geschossigen Appartementhäuser. An sie schließen sich nach links die zentralen Einrichtungen an: die Kurverwaltung, das Haus des Kurgastes, das Kurmittelhaus und das Meerwasserwellenbad. Mehrere Parkplätze, Sportanlagen und das alte Waldstück lockern die neue Anlage weiter auf. Zahlreiche Einrichtungen der Gastronomie und Geschäfte aller Art stehen den Gästen zur Verfügung. Die Strandhalle mit ihren 450 Plätzen bietet in der Hauptsaison Unterhaltungsprogramme an. Mit dem neuen Ferienzentrum verfügt Burg über 7700 Gästebetten, davon sind 3700 privat. Selbst wenn alles belegt ist und über 1000 Tagesgäste hinzukommen, stehen jedem Gast noch 15 m² Strandfläche zur Verfügung. Dennoch liegt der besondere Reiz nicht allein im Ferienzentrum, sondern im Zusammenspiel mit dem alten, gewachsenen Burg. Der große Marktplatz mit seinem Kopfsteinpflaster, die idyllischen Straßen mit vielen kleinen Geschäften laden die Besucher ein. Wer das „Moderne" eines Ferienzentrums nicht mag, findet bei Privatvermietern oder in einem der zahlreichen gemütlichen Hotels Unterkunft. Will man nicht den ganzen Tag am Strand zubringen, so kann man in der näheren oder ferneren Umgebung vielen Interessen nachgehen, wie sie sich aus den anfangs genannten Bedingungen ergeben.

Die Konzeption, eine alte gewachsene Stadt mit einem auf grüner Wiese planmäßig geschaffenen Ferienzentrum zu kombinieren, scheint erfolgreich zu werden, denn sprunghaft stieg mit dem baulichen Wachsen des Ostsee-Heilbades auch die Zahl der Gäste: 1954: 40 000, 1970: 400 000, 1976: etwa 800 000 Gästeübernachtungen. (Fehmarn gesamt: etwa 2 Mio.) Mit einem Umsatz von ca. 60 Mio. DM im Jahr hat die „Weiße Industrie" auf Fehmarn bereits den der Landwirtschaft übertroffen (40 Mio. DM). Da die Insel sich nur 16,5 km Ost—West und 13 km Nord—Süd ausdehnt, können alle Dörfer neben „Ferien auf dem Bauernhof" auch solche an der See anbieten.

Stabilisiert kann diese Entwicklung aber nur werden, wenn es durch Einrichtungen, wie z. B. das Meerwasserwellenbad, gelingt, die Saison auf mindestens 100 Tagen zu halten, besser noch zu verlängern, weil nur so die Rentabilität der umfangreichen Investitionen (allein im Ferienzentrum Südstrand 100 Mio. DM) gewährleistet ist.

Die Landschaft um Burg 1825

Wir schauen von Süden über Nehrung und „Binnensee" bis zur Ostküste der Insel. Durch Aufspülen des Aushubs aus dem See wurde die Nehrung erheblich vergrößert. Die unterschiedliche Stärke des Blaus veranschaulicht, wie die Mole die flache Badezone von der tiefen Fahrrinne scheidet. Die alten Bauten und der Wald trennen und verbinden zugleich das Gebiet des Jachthafens, der flacheren Appartementhäuser und des westlichen Strandes von dem Kurzentrum mit den Hochhäusern und dem östlichen Strand Die Insel soll zu einer „Robinson-Insel" für Kinder umgestaltet werden. — Blickrichtung NO

38 Das Ferienzentrum Marina Wendtorf am Haken Bottsand

Der Sand, der am Haken Bottsand vorbeitransportiert und teilweise dort abgelagert wird, ist vorher an der nach Nordnordost exponierten Küste der Probstei entlanggewandert. An der von Hohwacht bis Bottsand 26 km langen Küste befinden sich jedoch nur wenige, dazu überwiegend niedrige Abschnitte mit Steilufern, die zudem durch breite Strandflächen vor ständigem Abbruch geschützt sind, so daß sie als Sandlieferant nur in geringem Maße in Frage kommen. Der Sand muß also einen anderen Ursprung haben. Er stammt, ähnlich wie im Südwesten Fehmarns, aus der Abrasion im flachen Küstenvorfeld (vgl. Nr. 34). Ein Teil des Sandes ist an der Küste der Probstei in Strandwällen zur Ablagerung gekommen, die bei Heidkate eine 200–500 m breite, wellige und dünenartige Zone bilden. Der alte Name „Kolberger Heide" bezeichnet treffend den Landschaftscharakter.

Der von Osten nach Westen wachsende Haken hatte um 1650 Heidkate (oberes Bild oben rechts) erreicht; er ist seitdem etwa 3 km weiter vorgerückt. Über die Stein-Wendtorfer Bucht hinaus wandert der Sand in die Kieler Förde hinein, wo er infolge nachlassender Strömung im Raum Laboe zur Ruhe kommt.

Die Streifen vor dem Haken Bottsand sind ein Ergebnis der bei Brandung ablaufenden Transportvorgänge unter Wasser. Die Brandung reicht um so tiefer, je höher die Wellen sind; bei starken Winden verlagert sich daher die Hauptbrandungszone nach außen. Je höher dagegen der Wasserstand steigt, desto weiter rückt diese Zone landwärts vor. Jedem der hellen Sandriffe entsprechen eine oder mehrere der möglichen Kombinationen von Wasserstand und Wellenhöhe.

Zwischen dem Haken und den — im Vordergrund noch erfaßten — Jungmoränen blieben die „Probsteier Salzwiesen" ein niedriges Feuchtgebiet, in das bei Sturmfluten das Salzwasser eindrang. Seit 1821 hat man die Salzwiesen durch Deiche geschützt; der nach der Sturmflut von 1872 erbaute Deich schließt in Stein an die Moräne an und folgt dann — mit Ausnahme des Hakens — der Küstenlinie (Karte). Gegen schwerste Sturmfluten bieten die bisherigen Deiche jedoch keine völlige Sicherheit. Die künstliche Entwässerung (Schöpfwerk Wendtorf 1920) ermöglichte eine ertragreichere Nutzung, doch überwiegt in den Salzwiesen noch immer das Grünland.

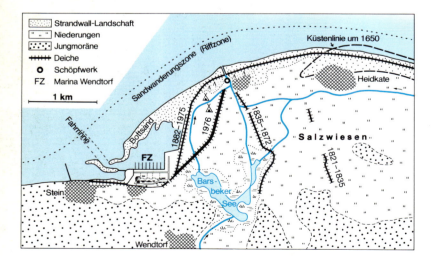

Während der Moränenrand von alten Bauerndörfern besetzt ist, die wie Stein und Wendtorf ursprünglich mit Erbpachthöfen zum Kloster Preetz gehörten, blieben Salzwiesen und Strandwälle bis in die jüngste Zeit fast unbesiedelt. Vor dem Zweiten Weltkrieg kamen nur wenige Menschen — etwa als Strandwanderer von Laboe aus — zur Erholung in dieses Gebiet. Bottsand steht unter Naturschutz.

Nach 1950 entstanden in Heidkate und im Kiefernwäldchen am Schöpfwerk Wendtorf Sommerhauskolonien; man erkennt mehrere große Campingplätze, die im Sommer (unteres Bild) voll belegt sind. Über Heidkate ist die geräumige Strandwall-Landschaft auch motorisierten Tagesausflüglern zugänglich.

Ein weit stärkerer Wandel wurde in diesem Raum durch den Bau des Ferienzentrums Marina Wendtorf ausgelöst, der auf dem unteren Bild (24. 8. 1972) noch im Gange ist. Für die Wahl des Standortes war das Zusammentreffen mehrerer Bedingungen wesentlich: geschützte Lage in der Nähe der offenen Ostsee, gute Bade- und andere Erholungsmöglichkeiten, gute Verkehrsanbindung über Kiel zur Autobahn. Damit war allerdings auch ein Nachteil verbunden. Wegen der vor Stein-Wendtorf nur geringen Wassertiefe mußte man Bootshafen und Zufahrtsrinne ausbaggern. Da die 75 m breite und 2,5 m tiefe Fahrrinne quer durch die Sandwanderungsbahn führt, ist man genötigt, sie von Zeit zu Zeit wieder zu vertiefen. Die auf der Luvseite der Einfahrt angelegte Buhne (Karte) kann die Versandung nur vorübergehend aufhalten (vgl. Nr. 3). Mit dem gewonnenen Sand hat man den Platz um das Ferienzentrum auf eine sturmflutfreie Höhe gebracht, den Strand verbreitert und eine Badeinsel aufgeschüttet, die über eine Brücke vom Land aus zugänglich ist.

Die Marina Wendtorf wurde 1973 fertiggestellt. In den fünf- bis neungeschossigen Blocks stehen 440 Appartements zur Vermietung an Feriengäste zur Verfügung. Neben dem für Ferienzentren üblichen Angebot an Freizeitmöglichkeiten (vgl. Nr. 37) sind 600 Liegeplätze für Segel- und Motorboote, Lift- und Slipvorrichtungen sowie Winterliegeplätze vorhanden. — Die Besucher der Appartementswohnungen sind nur zum kleinen Teil mit den Mietern der Bootsliegeplätze identisch. Erstere sind vielmehr zu 95 Prozent Badegäste, die aus allen Teilen der Bundesrepublik hier ihren Urlaub verbringen. Die Segler und Motorbootfahrer — unter ihnen viele Hamburger — sind meist nur an den Liegeplätzen interessiert — sie schlafen in ihren Booten.

Im Dorf Stein kann man die großen Gebäude der Bauernhöfe deutlich von den kleineren und jüngeren Häusern der nichtbäuerlichen Bevölkerung unterscheiden. Seit der Luftaufnahme von 1972 ist Stein noch weiter angewachsen — man erkennt am jenseitigen Ortsrand die Bauvorbereitungen. Es haben sich überwiegend Menschen angesiedelt, die zur Arbeit nach Kiel pendeln. Im Zusammenhang mit dem Bau der Marina hat man auch den Deich östlich von Stein erhöht und verstärkt.

Jenseits der Bucht ist 1976 ein ganz neuer Landesschutzdeich — landwärts des bisherigen — erbaut worden (Karte). Grund für die Zurückverlegung ist vor allem die Erkenntnis, daß die Küste kein festliegendes, sondern ein bewegliches Element ist, der Deich daher nicht der vordersten Linie folgen sollte. Mit Vollendung der geplanten Deichverstärkung auch an der übrigen Küste der Probstei werden dem Raum weitere Möglichkeiten der Inwertsetzung eröffnet.

Die Sandwanderung an der Probsteier Küste bei dem im Vordergrund beider Luftbilder liegenden Dorf Stein ist von Nordost nach Südwest, also auf den Betrachter hin gerichtet. Sie bringt das Streifenmuster im Flachwasser hervor und liefert das Material, aus dem der Haken Bottsand aufgebaut worden ist. Die geschützte, ursprünglich flache Bucht zwischen Haken und Küste ist als Standort für das Ferienzentrum Marina Wendtorf gewählt worden. Der zeitliche Abstand zwischen den beiden Luftaufnahmen beträgt nur 16 Monate. — Blickrichtung NO

39 Malente: Spezialisierung eines Ortes zum Heilbad

Die Ortsnamen Malente und Gremsmühlen gehen auf die Slawen zurück. Beide Namen werden 1215, also in deutscher Zeit, erstmals urkundlich erwähnt. Damals war Malente ein Bauerndorf; in Gremsmühlen nutzte man das Gefälle und den Wasserreichtum der Schwentine. Um die Mitte des 19. Jahrhunderts trieb der Fluß eine Korn-, eine Loh- und eine Kupfermühle, d. h. ein Hammerwerk, in dem glühende Kupferbarren zu Blech gehämmert wurden. Außerdem gab es eine von starken Quellen am Diekseeufer gespeiste Walkmühle. 1840 lebten in dem kleinen Ort Gremsmühlen nur 48 Menschen; das Dorf Malente hatte 554 Einwohner, darunter zehn Bauern und fünfzig Handwerker.

Die in diesem Raum von Natur aus vorhandenen Voraussetzungen für die Entwicklung einer Erholungswirtschaft wurden erst nach der Mitte des 19. Jahrhunderts in Wert gesetzt, als einerseits eine steigende Nachfrage nach Erholungsmöglichkeiten einsetzte, andererseits geeignete Verkehrsverbindungen vorhanden waren. 1866 wurde Gremsmühlen Bahnstation an der Strecke Neumünster—Neustadt. Schon ein Jahr später entstand unweit des heutigen Hotels Intermar (Bildmitte) das erste Hotel, bald folgten weitere. 1882 begann die Ausflugsschiffahrt auf dem Kellersee, 1892 auch auf dem Dieksee. 1885 siedelte sich der erste Arzt in Gremsmühlen an, er nahm auch selbst Gäste in Pension. Sein prominentester Gast war der Leibarzt der Kaiserin Auguste Victoria, Geheimrat Prof. Dr. v. Renvers aus Berlin. Er war von Gremsmühlen begeistert, schickte bald seine eigenen Patienten zur Kur dorthin und sorgte auch sonst dafür, daß der Ort in Mode kam, sowohl als Sommerfrische als auch als Kurort. Ein rasches Wachstum setzte — bald auch in Malente — ein; viele Gebäude, z. B. im Vordergrund rechts, erinnern noch an diese „Gründerzeit".

Wie bei den meisten Kurorten, stagnierte in den dreieinhalb Jahrzehnten nach 1914 die Entwicklung, was im Ortsbild darin zum Ausdruck kommt, daß viel weniger Gebäude aus dieser Epoche stammen als aus der Zeit vor 1914 und nach 1950.

Nach dem Zweiten Weltkrieg war der Ort zunächst mit Flüchtlingen überbelegt. Dann aber nahm der Fremdenverkehr einen neuen Aufschwung. Wieder war es eine einzelne Persönlichkeit, die der Entwicklung eine neue Richtung gab. Ein Jurist, Prof. Dr. Noack, brachte 1952 den Kneipp-Gedanken nach Malente-Gremsmühlen; er überzeugte die Gemeindevertreter und das Beherbergungsgewerbe von seinen Ideen. Anlagen für die Durchführung von Kneippkuren wurden geschaffen, teils unter Ausnutzung der Quellen, die einst die Walkmühle, später eine Fischbrutanstalt gespeist hatten. Die Ärzte stellten sich auf das neue Heilverfahren ein; bald kamen die ersten Patienten. Schon 1955 wurde der Ort als Kneipp-Heilbad anerkannt.

Eine moderne Kneippkur beruht auf der Kombination verschiedener Heilmethoden, die sich nicht nur auf einzelne erkrankte Organe, sondern zugleich auf den ganzen Menschen richten. Dazu gehören verschiedene Wasserheilverfahren, Bewegungstherapie (Wandern, Massagen), Verordnung pflanzlicher Heilmittel, eine gesunde Diät sowie das Bemühen, bei dem Patienten einen natürlichen Lebensrhythmus wiederherzustellen. Kneippkuren werden — in angemessener individueller Anpassung — für sehr verschiedene Krankheitsbilder verordnet.

Außer den Patienten strömen von Jahr zu Jahr mehr Urlaubsgäste nach Malente-Gremsmühlen. Auch auf diese Besucher ist man eingestellt. Man bietet ihnen die gepflegte Atmosphäre eines ruhigen Kurortes, in den Wasser und Wald hineinreichen, und aus dem zahlreiche Spazier-, Wander- und „Trimm-dich"-Wege in die schöne Landschaft hinausführen. Ein reichhaltiges Angebot an Attraktionen und möglichen Aktivitäten wie Wasser- und Angelsport, Seen-Rundfahrten, Wildgehegebesuch, Vortrags- und Musikveranstaltungen steht den Gästen zur Verfügung.

In Malente-Gremsmühlen bemüht man sich, die schon jetzt vorhandene Spezialisierung des Ortes zu erhalten und weiter zu entwickeln. Dabei soll die mittelständische Struktur der Erholungswirtschaft erhalten bleiben. Wichtiger als die Schaffung neuer ist heute die Modernisierung vorhandener Beherbergungskapazitäten. Man ist sich bei der Planung dessen bewußt, daß die naturnahe Landschaft der Umgebung als Erholungsraum unbedingt erhalten werden muß. Hier liegt auch eine Grenze für das weitere Wachsen des Ortes.

Von den etwa 3000 Beschäftigten in Malente-Gremsmühlen arbeiten etwa 800 in der Erholungswirtschaft; die Zahl der Menschen, die in Handel, Handwerk und Dienstleistungen indirekt daran beteiligt sind, ist aber weit größer. Das mit der Entwicklung zum Kurort verbundene Problem der saisonalen Beschäftigungsunterschiede besteht auch hier. Da jedoch im Jahresdurchschnitt etwa ein Drittel der Übernachtungen auf den Kneipp-Kurbetrieb entfällt, ist die Jahreskurve der Belegung ausgeglichener als in Seebädern.

1977 gab es in Malente-Gremsmühlen 6 Kneipp-Kurbetriebe, 22 Hotels und Gasthäuser, 31 Pensionen und Fremdenheime, 86 Privatunterkünfte und 65 Ferienhäuser und -wohnungen; ferner 2 Altersheime, 1 Kinderheim und mehrere Kurkliniken, darunter die Mühlenbergklinik (220 Betten) der Landesversicherungsanstalt Schleswig-Holstein (Mitte rechts).

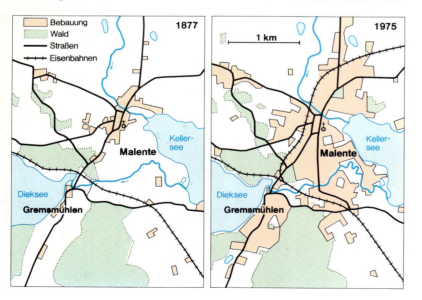

	1925	1950	1961	1976
Einwohner	5 000	12 000	9 300	10 900
Bettenzahl	410	650	2 000	3 800
Übernachtungen	37 000	59 400	249 200	534 000

Die Landbrücke zwischen Kellersee — rechts — und Dieksee wird von der Schwentine gequert. Der Kurort mit Hotels, Kurkliniken, Kurheimen und Pensionen ist in die wasser- und waldreiche, im Relief bewegte Moränenlandschaft der „Holsteinischen Schweiz" eingebettet. Die Entwicklung des ehemaligen Bauerndorfes Malente und der kleinen Mühlensiedlung Gremsmühlen zum Kneipp-Heilbad und zu einem vielbesuchten Luftkurort gründet sich teils auf landschaftliche Bedingungen, teils beruht sie auf persönlicher Initiative. — Blickrichtung N

40 Stadtsanierung in Flensburg

Die Stadt Flensburg besticht durch ihre Tallage am Ende einer von 40—60 m hohen Moränen umrandeten Förde und ihre ausgeprägte Altstadt. Die auf dem flachen Westufer gelegene und durch den Fördensteilhang abgeschirmte Altstadt entwickelte sich seit dem 12. Jh. bis zum Ausgang des 18. Jhs. als Fernhandelsstadt. Ihre schnell wachsende Bedeutung gründete sich auf eine äußerst günstige Lage in dem damaligen Netz der Handelsstraßen: Im Westen streifte die Nord-Süd-Heerstraße, der spätere Ochsenweg, die Stadt. Er wurde im Süden von einer alten Handelsverbindung zwischen Friesland und Angeln gekreuzt (vgl. heute: Friesische und Angelburgerstraße). Umfangreicher Handel — anfangs mit den Städten der Hanse, später mit Holland und Norwegen sowie im Ausgang des 18. Jhs. mit Westindien (Begründung der „Rumstadt") — haben das alte Flensburg geprägt.

Entscheidend für das Werden der Stadt ist die Gründung einer Kaufmannssiedlung um 1200 im Bereich des heutigen Nordermarktes gewesen. Wir erkennen auf dem Bild neben der Marienkirche den rechtwinkligen Markt, von dessen Ecken — wie bei den ostdeutschen Stadtgründungen — die Straßen ausgehen. So laufen noch heute die Kompagnie- und Schiffbrückenstraße zur Schiffbrücke an der Förde. Die Reede vor St. Marien mit ihren größeren Wassertiefen ermöglichte besser den Einsatz der neuaufkommenden tiefergehenden Schiffe, der Koggen, als das flache Wasser des älteren Wik-Hafens vor St. Johannis. Wenig später entwickelte sich im Süden (unten außerhalb des Bildes) eine weitere planmäßige Anlage um einen Markt mit der Kirche (St. Nikolai). Die Verbindungsstraße (heute Holm, Große Straße) mit ihrer beiderseitigen Bebauung legte die Grundstruktur fest. An ihrer Ostseite errichteten Kaufleute ihre Häuser und weiteten die Höfe mit Schuppen und Lagerplätzen zur Förde hin aus, im Westen wohnten überwiegend Handwerker.

Die Einheit von Wirtschaft und Stadtstruktur wurde durch die politischen und ökonomischen Wandlungen im 19. und 20. Jh. erheblich gestört. Im Kampf gegen England verlor Flensburg 1807—1816 als Hafen im Dänischen Gesamtstaat 210 Schiffe. Im Laufe des Jahrhunderts trennte sich der Großhandel von der Reederei und knüpfte Verbindungen zum näheren Hinterland an. Mit der Umorientierung nach dem Deutschen Reich (1871) begann ein verstärkter Aufbau von Gewerbe und Industrie (z. B. Werft). Vor allem aber wurden Verwaltungsaufgaben und militärische Anlagen, wie z. B. die Marineschule, zu bedeutenden Faktoren in der Wirtschaft. Aus der einstigen Fernhandelsstadt entwickelte sich eine auf ihr Umland begrenzte Verwaltungs- und Einkaufsstadt. Moderne Warenhäuser in zufälliger Verteilung zwischen den alten rotgedeckten Häusern (Bildvordergrund) zeugen von der Auflösung der alten Struktur und weisen auf das Problem der Stadtsanierung hin. Das Bild der anderswo durch den Krieg erzwungenen Flächensanierungen und zwiespältige Erfahrungen mit uniformierten Neubaugebieten haben den Blick für das „Alte" wieder geschärft.

Mit dem „Sanierungskonzept Dezember 76" will die Stadtverwaltung die Altstadt (90 ha mit 10 000 Wohneinheiten) so (Karte S. 14) gestalten, daß die vorhandene Mischnutzung (Wohnungen, Gewerbe, Büros, Praxen) erhalten bleibt und eine weitere Abwanderung der Bevölkerung verhindert wird. Alle Maßnahmen — Modernisierung der Altbauten, Abbruch und Neubau, Schaffung von Wohn- und Einkaufszonen, Anlage von Freizeiträumen und Parkplätzen — sollen so vollzogen werden, daß die alten Denkmäler und die historische Struktur der Stadt nicht zerstört werden. Dieses Ziel verlangt zunächst die Erhaltung der alten Fassaden an den Hauptstraßen und ein Verbot von über dreigeschossig hohen Gebäuden. Vor allem müssen die Innenbereiche der von den Hauptstraßen begrenzten Bezirke, der sogenannten Blöcke, durch neue Wege erschlossen werden, damit hier wieder echte Funktionsräume entstehen können. So wird z. B. von Norderhofenden eine Straße, die Speicherstraße, im Block zwischen Rathausstraße — führt im Vordergrund des Bildes am Kaufhaus vorbei — und Schiffbrückstraße im Innenbezirk am Ostrand der alten Hofenden entlanggeführt werden, damit die jetzt noch verbaute Speicherlinie wieder sichtbar wird. Zwischen dem neuen Verkehrsweg und der Förde werden neue Wohnhöfe entstehen. Mehrere Gebäude werden Tiefgaragen erhalten. Die Fördespitze — ihrer früheren Funktion als Hafen beraubt — wird als Freizeitraum ausgebaut werden und die Wohnqualität der Altstadt erheblich erhöhen. Die geplanten Erschließungsstraßen können auch die Zulieferung für die Geschäfte übernehmen und die Fußgängerstraßen (Holm, Große Straße) weiter entlasten. Der Raum um die Marienkirche (Bild) soll eine betont fußgängerfreundliche Zone werden und durch die bereits bestehende alte Schiffbrückstraße und über ein Grundstück an der Kompagniestraße erschlossen werden. Neubauten werden die Lücken in der Randbebauung der Blöcke schließen, hier z. B. an der Neuen Straße. Die Anbindung der Innenzone des sich nördlich anschließenden Blocks ist besonders dringlich, weil hier mehrere Betriebe ausgebaut und in ihrer Existenz gesichert werden müssen. Dies wird nicht ohne Abbruch und Neubauten geschehen können. Im ganzen hofft man jedoch, um 75 Prozent der alten Bausubstanz und die trotz einiger Fehlleistungen in der Vergangenheit noch gut erhaltene Grundstruktur bewahren zu können. Als Beispiel einer gelungenen Sanierung dient der Kaufmannshof Nr. 86 in der Norderstraße. Die gesunde Bausubstanz des Hauptgebäudes und des Speichers wurde außen renoviert und im Innern zu 12 Zwei- bis Dreieinhalbzimmerwohnungen umgebaut. Der Innenhof verlor seine Schuppen und erhielt den Charakter eines Wohnhofes. Die Fassaden und das Krantor erinnern an die alte Zeit, die Sozialwohnungen und der Innenhof erfüllen die Forderungen der Gegenwart.

Um den „Sanierungsplan Dezember 76" schnell verwirklichen zu können, beschloß man folgende Festlegungen: Führungen der Erschließungsstraßen — sie bilden naturgemäß die Voraussetzung für alle weiteren Maßnahmen —, Schaffung von 1100 Stellplätzen, Freigabe der Blockrandbebauung zur Modernisierung, Ausweisung von Flächen für öffentliche Einrichtungen im Bereich der Marienkirche. Flexibel will man bei der Gestaltung der Neubauten und der Höfe bleiben. Doch sollen die wesentlichen Bestandteile der Kaufmannshöfe erhalten und durch Modernisierung der gewandelten wirtschaftlichen Struktur der Stadt angeglichen werden. Mit dem neuen Plan scheint es den Flensburgern gelungen zu sein, Tradition und Fortschritt sinnvoll so miteinander zu verbinden, daß auch ihre Altstadt Aufgaben übernehmen kann, die der Stadt als Einkaufs- und Verwaltungszentrum heute erwachsen. Die jetzige Sanierung von Flensburg und Lübeck leitet eine neue Entwicklung in der Gestaltung von Stadtkernen ein (Nr. 50).

Vor uns liegen St. Marien und der Nordermarkt. Das Kompagnietor vor der Schiffbrücke und mehrere Kaufmannshöfe mit ihren roten Dächern erinnern an Flensburgs große Zeit als Fernhandelsstadt. Die kleinen Fahrgastschiffe, das Fehlen großer Frachter und die Nutzung der breiten Kaiflächen als Parkplätze veranschaulichen den Bedeutungsverlust des Hafens. Neue Straße und Toosbüystraße stellen seit 1910 die Verbindung zwischen der Altstadt und Neubaugebieten im Westen her. — Blickrichtung O

Zwischen der Förde und den Moränenhängen erkennen wir auf dem westlichen Talufer die Altstadt. Kaufmannshöfe, Wohn- und Geschäftshäuser liegen zu beiden Seiten der Verbindungsstraße zwischen zwei alten Kernen Flensburgs, dem Südermarkt (unten außerhalb des Bildes) und dem Nordermarkt. Ein etwas jüngerer Bezirk von gleicher Struktur schließt sich mit der Norderstraße bis zum Nordertor an. Vor dem Tor breitet sich die Neustadt aus. Das große Warenhaus zwischen dem ZOB und dem Holm liegt noch in der Richtung der alten Kaufmannshöfe, verdeutlicht aber durch seinen Baukörper die Auflösung der alten Parzellenstruktur. — Blickrichtung N

41 Funktionale und städtebauliche Entwicklung der Altstadt Kiels

Die Halbinsel zwischen der Förde — eigentlich dem „Kiel" — und dem „Kleinen Kiel" bot eine Schutzlage, der Wasserarm im Süden der Halbinsel bildete einen natürlichen Hafen. Mittelpunkt der von Graf Adolf IV. um 1242 gegründeten Stadt ist der quadratische Marktplatz im Schnitt zweier sich kreuzender Straßenpaare. Die Bedeutung der seit dem 16. Jh. im Süden Kiels entstandenen Vorstadt blieb lange Zeit gering. Auf dem Marktplatz erfolgte der Austausch von Erzeugnissen des städtischen Handwerks gegen solche der ländlichen Umgebung. Daneben beruhte Kiels Wirtschaft auf seiner zeitweisen Rolle als Residenz, als städtischer Wohnsitz des Adels und im Zusammenhang damit als Geldmarkt, dem „Kieler Umschlag"; im 17. Jh. kam als weiterer Faktor die Universität hinzu. Am Fördeufer der Altstadt wurden Schiffe gebaut. Für eine Entwicklung Kiels zur Fernhandelsstadt fehlten wesentliche Voraussetzungen, vor allem war seine Lage viel ungünstiger als etwa die Lübecks.

Seit dem Ende des 18 Jhs. erhielt Kiel neue Impulse. Der Schleswig-Holsteinische Kanal (1784), der Holtenau mit Rendsburg und mit der Nordsee verband, erfüllte zwar nicht alle Erwartungen, dagegen gaben die Chaussee (1832) und die Eisenbahn (1844) nach Altona Kiel eine wichtige Rolle als Endpunkt des Transitverkehrs. Die Bevölkerung nahm zu. 1803: 7000, 1845: 15 000, 1867: 24 000. Erste Industriebetriebe wurden gegründet, so 1838 die Maschinenfabrik und Eisengießerei Howaldt & Schweffel südlich der Altstadt, die später auf das Ostufer übersiedelte (1881), wo sich die Howaldtwerke als Schiffbaubetrieb weiter entwickelten. Das Unternehmen gehört heute zur Howaldtswerke-Deutsche Werft AG (HDW).

Sowohl das rasche Wachstum Kiels von 1865 bis 1918 (243 000 E.) und erneut von 1933 (218 000) bis 1943 (300 000) als auch die Entwicklung der Werftindustrie (vgl. Nr. 42) und der Bau des Nord-Ostsee-Kanals waren primär durch die Rolle als Marinestadt bedingt. Es entstanden in schneller Folge neue Wohngebiete, vor allem auf dem Westufer der Förde. Diese plötzliche, flächenhafte Ausweitung Kiels löste eine funktionale Veränderung der Altstadt aus.

Bis zur Mitte des 19. Jhs. hatte es in der Altstadt schon eine Reihe von Läden gegeben, die überwiegend der Versorgung der Altstadtbewohner selbst dienten; daneben arbeiteten hier zahlreiche Handwerksbetriebe. In der zweiten Hälfte des 19. Jhs. nahmen die Zahl, Größe und Spezialisierung der Geschäfte zu. Zuerst legte man in den Erdgeschossen Läden an, während die oberen Stockwerke um 1900 noch überwiegend als Wohnungen dienten. Nach und nach wurden auch sie zu Verkaufsflächen, zuerst am Alten Markt. Hier wohnten 1871 noch 341 Bürger, 1910 nur noch 195. Die Veränderung der Altstadt durch Abbruch und Neubau vollzog sich besonders um 1900–1910, doch in den Nebenstraßen blieben bis zum Zweiten Weltkrieg erhebliche Teile der alten Bebauung erhalten. Um die Altstadt mit den übrigen Stadtteilen besser zu verbinden, schüttete man 1904/05 den Wasserarm zwischen Bootshafen und Kleinem Kiel zu und baute 1907 eine Straßenbrücke über den Kleinen Kiel.

In der Altstadt und in dem südlich anschließenden Gebiet bis zum Bahnhof bildete sich eine Innenstadt (City) heraus. Motor dieser Entwicklung war einerseits die — bei wachsender Bevölkerung — steigende Nachfrage nach Konsumgütern des mittel- und langfristigen Bedarfs und nach qualifizierten Dienstleistungen, z. B. von Fachärzten und Rechtsanwälten, andererseits die Tendenz der Geschäftsleute, für ihren Betrieb Standorte an vielbesuchten Punkten zu wählen. Wegen der großen Nachfrage stiegen hier die Bodenpreise und Raummieten, was zur Folge hatte, daß die bisherige Wohnbevölkerung sowie Handwerk und Kleinhandel nach und nach abwanderten. Am stärksten war diese Veränderung in der südlichen, dem Bahnhof zugewandten Hälfte der Altstadt einschließlich des Alten Marktes. Der Zustand der Funktionsgliederung in der Kieler Altstadt 1939 und dessen Wandel bis 1977 sind auf S. 13 kartenmäßig dargestellt. Die beiden Textkarten sollten zur Betrachtung der Luftaufnahmen mit herangezogen werden.

Im Zweiten Weltkrieg wurde die Kieler Innenstadt durch Luftangriffe fast völlig zerstört. Der Wiederaufbau hat den Funktionswandel, der sich vorher allmählich vollzogen hatte, sehr beschleunigt. Die allgemeine Wohlstandsentwicklung steigerte die Nachfrage nach den in der City angebotenen Gütern und Dienstleistungen; die Motorisierung erweiterte den Einzugsbereich der Kieler City — teilweise auf Kosten der kleineren zentralen Orte des Umlandes.

Beim Wiederaufbau nach 1945 sind die schmalen Häuserzeilen, die die Altstadt im Zuge der alten Stadtmauer zwischen Holstenbrücke und Schloß umgaben, nicht wieder aufgebaut worden; stehengebliebene Gebäude (oberes Bild, vorn rechts) hat man später abgerissen, um Platz für Verkehrsflächen zu schaffen.

In den Zweckbauten, die das neue Stadtbild beherrschen (oberes Bild), entstanden zahlreiche Spezialgeschäfte, z. B. für Textilien, Möbel, Fotogeräte, Juwelen, Bücher, sowie mehrere Warenhäuser und warenhausähnliche Fachgeschäfte. Die einheitliche Geschoßzahl zeigt die Absicht der Planung, eine zu weitgehende Konzentration zu verhindern. Das einzige Hochhaus ist die Landesbank. Nur in der Falckstraße (jenseits der Nikolaikirche) sind Wohnhäuser neu errichtet worden. Fast alle übrigen Häuser werden — auch in ihren oberen Stockwerken — als Verkaufsräume oder als Büro- und Praxisräume genutzt. Der Alte Markt sowie große noch nicht wieder bebaute Trümmergrundstücke dienen als Parkplätze. An den Kais des äußeren Bootshafens erfolgt kein nennenswerter Güterumschlag mehr.

1976 sind fast alle Baulücken verschwunden. Die neu errichteten Gebäude haben durchweg große Dimensionen, z. B. der Karstadt-Neubau links der Kirche. Zur Lösung des Parkproblems sind Dachparkplätze, ein großes Parkhaus (weiß, ohne Fenster) und im Neubau des Schlosses (Bildrand rechts) eine Tiefgarage angelegt worden.

In die erweiterte Fußgängerzone hat man den Alten Markt einbezogen; seine zwischen Verkaufspavillons (mit dunklen Dächern) vertieft angelegte Mitte erhielt als Ruhezone eine neue Funktion. Die Entlastung der Altstadt vom motorisierten Verkehr erforderte neue Straßenführungen: Die Eggerstedtstraße (diesseits der Kirche) bedient die Parkhäuser der Altstadt. Um den innerstädtischen Durchgangsverkehr zügig an der Altstadt vorbeizuführen, schüttete man den äußeren Teil des Bootshafens zu und baute die Uferstraße Eisenbahndamm—Wall vierspurig aus. Die große dunkle Fläche im Vordergrund und ein Anleger für Fährschiffe sind für einen neuen Fährhafen bestimmt. Südlich davon (im Bild links) wird ein großer Lagerschuppen für den Stückgutumschlag entstehen.

Ein Vergleich der beiden Luftaufnahmen von 1965 und 1976 veranschaulicht die Veränderungen der Kieler Altstadt im letzten Jahrzehnt. Weiter zurückliegende Stadien werden durch die Textkarten in der Einleitung dargestellt. Der Wandel im Gebiet der Altstadt ist mit der Gesamtentwicklung der Stadt Kiel vielfältig verknüpft. — Blickrichtung NNW

42 Der Industrieraum an der Schwentinemündung

Die Bilder veranschaulichen eindrucksvoll die heutige intensive Nutzung des einstigen Bauernlandes an der Schwentinemündung durch industrielle Anlagen, vor allem durch Werften. Als nach der Gründung des Deutschen Kaiserreiches 1871 Kiel Reichskriegshafen wurde, erreichte die dynamische Entwicklung der Stadt schnell den Schwentineraum. Bereits 1865 hatte Georg Howaldt auf der Dietrichsdorfer Feldmark eine Schiffswerft gegründet (Karte). In den 80er Jahren verlegten die Gebrüder Howaldt auch ihre Maschinenfabrik aus dem engeren Kieler Raum in der Nähe der Holstenbrücke nach Dietrichsdorf. Die Trichtermündung der Schwentine bot seewärts orientierten Betrieben einige Vorteile: Die Mündung war vor dem Wellengang mehr geschützt als die Förde, das fließende Wasser verhinderte stärkere Verunreinigungen und im Winter die Eisbildung. Die geringere Breite reichte bei den damaligen Schiffsgrößen für Stapelläufe aus. Der Fluß ließ sich an mehreren Stellen gut aufstauen, um Wasserkraftwerke und Mühlen anlegen zu können. Da im Hinterland genug billiges Land zur Verfügung stand, wurde die Schwentinemündung ein idealer Raum für großflächige Industrieanlagen, die von der Wasserseite her an die Verkehrswege angeschlossen werden mußten (Nr. 51). In wenigen Jahren entwickelte sich die Zone zwischen der Hörn, dem Ende der Kieler Förde, und der Schwentinemündung zu einem der größten Werftzentren Europas (Karte). Anfangs baute man auf „Howaldt" Postschiffe, Fahrgast- und Frachtdampfer sowie Spezialschiffe verschiedener Art. Erst 1902 gelang mit dem Bau eines kleinen Kreuzers der Anschluß an die großen Aufträge der Kaiserlichen Marine.

Diese neue Epoche in der Entwicklung des Industrieraums an der Schwentinemündung brachte zunächst viele neue Arbeitsplätze, aber auch eine verhängnisvolle Abhängigkeit des gesamten Raumes von der Rüstung; eine Abhängigkeit, die erst nach dem Zweiten Weltkrieg erheblich vermindert werden konnte. An dem wirtschaftlichen Aufschwung nahm auch die landwirtschaftliche Verarbeitungsindustrie teil. An der Wurzel des Mündungstrichters hatten sich schon im Mittelalter Mühlen, wie Öl-, Korn- und Lohmühlen, angesiedelt, weil die Straßen aus dem Hinterland hier günstig über den Fluß geleitet werden konnten. Deshalb hat es in Neumühlen immer mehr Handwerker gegeben als in den reinen Bauerndörfern Dietrichsdorf und Wellingdorf. Zu einem Großbetrieb entwickelte sich die Kornmühle, die heutige Holsatia-Mühle. Bereits 1865 gehörte sie zu den größten Mühlenunternehmen Europas. Es wurde vor allem Weizen verarbeitet. Man bezog das Getreide aus dem bäuerlichen Hinterland oder aus den Ostseeländern; bei schlechten Ernten im Inland führte man Korn auch aus Übersee ein.

Als das relativ schmale Vorland zwischen der Förde und den Moränenzügen des Hinterlandes für eine Expansion der Werften nicht mehr ausreichte, ebnete man ganze Hügel ein (Karte). Nach und nach wurden auch die Fluren der alten Hufendörfer aufgekauft. Man benötigte nicht nur viel Land für die Industrien, sondern ebenso für neue Wohngebiete. Sprunghaft war die Bevölkerung gewachsen (z. B. Dietrichsdorf: 1855 234, 1885 2039 und 1895 2929 Einw.). Weil sich bald auch Zulieferbetriebe für die Werften in der Nähe der Flußmündung ansiedelten, wuchs die Zahl der Arbeitskräfte um die Jahrhundertwende noch mehr. Südlich der Schwentinemündung hatten andere Werften bereits die Dörfer Ellerbek und Gaarden zu Stadtteilen Kiels umgewandelt (Karte).

Im zweiten Weltkrieg sind über 90 Prozent der Werftanlagen und große Teile der Wohngebiete zerstört worden. Wegen der günstigen geographischen Lage und des erheblichen Facharbeiterpotentials in Kiel wagte die Werftindustrie einen neuen Anfang. Der Seefischmarkt auf dem Südufer der Trichtermündung (Bild) verlor wegen seiner ungünstigen Lage zu den Fanggebieten der Nordsee zwar seine internationale Bedeutung an die Häfen der Nordsee, konnte jedoch die Anlandung der Ostseefischerei an sich ziehen und wandelte sich zu einem Umschlagplatz im Fischhandel. Doch die Entwicklung ist wegen des ungünstigen Standortes rückläufig (Jahresumschläge früher 44 000 t Fisch, heute 7000 t) und wegen des internationalen Streites um die Fischereigrenzen im Jahre 1978 völlig offen.

Die Schwentinemündung erhielt für alle von den Wasserstraßen abhängigen Betriebe die Funktion eines Hafens (Bild). Durch den Erwerb des Geländes der früheren „Deutschen Werke" in Ellerbek und Gaarden und der Zusammenlegung der „Kieler Howaldtwerke" mit den „Hamburger Howaldtwerken" und der „Deutschen Werft AG. Hamburg" zur „Howaldtwerke-Deutsche Werft AG." (HDW) wurde der Raum an der Schwentinemündung für den Schiffbau zu einem der leistungsfähigsten Industriegebiete der Erde. Wegen ihrer besseren Lage zu den Hauptschiffahrtslinien übernehmen die Werften in Hamburg die Reparaturen und die Kieler die Neubauten. Diese Arbeitsteilung ermöglicht eine erhebliche Rationalisierung. Um wirtschaftlichen Schwankungen noch besser beggnen zu können, bemüht man sich heute um ein breitgefächertes Angebot. Die Anpassungsfähigkeit wird auch im Tankerbau sichtbar (Bilder).

Gegenwärtig kündigen sich neue Wandlungen an der Schwentinemündung an. Man will das veraltete „Werk Dietrichsdorf" stillegen, zumal die ungünstige Lage zum modernen Werk in Gaarden unnötige Kosten verursacht. Für die Kieler Hafenwirtschaft ergibt sich nun die Chance, einen neuen Handelshafen relativ billig bauen zu können.

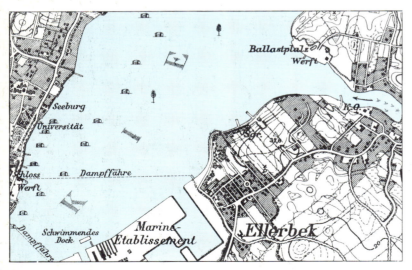

Schwentinemündung 1879

Im „Werk Dietrichsdorf" der HDW — auf dem Gelände der ehemaligen Stammwerft der Howaldtswerke Kiel — befinden sich die Ausrüstungswerkstätten der unterschiedlichsten Teile für die Neubauten in den Trockendocks des „Werkes Gaarden". Bei einem Ausrüstungsstand von 80—90 Prozent wird ein Neubau aufgeschwommen und zur endgültigen Fertigstellung an den Ausrüstungskai nach Dietrichsdorf verholt. Auf dem Bild liegt am Kai ein 326 m langer und 49 m breiter Tanker mit einer Tragfähigkeit von 239 000 tdw. Im Schwimmdock erhält ein Massengutfrachter einen neuen Bodenanstrich. — Blickrichtung SO

Das „Werk Gaarden" besitzt drei große Trockendocks und kann Schiffe bis zu 700 000 tdw Tragfähigkeit herstellen. In den am oberen Bildrand sichtbaren Hallen finden Anfertigungen von Einzelteilen und Vormontagen statt. Der Zusammenbau der vorgefertigten Teile bis zu 900 t schweren Sektionen erfolgt in den den Docks zugeordneten Hallen. Mit Hilfe der Portalkräne werden die Sektionen in die Baudocks gehoben und dort zusammengefügt. Der größte Portalkran — links außerhalb des Bildes — überragt bei einer Höhe von 90 m über Decksohle die anderen um fast 30 m. Im rechten Dock entsteht ein 287,5 m langer und 43,4 m breiter Flüssiggas-Turbinentanker mit 5 Kugeltanks. — Blickrichtung O.

43 Kiel-Schilksee: Vom Bauerndorf zum Olympiazentrum und zum Wohngebiet

Die alten Karten zeigen sehr klar, wie das zentral in der Flur gelegene alte Dorf Schilksee auf das Binnenland ausgerichtet gewesen ist. Die 3 km lange Uferlinie der Gemarkung wurde eher störend empfunden, denn als Möglichkeit für eine intensivere wirtschaftliche Nutzung gesehen, störend, weil der größte Teil von einer Steilküste gebildet wird, an der jährlich Landverluste eintreten. Um die Schäden für den einzelnen Eigentümer möglichst gering zu halten, stießen die einzelnen Felder mit ihren schmalen Seiten an das 2,5 km lange Kliff.

Die Binnenlage des Ortes entsprach der wirtschaftlichen Nutzung der Gemarkung in den vergangenen Jahrhunderten, denn sie schaffte relativ ausgewogene Wirtschaftswege zwischen den Höfen und den Feldern. Die Bauernbefreiung brachte auch den Bauern in Schilksee die Möglichkeiten der Individualwirtschaft. Durch die Verkopplung (Nr. 27) veränderte sich auch hier das Bild der Agrarlandschaft, nicht aber die Funktion des Ortes.

Änderungen in der Aufgabe traten erst ein, als die Städte infolge der Industrialisierung wuchsen und die Menschen die Natur als Erholungsraum neu entdeckten. Dadurch kam der Kliffküste mit ihrem Naturstrand eine große Bedeutung zu. Sie wurde zur Leitlinie der räumlichen Entwicklung der Siedlung. Um die Jahrhundertwende errichtete man hier die ersten Hotels und Villen. Gleichzeitig legte die Marine ihre ersten Anlagen und Wohnhäuser an. Zwischen den Weltkriegen entwickelte sich Schilksee zu einem Familienbad, denn der vor den häufigen Westwinden geschützte Strand und die für badende Kinder ungefährliche Uferzone lockten immer mehr Kieler an. Hotels, Cafés und Villen erweiterten schnell den Ortsteil „Bad Schilksee". Einige Kieler wählten schon damals Schilksee als ständigen Wohnsitz.

Als nach dem Zweiten Weltkrieg die Interessen des Bades und der Stadt Kiel mehr und mehr zusammenwuchsen, setzte in Schilksee eine sprunghafte Entwicklung ein. Kiel benötigte für seine Großveranstaltungen, vor allem auch für die Kieler Woche, Anlagen und Hotels in Schilksee; das Bad mußte dagegen einen starken Partner haben, da der Kapitaldienst für die Sicherung des Strandes, für den Hafen und die Neuanlage von Versorgungs- und Entsorgungsanlagen zu aufwendig geworden war. Vor allem war durch den Bau der Häfen in Strande der Sandtransport unterbrochen worden, so daß vor Schilksee der Abbruch stärker wurde als der Zuwachs von neuem Sand. Damit wurde die Basis für die neuen Aufgaben des Ortes gefährdet. Nach der Eingemeindung setzten Schutzmaßnahmen ein. Aufspülungen und Steinmolen sollen heute den Strand sichern. Wegen der wachsenden Bedeutung als Bade- und Wohnort sank die landwirtschaftliche Funktion trotz anfänglicher Bestrebungen, sie zu erhalten. Während in der Mitte des 19. Jahrhunderts etwa 100 Prozent der Erwerbstätigen in der Landwirtschaft tätig waren, waren es zur Zeit der Eingemeindung nach Kiel 1959 noch etwa 12 Prozent. Kiel fördert in erster Linie Einrichtungen des Fremdenverkehrs und des Wohnungsbaus. Der Segelhafen, die Steinmolen, der Kurpark und die neuen Häuser zwischen der Schilkseer Straße und Langenfelde machen dies ebenso deutlich wie der Ausbau der Wohnsiedlung Schilksee-Süd. Mehr und mehr wachsen die neuen Siedlungen im Süden und Norden zusammen.

Die heutige Entwicklung des Ortes wird wesentlich durch Impulse bestimmt, die er als Austragungsort der Segelolympiade 1972 erhielt. Jenseits aller wirtschaftlichen Überlegungen wurde das Olympia-Zentrum mit seinen Überkapazitäten an Wohnungen, Hotels, Gaststätten und Sporteinrichtungen zum dominierenden Teil des heutigen Bades Schilksee. Kern des Olympia-Zentrums ist der im Abstand von etwa 100 m vom Ufer in einer Länge von 465 m parallel zur Küste errichtete Langbau, der sogenannte „Monolith". Das Luftbild zeigt ihn deutlich als Zentrum der Gesamtanlage. Der „Monolith" besitzt drei Ebenen, die die angestrebte funktionale Gliederung ermöglichen: unten die Sporteinrichtungen, in der Mitte die Zuschauerpromenade mit Geschäften, Restaurants, Post und Bank, darüber der dreigeschossige, terrassierte Appartementbau mit 240 Wohneinheiten. Eine Fußgängerbrücke verbindet den „Monolithen" mit einem weiteren Appartementhaus. Klar hebt sich von diesen Betonbauten und den neuen Wohnhäusern das in aufgelockerter Bauweise gestaltete olympische Dorf ab. Ein Vergleich der Bilder veranschaulicht sowohl die Verdopplung der Hafenbecken als auch die großzügige Anlage des Vorplatzes. Wegen der Segelolympiade wurde das Verkehrsnetz erheblich ausgebaut. Erst die besseren Straßenverbindungen nach Kiel, vor allem der Bau der neuen Hochbrücke, ermöglichten die Anlage neuer Wohnsiedlungen.

Viele der zunächst nur auf das zeitlich begrenzte Ereignis einer Olympiade ausgerichteten Einrichtungen haben Schilksee zu einem ständigen Zentrum des Segelsports und des Fremdenverkehrs werden lassen, den es in diesem Umfange nie aus eigener Kraft hätte erreichen können. Mit dem Ausbau weiterer Wohngebiete rückt heute die Wohnfunktion mehr und mehr in den Vordergrund. Schilksee ist zu einem Stadtteil der Landeshauptstadt Kiel geworden, konnte aber seine Funktionen als Fremdenverkehrsort bewahren.

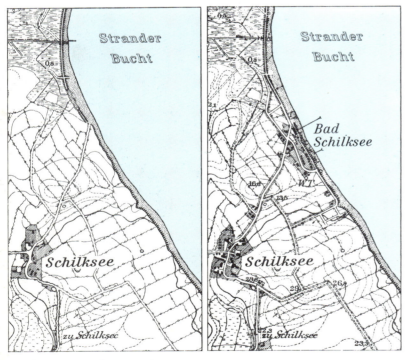

Schilksee 1879 und 1925

Eindrucksvoll zeigen die Bilder, wie das Olympia-Zentrum den Raum verändert hat: An die Stelle des Marinearsenals — Gruppe von Flachbauten auf Bild links — sind der Langbau, der „Monolith", und ein Appartementhaus getreten. In der Mitte des Bildes ragen die Hochhäuser auf, rechts das Olympia-Hotel, vorn neben den Parkplätzen das olympische Dorf. Durch die Erweiterung der Häfen in Schilksee und Strande hat sich auch die Bucht verändert. Die neue breite Kaifläche besticht durch ihre Großzügigkeit. Mit dem Olympia-Zentrum hat der Ort endgültig seinen Schwerpunkt an der Küste erhalten.
Blickrichtung NO

44 Das Klärwerk Bülk

Als es im Laufe des 19. Jhs. zu großen Menschenballungen in Städten kam, wurde das Problem der Abwasserbeseitigung akut. Kiel wuchs von 1867 bis 1910 von 24 000 auf 212 000 Einwohner an. Auf diese Zeit raschen Wachstums der Marinestadt geht das „Bülker System" zurück, das 1907 für 700 000 Einwohner geplant wurde. Wesentlicher Bestandteil dieses Systems ist die Transportleitung, die von Kiel nach Bülk führt, und in die mit insgesamt 27 Pumpwerken das Abwasser eingespeist wird. Bei Bülk mündete bis 1972 die Vollkanalisation ungeklärt in die Ostsee. Auf dem oberen Luftbild von Schilksee (vgl. Nr. 43) aus dem Jahre 1968 sieht man die helle Abwasserfahne, die sich bis weit in die Strander Bucht hineinzieht.

Diese Form der Abwasserbeseitigung war zwar billig, hatte aber erhebliche Nachteile: In der Kieler Bucht kam es zur Wasserverschmutzung und zu einer Störung des biologischen Gleichgewichts; aus hygienischen Gründen mußten einige Strandabschnitte für den Badebetrieb gesperrt werden.

Von 1969 bis 1975 wurde das neue Klärwerk erbaut und ab 1972 mit der mechanischen, ab 1975 auch mit der biologischen Reinigungsstufe in Betrieb genommen. Angeschlossen sind außer der Stadt Kiel 13 Randgemeinden. Fünf Ostufergemeinden führen das Abwasser seit 1965 durch eine Druckrohrleitung, die bei Friedrichsort die Kieler Förde unterquert, gesammelt dem Bülker System zu.

Die Bauwerke des Klärwerkes sind für das Abwasser von 600 000 Einwohnern und Einwohnergleichwerten der Industrie bemessen worden. Täglich können bis zu 90 000 m³ Abwasser vollbiologisch gereinigt werden. Zur Zeit werden etwa 50 000 bis 65 000 m³/Tag im Klärwerk verarbeitet, von denen etwa 20 Prozent industrielle Abwässer sind.

Der Klärvorgang beginnt mit der mechanischen Reinigung. Das blauweiße Gebäude (2, im Bild vorn links) enthält die Rechenanlage, in der die Grobstoffe zurückgehalten werden. Es folgt der Sandfang (3), dessen zwei innere Becken zum Absetzen des Sandes, die beiden äußeren Rinnen als Fettfang dienen. Das aufschwimmende Fett wird abgeschöpft und in die Faulbehälter gefördert.

Es schließen sich die sechs Vorklärbecken an (4). Die fahrbaren Brücken sind mit Räumvorrichtungen für Boden- und Schwimmschlamm ausgerüstet. Der Schlamm wird in einen Sammelraum abgelassen.

In der biologischen Stufe werden die noch im Abwasser enthaltenen Schmutzstoffe durch die Stoffwechseltätigkeit von Mikroorganismen eliminiert, wobei weiterer Schlamm entsteht. In den Belebungsbecken (5) wird das Abwasser mit belebtem Schlamm durchmischt. Zur Versorgung der Bakterien mit Sauerstoff wird Druckluft eingeblasen. Je nach Abwassermenge und -beschaffenheit wird der Reinigungsprozeß durch den Schlammgehalt und die Luftzufuhr gesteuert.

Aus den Belebungsbecken fließt das Abwasser-Schlamm-Gemisch in die großen runden Nachklärbecken (6). Dort setzt sich der belebte Schlamm auf dem Beckenboden ab, während das gereinigte Abwasser über die Ablaufleitung in die Ostsee gelangt.

Der belebte Schlamm wird aus den Nachklärbecken kontinuierlich teils zurück in den Zulauf zu den Belebungsbecken, teils in den Zulauf zum Sandfang geführt; er setzt sich in den Vorklärbecken mit ab.

Der Schlamm aus dem Sammelraum bei den Vorklärbecken wird in die etwa 12 m hohen Faulbehälter gepumpt, die den Standort des Klärwerks weithin sichtbar markieren. In einem etwa 20tägigen Faulprozeß werden die organischen Stoffe des Schlamms durch die Stoffwechseltätigkeit ohne Sauerstoff lebender, „anaerober" Bakterien abgebaut. Das dabei u. a. entstehende Methangas wird komprimiert (14) und zur Stromerzeugung und Heizung genutzt.

Die im Bild sichtbaren Einrichtungen des Klärwerks sowie die Klärschlammdeponie (außerhalb des Bildfeldes) stellen zwar auch selbst eine Veränderung der Landschaft dar. Viel wichtiger sind aber die indirekten Auswirkungen: Die Verschmutzung der Ostsee ist weitgehend beendet worden. Auf dem Luftbild von 1976 ist die Einleitungsstelle (Bild oben rechts) kaum noch durch eine Verfärbung des Wassers, sondern nur noch durch einige Möwen markiert.

Die Badeverbote im Küstenbereich beiderseits des Auslaufs können möglicherweise zum Teil aufgehoben werden, wenn die noch laufenden hygienischen Untersuchungen abgeschlossen sind. — Vielfach wird angenommen, die restliche Verschmutzung könne leicht dadurch unwirksam gemacht werden, daß man die Leitung genügend weit in die See hinaus verlegen würde. Ein Gutachten hat ergeben, daß dies nicht zutrifft. Das geklärte Wasser schwimmt als dünne Schicht auf dem kalten, salzhaltigen und daher schwereren Ostseewasser; auflandiger Wind würde es rasch und unvermischt an die Küste treiben.

Pro Tag fallen 30—40 m³ entwässerter Klärschlamm an, der etwa 55 Prozent organische und 45 Prozent anorganische Bestandteile enthält; da ihm Kalk zugesetzt wird, reagiert er stark alkalisch (pH 10—11). Es ist vorgesehen, den Klärschlamm u. a. der Landwirtschaft als Dünger und zur Bodenverbesserung zuzuführen.

Bei der Klärung von Abwässern, die in ein Binnengewässer eingeleitet werden sollen, ist unbedingt eine dritte, chemische Reinigungsstufe zur Entfernung der Phosphate erforderlich, die sonst eine Eutrophierung und damit Sekundärverschmutzung bewirken würden (vgl. Nr. 52). Bei Bülk kann auf eine chemische Stufe voraussichtlich verzichtet werden, weil es wegen des starken Wasseraustausches hier kaum zu einer Eutrophierung kommen kann.

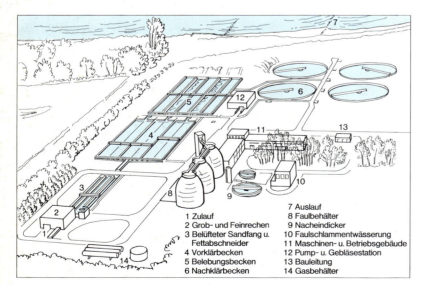

1 Zulauf
2 Grob- und Feinrechen
3 Belüfteter Sandfang u. Fettabschneider
4 Vorklärbecken
5 Belebungsbecken
6 Nachklärbecken
7 Auslauf
8 Faulbehälter
9 Nacheindicker
10 Faulschlammentwässerung
11 Maschinen- u. Betriebsgebäude
12 Pump- u. Gebläsestation
13 Bauleitung
14 Gasbehälter

Bis über die Mitte des 20. Jahrhunderts hinaus sind in großem Umfang ungeklärte oder doch ungenügend geklärte Abwässer ins Meer und in die Binnengewässer eingeleitet worden. Seit etwa zwei Jahrzehnten ist ein Wandel eingetreten, zuerst des Bewußtseins, dann aber auch in der Praxis. Durch das moderne Großklärwerk Bülk wird die Küstenlandschaft an der Kieler Bucht positiv verändert. — Blickrichtung NO

45 Die Mülldeponie Niemark bei Lübeck

In der heutigen Industriegesellschaft mit ihrem Massenkonsum — man spricht auch von der „Wegwerfgesellschaft" — ist die Beseitigung von Abfällen zu einem schwierigen Problem geworden, weil sie große Gefahren für die Umwelt in sich birgt und erhebliche Kosten verursacht. Früher konnte man in ausreichenden Entfernungen von den Siedlungen mit Müll natürliche Hohlformen ausfüllen oder flüssige Stoffe in Gewässer leiten, weil es sich vorwiegend um organische Stoffe handelte, die von Mikroorganismen in anorganische, bodenverwandte Substanzen verwandelt werden konnten. Umfang und Zusammensetzung des Mülls haben sich gegenwärtig völlig verändert. Steigende Bevölkerungszahlen und wachsender Wohlstand vermehren den Müllanfall; neue industrielle Verfahren — vor allem der chemischen Industrie — brachten eine andere Zusammensetzung: Organische Stoffe wurden durch Kunststoffe verdrängt. Jeder von uns erlebt dies täglich allein beim Verpackungsmaterial. Man holt z. B. nicht mehr Milch mit der Kanne beim Milchmann, sondern bekommt sie in „Einwegflaschen" oder Plastiktüten geliefert.

Überall entstanden wegen des vermehrten Verbrauchs von Gütern aller Art „wilde Deponien" in unmittelbarer Nähe der Ortschaften. Sie entwickelten sich zu einer Gefahr für Natur und Mensch, weil sie einen Nährboden für gefährliche Bakterien (Tetanus, Milzbrand, Salmonellen) und gleichzeitig auch für ihre Verbreiter (Insekten, Ratten) darstellen. Daneben kann die weitere Umwelt gefährdet werden, wenn Schadstoffe ins Grundwasser eindringen (Nr. 24).

Um diesen Gefahren begegnen zu können, schreibt das Bundesgesetz für Abfallbeseitigung von 1972 die geordnete Deponie vor. Nach dem Umweltbericht von 1976 werden bereits über 90 Prozent des Hausmülls regelmäßig eingesammelt und zentral abgelagert.

Für die Stadt Lübeck und weitere 36 Gemeinden hat man 10 km südwestlich des Stadtkerns bei dem Gute Niemark eine Zentraldeponie angelegt. Es handelt sich um eine Hochdeponie, da hier geeignete Hohlformen fehlen. Die jetzige Fläche (Bild) von 17 ha soll bereits in den nächsten Jahren um 34 ha erweitert werden, denn es fallen jährlich 300 000 t (davon 90 000 t Hausmüll) an, und man rechnet mit einer Steigerung von jährlich bis zu 2 Prozent des Volumens. Der hohe Beitrag des Gewerbemülls verdeutlicht auch den Charakter Lübecks als Industriestandort (Nr. 50/51).

Der Müll wird vom Verursacher aus direkt angefahren. Nachdem er bereits in den Spezialfahrzeugen im Verhältnis 1:3 verdichtet worden ist, erfolgt auf dem Platz durch einen Müllverdichter von 22 t Eigengewicht eine weitere Zusammenpressung. Wälle von etwa 2 m Höhe grenzen die gerade zur Ablagerung bestimmte Fläche ab (Bild). Es wird um 1 m hoch aufgeschüttet und dann mit einer etwa gleich mächtigen Schicht aus verschiedenartigem Erdreich abgedeckt, so daß die gefährliche Zelle nach allen Seiten abgeschlossen ist. Tonige Sedimente schützen im Untergrund der Gesamtanlage das Grundwasser vor verseuchtem Sickerwasser. Wasser, das aus den Seiten austreten kann, wird in Gräben an der Basis aufgefangen. Um ganz sicherzugehen, verrohrte man Wasserläufe der nahen Umgebung (Glindbruchgraben).

Die Deponie soll nicht nur eine umweltfreundliche Müllbeseitigung für eine längere Zeit gewährleisten, sondern danach auch sinnvoll in den Raum eingegliedert werden. Da eine landwirtschaftliche Nutzung wegen des Reliefs kaum möglich ist, arbeitet man an Plänen, die abgedeckte Deponie später zu einem Naherholungsgebiet umzugestalten (Karte). Der oben beschriebene Plan zeigt eine Möglichkeit, wie man aufgefüllte Deponien organisch in eine Kulturlandschaft einfügen kann, gibt aber noch nicht das amtliche Planungsziel für Niemark wieder.

Große Zentraldeponien gibt es bereits an mehreren Stellen, so in Ahrenshöft bei Husum und in Stemwarde im Hamburger Umland. Da Ahrenshöft den gesamten „Kreis Nordfriesland" mit Ausnahme der Insel Sylt entsorgen muß, wurden an mehreren Stellen Umschlagplätze eingerichtet, so bei Garding und bei Lindholm sowie auf Amrum und Föhr. Hier wird der Müll gesammelt und bereits durch eine Preßvorrichtung im Verhältnis 4:1 verdichtet, so daß jeweils aus 200 m³ Müll 50 m³ werden; das ist eine Masse, die gerade einen Container füllt. Da man ihn mit einem Fahrzeug bis zu 38 t — das höchste, was die Straßenverkehrsordnung erlaubt — der Zentraldeponie zubringen kann, trägt diese Form der Abfuhr zu einer Verminderung der Verkehrsdichte bei. Andere Großstädte, z. B. Hamburg und Kiel, lösen ihre Müllprobleme über Verbrennungsanlagen. Die anfallende Schlacke gewinnt steigende Bedeutung für den Straßenbau, so daß schon von einer „Müllwirtschaft" gesprochen wird. Die thermische Müllbeseitigung besitzt zwar einige Vorteile, so u. a. eine Volumenreduktion auf 5–15 Prozent, die Möglichkeit der Energie-Erzeugung; sie vernichtet aber die meisten Rohstoffe, entwickelt Schadgase und ist vor allem erheblich teurer: Investitionskosten für Lübeck etwa 60 Mio. DM — Preisstand 1976, für die Erweiterung von Niemark dagegen nur etwa 4,2 Mio. DM. Auf der Gebührenseite ergibt sich, daß bei einer Vollkostendeckung etwa 70,— DM/t für die Verbrennung und nur etwa 50,— DM/t für die Hochdeponie aufzubringen wären. Die Kostenfrage und die Auffassung von der Tragbarkeit der Deponie für die Umwelt machen es verständlich, daß der Senat der Hansestadt im Sommer 1977 beschlossen hat, die Deponie weiterzuführen und zunächst auf die Planung einer thermischen Abfallbeseitigungsanlage zu verzichten. Eine endgültige Entscheidung wird weitgehend von der Entwicklung des Wirtschaftsraumes Lübeck abhängen. Man erwartet, daß Niemarks Gesamtfläche von 146 ha bei einer Schüttung von 15 m für mindestens 50 Jahre ausreichen wird.

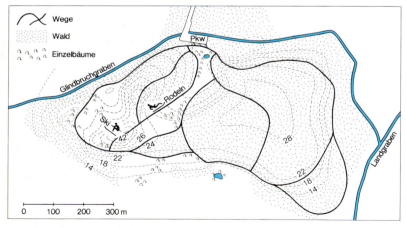

Vorschlag für eine Rekultivierung

Wir schauen auf die Hochdeponie. Sie nimmt gegenwärtig eine Fläche von 17 ha ein. Auf dem Berg erkennen wir an den um 2 m hohen Wällen ein Feld, das z. Z. aufgeschüttet wird. Der neue „Berg" ragt bereits 24 m aus dem um 10 m über NN liegenden Flachland auf. Mit der Zeit wird hier in einem Bereich von 51 ha ein kleines „Bergland" entstehen. — Blickrichtung S

46 Altenholz: Vom Dorf zum Wohnvorort Kiels

Das Dorf Klausdorf gehörte ursprünglich zum Gutsbezirk Knoop, erst seit 1876 bildete es eine eigene Gemeinde. Die jetzige Gemeinde Altenholz wurde 1928 aus Klausdorf, den Gütern Knoop, Projensdorf, dem Restgut Stift sowie Teilen von Kaltenhof neu gebildet.

Ähnlich wie in Schilksee (vgl. Nr. 43) war die Sozialstruktur vor dem Ersten Weltkrieg noch überwiegend ländlich. Neben Bauern und — vor allem auf den Gütern zahlreichen — landwirtschaftlichen Arbeitskräften gab es verschiedene Handwerker, dazu Gewerbetreibende und Kaufleute. Seit etwa 1900 gingen einzelne Menschen zu Fuß oder fuhren mit dem Fahrrad zur Arbeit nach Kiel, meist nach Friedrichsort oder nach Holtenau (je 6 km). Bis 1937 stieg die Zahl der Berufspendler nach Kiel auf 93. Die Einwohnerzahl der Gemeinde wuchs von 1925 bis 1939 von 788 auf 919.

Nach dem Zweiten Weltkrieg hatte sich die Bevölkerung mehr als verdoppelt (1950: 2517 E.), vor allem durch den Zustrom von Ausgebombten und von Flüchtlingen, die in der Gemeinde — großenteils in Baracken — behelfsmäßig untergebracht wurden. Infolge der Rückwanderung der Bombengeschädigten und der Umsiedlung von Flüchtlingen sank die Einwohnerzahl in Altenholz zunächst ab (1956: 1989), während sie gleichzeitig in Kiel anstieg. Daß die Zahl der Menschen in Altenholz nicht noch weiter zurückging, ist darauf zurückzuführen, daß ein großer Teil der Barackenbewohner in der Gemeinde angesiedelt wurde. Die meisten der rotbedachten Häuser am linken Bildrand sind landwirtschaftliche Nebenerwerbssiedlungen, die 1957—58 mit einer Landausstattung von je 2500 m² für Flüchtlinge aus den deutschen Ostgebieten angelegt wurden.

Die schmalen Nutzlandstreifen, auf denen Getreide in Garben zu sehen ist, unterscheiden sich deutlich von den großen Koppeln des Bauernlandes. Weitere Einfamilienhaussiedlungen entstanden — teils ebenfalls für Barackenbewohner — in dem verkehrsgünstig zu den Arbeitsstätten in Friedrichsort und Kiel gelegenen Ortsteil Stift, der bis dahin nur aus wenigen Häusern bestanden hatte.

Seit etwa 1960 wurde die Entwicklung der Gemeinde zunehmend durch die veränderte Gesamtsituation im Raum Kiel/Kieler Umland beeinflußt. Wie in vielen anderen Großstädten nahm in Kiel die Einwohnerzahl ab, sie sank von 1967 bis 1977 von 276 000 auf 257 000, also um rd. 19 000, während in den Umlandgemeinden die Zahl der Einwohner zunahm, sie stieg in Altenholz 1960 — 1965 — 1971 — 1977 von 2195 auf 5967 — 6820 — 8500 an. Die Zahlen lassen eine in das Umland gerichtete Wanderung erkennen, die durch das Zusammenwirken einer Reihe verschiedener Faktoren bedingt ist:

Mit steigendem Wohlstand konnten viele Menschen den Wunsch nach einem eigenen Haus realisieren; der Eigenheimbau wurde durch Steuervergünstigungen stark gefördert. Der Ausbau des öffentlichen Nahverkehrs und vor allem die private Motorisierung ermöglichten es den Bauwilligen, in das Umland auszuweichen, wo der Boden billiger war. Viele Umlandgemeinden erschließen Bauland, weil Zuwanderer die Steuerkraft stärken und weil die neu erforderliche Infrastruktur auch den bisherigen Bewohnern mehr „Lebensqualität" bringt.

Für die Entwicklung von Altenholz zu einem Wohnvorort kamen als weitere Bedingungen hinzu die räumliche Lage einerseits zu Kiel, andererseits zu den Erholungslandschaften bei Schilksee/Strande und Dänisch-Nienhof sowie zu mehreren Waldgebieten (Bild). Der von der Gemeinde geförderte Funktionswandel begann 1962 mit dem großzügigen Ausbau des Ortsteils Stift (in der rechten oberen Ecke des Bildes von 1970 angeschnitten) zu einem Wohngebiet für etwa 3300 Menschen. Weitere Wohngebiete wurden seit 1969 in Klausdorf-Süd in Anlehnung an den dörflichen Ortskern erschlossen. Ein Hindernis für die weitere Entwicklung — auch anderer Umlandgemeinden sowie der nördlichen Kieler Stadtteile — war die alte, 1912 erbaute Holtenauer Hochbrücke, die in den Hauptverkehrszeiten zunehmend überlastet war. Die Landesbehörden verhielten sich daher bei der Genehmigung weiterer Bauvorhaben nördlich des Kanals restriktiv.

Der Bau einer zweiten Hochbrücke und die autobahnartige Weiterführung der B 503 (unteres Bild rechts oben) mit Anschluß nach Kiel-Schilksee (unteres Bild oben) im Zuge der Vorbereitungen für die Segelolympiade 1972 (vgl. Nr. 43) verbesserte die Verkehrsverbindungen nach Kiel entscheidend.

Mit der Errichtung der Datenzentrale Schleswig-Holstein 1972 begann der Ausbau in Klausdorf-Nord. 1973 wurde die durch die Bildmitte führende neue Kreisstraße angelegt; seither entstanden zahlreiche Einzelhäuser (unteres Bild). Die Fläche links neben der Datenzentrale ist als Reserve für Erweiterungsbauten vorgesehen. Alle übrigen Flächen im Mittelgrund des Bildes bis zum Waldrand und zur B 503 werden bis 1978 ebenfalls bebaut sein.

Der hohe Überschuß der Berufsauspendler (1976: 2383) über die Einpendler (1976: 527) bei insgesamt rd. 3500 Berufstätigen verdeutlicht den überwiegenden Wohncharakter der Gemeinde. In Altenholz gibt es rd. 1320 Arbeitsplätze, davon allein 450 in der Datenzentrale, weitere u. a. in den beiden Gewerbegebieten.

Mit der Bebauung hat auch das Angebot an Infrastruktur erheblich zugenommen, vor allem an weiterführenden Schulen. Es ist für einen Endzustand von 10 000 bis 11 000 Einwohnern bemessen, der etwa 1985 erreicht werden soll.

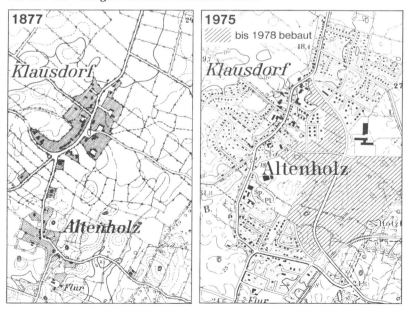

Zwischen den beiden Luftaufnahmen vom September 1970 und April 1977 liegen nur sieben Jahre. Der Vergleich kann sich an der Bundesstraße 503 im Hintergrund, an den Knicks und an den roten Dächern der landwirtschaftlichen Nebenerwerbssiedlungen orientieren. Ehemals landwirtschaftlich genutzte Flächen werden auf dem unteren Bild von Wohnsiedlungen eingenommen. Die Bildmitte wird von der neuen Altenholzer Straße und von der Datenzentrale beherrscht. Man erkennt Vorbereitungen für weitere Baumaßnahmen. — Blickrichtung SO

47 Mettenhof — ein Stadtteil auf „Grüner Wiese"

Wer sich Kiel auf der Autobahn nähert, erblickt zuerst die „Skyline" von Mettenhof, denn kein anderer Bezirk an der Förde wird so von Hochhäusern geprägt. Aus der Luft erkennt man dazu deutlich die Trennung der Stadtteile durch breite Grünstreifen, so daß die „Zellenstruktur" der Stadt sichtbar wird. Dem Betrachter wird aber auch klar, wie die Förde den Planer bei der Verkehrserschließung vor erhebliche Probleme stellt. Doch zurück zur Geschichte Mettenhofs.

Als man bis 1958/59 im wesentlichen den Wiederaufbau der kriegszerstörten Stadtteile vollzogen hatte, mußte man feststellen, daß der Wohnbedarf der Bevölkerung durch diesen Wiederaufbau und durch die Schließung noch vorhandener Baulücken nicht gedeckt werden konnte. Das zu kleine Stadtgebiet und überholte Stadtgrenzen — so gehört z. B. Kronshagen (im Hintergrund oberhalb Mettenhofs) zum Kreis Rendsburg — standen einem organischen Wachstum entgegen. Eine Umfrage in Kiel und 44 Nachbargemeinden — repräsentativ für 144 000 Haushaltungen — ergab, daß 18 Prozent der Befragten ihre Wohnung wechseln wollten, 68 Prozent gaben Kiel als Wohnziel an. Dabei strebten 76 Prozent eine Mietwohnung und 24 Prozent ein Eigenheim an. Ziel der Wohnungsuchenden war allerdings nicht die Innenstadt, aus der bereits Abwanderungen erfolgten, sondern die im Grünen liegenden Randzonen Kiels. Dieses Verhalten der Einwohner ließ das Wohnungsproblem auch für den Fall bestehen, daß das Wachstum der Wirtschaft in der Stadt stagnieren und die Einwohnerzahl sinken sollten. Da Kiel seine Bodenreserven im alten Stadtgebiet verbraucht hatte, mußte eine neue Lösung gefunden werden.

Bei der Gesamtplanung nach dem Zweiten Weltkrieg war man von strahlenförmig um die Innenstadt ausgebauten Stadtteilen ausgegangen. Diese multizentrische Konzeption ermöglicht relativ leicht das Einfügen weiterer Stadtzellen mit selbständigen Einrichtungen für die Versorgung der Einwohner. Die ökonomische Sicherung dieser Konzeption verlangt aber Bezirke in der Größenordnung um 25 000 Einwohner. Stadtteile dieser Art lassen sich an die Innenstadt und an Nachbargebiete verkehrsmäßig so anschließen, daß Defizite, z. B. an Wohn- und Arbeitsplätzen, ausgeglichen werden können. Das auf diese Weise geschaffene Gesamtgefüge könnte bei stärkerem Wachstum auch eine spätere Weiterentwicklung der Kieler Region im Sinne der Achsenkonzeption Hamburgs (Nr. 58) ermöglichen, zumal bei der Anordnung der Stadtteile sich schon Ansätze von Achsen abzeichnen: Kiel — Bordesholm — Neumünster, Kiel — Rendsburg, Kiel — Raisdorf — Plön, Kiel — Gettorf — Eckernförde.

Alle oben genannten Erwägungen führten zu der Entscheidung, auf dem Gelände des alten Meierhofes „Mettenhof" einen neuen Stadtteil mit einer besonders hohen Wohndichte zu schaffen. Seit der Verabschiedung des Flächennutzungsplanes von 1963 werden auf dem 233 ha großen Neubaugebiet etwa 7000 Wohnungen und etwa 1000 Eigenheime und die entsprechenden öffentlichen Einrichtungen erstellt. Um rentabel und zügig bauen zu können, errichtete man auf dem Baugelände eine Feldfabrik mit einer Fertigungsanlage für Platten, die für alle Haustypen verwendet werden konnten. Die Wohnungen wurden auf dem „Fließband" erstellt. Eine neu entwickelte Gleitschalung brachte weitere Ersparnisse, weil die Einschalung eines Stockwerkes, z. B. durch Hochziehen, beim nächsten wieder benutzt werden konnte.

Unser Bild verdeutlicht im Grundriß viele Merkmale einer Gartenstadt: die Trennung von Wohn- und Durchgangsstraßen, die Gliederung in Stadtkleinzellen, die jeweils durch eine Wohnsammelstraße — hier Ring genannt — erschlossen und an die Fernstraßen angebunden werden, Grünflächen zwischen den Hochhäusern oder den Häuserzeilen. Fremd sind der Gartenstadtidee dagegen die an Manhattan erinnernden Hochhäuser. Größere Wohnungen findet man nur in den Bungalows und in den 3- bis 4geschossigen Mietshäusern. Dagegen bestimmen 1,5- bis $2^{2/2}$-Zimmer-Wohnungen den Wohncharakter der Hochhäuser. Das höchste Haus — links oben auf dem Bild — besitzt 213 Wohnungen auf 23 Stockwerke verteilt. Breite Gürtel scheiden auch Mettenhof von den benachbarten Siedlungen Kronshagen und Hasseldieksdamm (links und rechts oberhalb Mettenhofs). Die Hochhäuser, die „Sky-Liner", bestimmen das Zentrum (Bild). Hier treffen sich auch die Verbindungsstraßen, so der Skandinaviendamm und die Hofholzallee, die Anschlußstraße nach Hasseldieksdamm, sowie mehrere Ringstraßen. Erheblich umfangreicher als in normalen Gartenstädten vervollständigen öffentliche Einrichtungen das Siedlungsbild. Mehrere Grundschulen finden ihre Ergänzung in einem Bildungszentrum mit allen weiterführenden Schulen, einer Bibliothek und einer Abteilung der Volkshochschule. Sportanlagen, Kindergärten, Sozialeinrichtungen für die Alten, Einrichtungen der medizinischen Versorgung sind bereits vorhanden oder werden folgen. Die beiden Konfessionen planen ein ökumenisches Zentrum und wirken damit ebenfalls zukunftweisend. Mit dem Ausbau eines Gewerbegebietes für nicht lärmerzeugende Betriebe — z. Z. 6 — und mit seinem Wochenmarkt unterstreicht die neue Siedlung weiterhin, daß sie nicht eine monofunktionale Trabantenstadt — in diesem Fall eine reine Schlafstadt —, sondern ein lebendiger Stadtteil sein will.

Alle oben genannten Einrichtungen und die hinter ihnen stehenden Probleme interessieren den Bürger daher mehr als das Bild der Stadtsilhouette. Erste Umfragen haben ergeben, daß sich Unbehagen immer dann zeigt, wenn auf Grund der angestrebten Dezentralisation die dem Stadtteil zukommenden Funktionen für die Versorgung der Einwohner nicht erfüllt werden. Dieses Drängen der Neubürger ist zwangsläufig, denn Mettenhof ist nicht nur ein junger Stadtteil, sondern hat auch junge Einwohner. Ende 1975 waren über 30 Prozent unter 15 Jahren (zum Vergleich: Düsternbrook im Norden Kiels 10 Prozent). Damit ergibt sich eine eindeutige Zielrichtung für den weiteren Ausbau: Schaffung guter Schulverhältnisse, ausreichender Sportanlagen, eines Jugendzentrums, Überprüfung der Wohnungsgrößen bei kinderreichen Familien, Gründung von Kindergärten und Spielplätzen usw. Ohne Zweifel — unsere Zeit verlangt Stadtteile wie Mettenhof! Die Stadt Kiel und die „Neue Heimat" haben in kurzer Zeit für über 20 000 Bürger Wohnraum geschaffen, und die Menschen haben das Angebot angenommen.

Ein so sprunghafter Aufbau und die Ballung von Menschen unterschiedlichster Herkunft — manche sind auf die Unterstützung der öffentlichen Hand angewiesen — können nicht reibungslos erfolgen und erzeugen zahlreiche soziale und pädagogische Probleme. Für eine Wertung des Projektes ist die Zeit noch nicht reif. Es sollten aber allein die Neubürger entscheiden, ob hier das Ziel „Maß des Bauens ist der Mensch" erreicht worden ist.

Scharf hebt sich Mettenhof durch seine Wohnhäuser und die Führung seiner Straßen von den anderen Stadtteilen Kiels ab — wir können bis nach Laboe sehen! In einer eleganten S-Kurve durchzieht der Skandinaviendamm die Siedlung. An der von rechts einmündenden Hofholzallee markieren zahlreiche Hochhäuser und der Omnibusbahnhof ihr Zentrum. Etwas oberhalb liegt am Fuße des einzeln stehenden Hochhauses das „Einkaufszentrum — Mettenhof", eine reine Fußgängerzone. Im rechten unteren Teil zeigt uns der Verlauf des Jütlandringes anschaulich, wie eine „Stadtkleinzelle" mit ihren Wohnstraßen erschlossen und an die Durchgangsstraßen angebunden wird. — Blickrichtung NO

48 Neumünster-Gartenstadt: Der Stadtrand als Wohngebiet

Im Verlaufe der Industrialisierung entwickelte sich der einstige Flecken Neumünster schnell zu einer Industriestadt (1803 2600, 1895 22 000 und 1914 38 000 Einw.). In den letzten Jahrzehnten gelang es, die Kriegsfolgen zu beseitigen und durch den Ausbau der Metallindustrie die Position als Industriestandort auch nach dem Niedergang der Leder- und Tuchindustrie zu halten (1970: Erwerbstätige 65 137, so im produzierenden Gewerbe 35,7 %, im Handel und Verkehr 17,9 %, in Dienstleistungen 21,4 %). Bei einem sprunghaften Aufbau, der noch ab 1864 durch die Funktionen der Stadt als Garnision verstärkt worden war, kam es — wie in fast allen Industriestädten, so auch in Neumünster — zu sozialen Nöten, weil Arbeits- und Wohnstätten planlos verquickt wurden und an den menschlichen Bedürfnissen vorbeigingen.

Erst als Ende des Jahrhunderts die unzureichende Wohnsituation der Arbeiter allgemein sichtbar wurde, packten einige Unternehmer, vor allem aber Bau- und Sparvereine das Wohnungsproblem an. Neben Werksiedlungen, großen Wohnblocks schuf man auch Bereiche mit vorwiegend Einfamilienhäusern. Seit der Jahrhundertwende weitete sich die Stadt ständig durch Wohnsiedlungen mit steigender Qualität aus (Karte). Im Jahre 1963 gab es etwa 25 000 Wohnungen (1976: 35 157) in 8650 Gebäuden (Anteil der Eigenheime 5426). Um den Bewohnern der Mietshäuser ähnlich wie den Besitzern von Eigenheimen einen Ausgleich zur schweren Arbeit in den Fabriken zu verschaffen, legte man bereits seit 1912 nach dem Vorbild des Leipziger Arztes Schreber zahlreiche Kleingartenbereiche an (heute bestehen um 1800 Kleingärten).

Die „Alte Gartenstadt" im Nordwesten besitzt wohl den Namen einer im Sinne der englischen Gartenstadtbewegung am Ende des 19. Jhs. angelegten Siedlung, gründet sich jedoch auf andere Bestrebungen. Um 1910 schloß man für 40 Siedlerstellen auf dem Neuen Kamp an der Rendsburger Straße Gelände auf, um hier Rentenstellen für Mitglieder der hiesigen Militär- und Kriegervereine errichten zu können. Für jeweils eine Familie wurde eine Heimstätte mit mindestens 1/8 ha Gartenland vergeben. Da ein Baustil damals nicht vorgeschrieben worden war, entwickelte sich ein buntes Siedlungsbild, in dem allerdings der Landhausstil überwog (Bild links oben). Die Belastung der Siedler (mit jährlich 252 DM) war gering, da der Staat 80 Prozent der Bausumme bereitstellte und die Verwaltungskosten ganz übernahm.

Gegenwärtig erhält der heutige Stadtteil „Gartenstadt" durch neue Bauvorhaben erhebliche Ausweitungen. Unser Bild erfaßt einen bereits fertiggestellten Teil der „Neuen Gartenstadt" (Planung: 90 Eigenheime und 100 Großwohnungen). Die Gesamtfläche zeigt eine klare Gliederung und vermittelt auf den ersten Blick den Charakter einer Wohnsiedlung. Vom Stadtrand (unten außerhalb des Bildes) staffeln sich die Häuser in unterschiedlicher Bausubstanz von flachen Einfamilien- über Mehrfamilienhäuser zu achtgeschossigen Hochhäusern empor. Immer handelt es sich um freistehende Baueinheiten, so daß sie von Gärten und Grünanlagen umschlossen werden können (gesamt 4,8 ha). Markant verdeutlicht die Anlage der Straßen das Wohngebiet. Jeder einförmige Schematismus wird vermieden, geschwungene Führungen wirken ebenfalls einer Eintönigkeit entgegen, Fernstraßen werden tangential vorbeigeleitet, besitzen aber Verbindungen zu den die Stichstraßen (unterer Bildrand) aufnehmenden „Wohnsammelstraßen".

Mit der „Neuen Gartenstadt" wollen die Planer die gewandelten Wohnbedürfnisse der Einwohner befriedigen und die Eigentumsbildung fördern. Diese Zielsetzung läßt sich noch verstärken, da es in absehbarer Zeit nicht mehr um die Versorgung eines Bevölkerungszuwachses geht, denn bei einer gegenwärtigen Einwohnerzahl von fast 90 000 rechnet man auf Grund des hohen Sterbeüberschusses und der Abwanderungen bis 1985—1990 mit einem Richtwert um 78 500. Die Veränderungen im Wohnverhalten spiegelt auch die Statistik über die Binnenwanderung wider:

Stadtteile	1970	1973		1974		1975		1976	
Innenstadt	37 966	36 423	− 1,2 %	35 714	−2,0 %	35 012	−2,0 %	34 516	−1,4 %
Gartenstadt	3 442	5 031	+ 47,5 %	5 310	+ 5,3 %	5 256	−1,0 %	5 291	+ 0,7 %
Ruthenberg	956	1 613	+ 40,7 %	1 627	+ 0,9 %	1 780	+ 3,0 %	1 848	+ 3,8 %

Der Freizeitwert der Gartenstadt erhöht sich nicht nur durch die wohnungsfreundliche Anlage, sondern ebenfalls durch die Nähe des Stadtwaldes mit zahlreichen Sportanlagen, einem Schwimmbad und dem Tiergarten. Es verwundert daher nicht, daß Pläne über eine Erweiterung der „Neuen und Alten Gartenstadt" um 41,5 ha vorliegen. Ein Gemeindezentrum, Kindergarten, Kindertagesstätte und Spielwiesen sollen sich sinnvoll einfügen. Neue Straßen, Fuß- und Wanderwege werden die vorhandene und künftige Bebauung harmonisch miteinander verbinden.

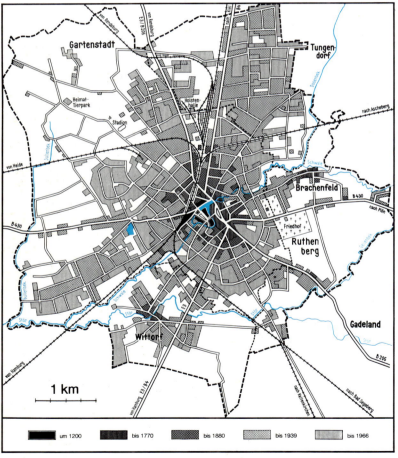

Die Entwicklung der Bebauung in Neumünster

Ein Band von Wiesen trennt die Alte und die Neue Gartenstadt am nordwestlichen Stadtrand voneinander. Alle Häuser sind in Grünflächen eingebettet worden. Die Wohnstraßen — insbesondere die Stichstraßen im Vordergrund — bleiben vom Durchgangsverkehr frei. Hinter den Hochhäusern verläuft die Carlstraße und bindet die Wohnsiedlung an den Stadtkern an. — Blickrichtung SO

49 Bad Segeberg: Der Stadtrand als Entwicklungsraum

Nach dem Zweiten Weltkrieg haben sich in den Randgebieten der meisten Städte neue Wohn- und Gewerbesiedlungen entwickelt. Diesen Vorgang erfaßt das Bild vom westlichen Stadtrand Bad Segebergs (Einwohner: 1939 6394, 1950 12 011, 1977 14 719). Durch den Zustrom der Flüchtlinge nach dem Zweiten Weltkrieg hat sich die Bevölkerung plötzlich fast verdoppelt.

Um die vielen Neubürger auf Dauer unterbringen zu können, hat man bis 1965 zwischen der Hamburger Straße und der heutigen B 206 nach Lübeck — etwas unterhalb unseres Bildes — für 6000 Menschen die sogenannte „Südstadt" geschaffen. Infolge der schnellwachsenden Industrie und der Rationalisierung in der Landwirtschaft wanderten in allen Gebieten der Bundesrepublik in den vergangenen Jahrzehnten Menschen von den Dörfern ab, um in Berufen des produzierenden Gewerbes oder der Dienstleistungen in den Städten eine neue Existenz zu finden. Dieser allgemeine Verstädterungsprozeß gilt auch für Bad Segeberg, wie uns die Karte im Text und das Bild vom Stadtrand anschaulich beweisen. Wir erkennen im Vordergrund die Firma Möbel-Kraft und links eine erst nach 1965 angelegte Wohnsiedlung in gemischter Bauweise. Mit einem Geschäftsraum von 111 000 m² ist die Firma Kraft eines der größten Einrichtungshäuser der Bundesrepublik. Über 2000 Menschen aus der Stadt oder aus den benachbarten Dörfern fanden hier durch die Initiative von Artur Kraft, der früher eine Tischlerei in der Stadt betrieben hatte, einen Arbeitsplatz. Täglich kommen um 1000 Kunden — an Sonnabenden bis zu 4000 — aus allen Teilen des Landes allein wegen dieser Firma nach Segeberg. Auf einer Ausstellungsfläche von 22 000 m² findet der Käufer ein Angebot, wie es nur selten anzutreffen ist. Die Parkfläche mit 2400 Stellplätzen und der große Fuhrpark bezeugen die Reichweite des Einrichtungshauses — man liefert bis in den süddeutschen Raum hinein. Gleichzeitig wird auch deutlich, daß nur durch das Auto solche Großbetriebe des Facheinzelhandels am Rande der Städte möglich sind.

Da die aus der Funktion als Bad und Kreisstadt erwachsenden Arbeitsplätze sowie ein Großbetrieb nicht ausreichen, um die Beschäftigung zu sichern, hat die Stadt erhebliche Anstrengungen unternommen, um neuen Betrieben günstige Bedingungen bieten zu können. Reine Gewerbegebiete wies man im Südosten an der Rosenstraße und im Osten zwischen der B 205 und der Bramstedter Landstraße in der äußeren Randzone aus. An der Rosenstraße haben u. a. Versorgungsbetriebe für Flüssiggas ihre Niederlassungen. Vielfältiger ist das ältere Mischgebiet gegenüber der Kreisverwaltung. Während eine Textilfirma und eine Schokoladenfabrik selbständig produzieren, haben viele andere Betriebe nur Verteilerfunktionen. So besitzt z. B. ein Ölhändler einen Umschlagplatz mit einem Tank für 2 Millionen Liter für die Versorgung des ganzen Kreises. Daneben gibt es in der Stadt verstreut weitere Niederlassungen größerer Unternehmen für die Versorgung eines weiten Umlandes, z. B. eine Generalvertretung von Ford.

Mit dem erhöhten Arbeitsangebot wurde der Stadtrand auch für die Bewohner der Nachbargemeinden interessant. Längere Wege zwischen dem Wohnsitz und dem Arbeitsplatz können durch das Auto zeitlich so verkürzt werden, daß sie kein Hindernis bei der Wahl der Arbeitsstätte zu sein brauchen. So gibt es in Segeberg sogar Einpendler aus den Randgemeinden von Lübeck und Neumünster. Heute ist etwa jeder dritte Beschäftigte in der Stadt ein Einpendler. Das ausgebaute Straßennetz reicht für den Normalverkehr, genügt aber nicht in den Spitzenzeiten des Berufs- und Geschäftsverkehrs. Eine bessere Anbindung der Stadt durch Zubringer an die Autobahn würde sicherlich die Entwicklung der neuen Gewerbegebiete beschleunigen.

Mit dem Ausbau seiner Funktionen hat Segeberg einen Weg beschritten, den viele Orte gehen müssen. Eine stabile wirtschaftliche Lage können heute fast alle Städte nur durch mehrere Aufgaben erreichen. Dabei braucht diese Entwicklung kein Nachteil zu sein, wie das Beispiel Bad Segeberg zeigt. Wandlungen und Vermehrung der Funktionen haben sich deutlich im Stadtbild niedergeschlagen: Die Altstadt am „Kalkberg" (Karte), einst von militärischen und „bergbaulichen" Funktionen geprägt, weckt heute mit ihrem historischen Charakter, den Höhlen im Berg und durch die Karl-May-Festspiele Anreize für viele Fremde; das Kurzentrum (Bild rechts) mit den angrenzenden Sportanlagen in unmittelbarer Nähe des Sees und am Rande einer Agrarlandschaft bestimmt weiterhin den Charakter als Badeort; Mischzonen von Geschäfts- und Verwaltungshäusern, von Wohnzeilen und Gewerbebetrieben, vor allem aber der neugestaltete Stadtrand veranschaulichen die mehrfunktionale Bedeutung der heutigen Stadt.

Das Beispiel Segeberg verdeutlicht allgemein die gegenwärtige Entwicklung der Stadtrandzonen. Da in den Innenstädten der Raum zu knapp und zu teuer geworden ist, vollzieht sich die Expansion vorwiegend in den äußeren Bereichen. Große Flächen zu vertretbaren Preisen und die Möglichkeiten, die Infrastruktur der Stadt mit relativ geringen Mitteln auszunutzen und Wohn- und Gewerbegebiete sinnvoll trennen zu können, bieten hier die notwendigen Anreize. In größeren Städten kommt es häufig zu Verlagerungen alteingesessener Betriebe von der Innenstadt in die Randzone. An ihre Stelle treten im Stadtkern Büro- und Bankhäuser. Großstädte erhalten dann ihre City (Nr. 53).

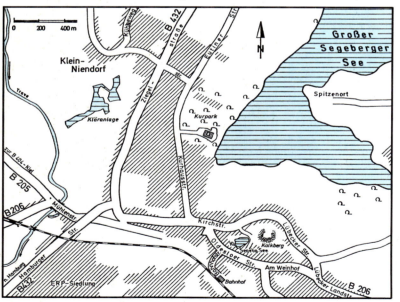

Bad Segeberg zwischen 1960 und 1970

Deutlich erkennen wir, wie die nach Norden laufende Ziegelstraße zwei unterschiedliche Zonen trennt: Im Osten am See das umgewandelte Kurzentrum und ältere Wohngebiete — vor allem aus der Zeit zwischen den Weltkriegen — und den gegenwärtigen westlichen Stadtrand mit neuen Betrieben und Wohngebieten. Wir erblicken im Vordergrund die Firma Kraft und an der linken Bildseite nach 1965 errichtete Wohneinheiten. In der unteren linken Bildecke wird noch ein Teil des Landschaftsschutzgebietes an der Trave sichtbar. — Blickrichtung N

50 Lübeck: Von der Hansestadt zur Industriestadt

Die Textkarten (S. 114, 115) zeigen uns, daß sich Lübeck erst seit dem vorigen Jahrhundert über seine Altstadtgrenzen hinaus weiter entwickelt hat. Da der Schutz der Stadt jahrhundertelang Vorrang genoß, wurde ein Zuwachs an Bevölkerung immer wieder innerhalb der Mauern untergebracht. So entstand eine sehr enge Bebauung, in die ebenfalls die Hinterhöfe einbezogen werden mußten (Bild). Die mit dem Aufkommen der Dampfschiffahrt und der Eisenbahn veränderte verkehrsgeographische Lage brachte Ostseehäfen wie Danzig und Stettin sowie den Nordseehäfen Vorteile, zwangen jedoch Lübeck zum ökonomischen Umdenken. Mit der Aufhebung der Torsperre 1864 und dem Verkünden der Gewerbefreiheit 1866 begann die Verlagerung des wirtschaftlichen Schwerpunktes vom Umschlaghandel auf die Industrie. Damit war die Gefahr, als „Museumsstadt" zu stagnieren, gebannt worden. Die Notwendigkeit dieses Funktionswandels zeigte sich noch klarer, als nach dem Bau des Nord-Ostsee-Kanals 1895 die Handelsgüter zwischen Westeuropa, Übersee und Skandinavien in Hamburg und Bremen umgeschlagen wurden; denn durch den neuen Kanal war der Seeweg zwischen den Nordseehäfen und den Ostseeländern um die Hälfte verkürzt worden. Durch den Ausbau des alten Stecknitzkanals zum leistungsfähigeren Elbe-Trave-Kanal gewann Lübeck bessere Verbindungen zu seinem mitteldeutschen Hinterland. Es wurde ein „Elbe-Seehafen an der Ostsee", konnte sich jedoch nicht wieder gegen die leistungsstärkeren Nordseehäfen durchsetzen; es erlebte aber ebenso wie diese eine schnelle Industrialisierung.

Da die Altstadt als „Stadt der sieben Türme" erhalten bleiben sollte, mußten die Industrieanlagen und die neuen Wohngebiete in die Vorstädte verlegt werden. Die Trave und der Kanal bildeten die Leitlinien der räumlichen Entwicklung. Mit der Vorstadt St. Lorenz-Süd stellt das Bild im Mittelgrund ein Mischgebiet von Fabriken und Wohnblocks dar. Rechts unterhalb der Wallanlagen weisen mehrere Schornsteine auf den Industriebereich am Elbe-Lübeck-Kanal hin. Das Drägerwerk, Schwerpunkt dieses Raumes, liegt nicht unmittelbar am Wasser, da seine Produktion – z. B. Taucher- und Rettungsgeräte, medizinische Apparate und Ausrüstungen für Krankenhäuser – einen solchen Standort nicht verlangt. Dagegen befinden sich die Gaswerke mit ihrem großen Bedarf an Kohlen am Ufer der Kanal-Trave (rechts außerhalb des Bildes). Da im Westen der Altstadt weder Wälder noch Wasserläufe eine Ausdehnung der Stadt behinderten, entwickelte sich von St. Lorenz-Süd bis Vorwerk im Nordwesten eine Industriezone. Sie folgt dann dem Lauf der Untertrave weiter bis Travemünde (Nr. 51). Die vier unmittelbar an die Altstadt grenzenden Vorstädte nahmen die wachsende Bevölkerung auf.

Infolge der stärkeren Industrialisierung im Westen Lübecks kam es hier zu einer engeren Bauweise, teilweise zur Anlage von Mietskasernen. Deutlich grenzen sich auf dem Bilde auch in St. Lorenz-Süd die jüngeren Wohnbezirke von den bereits um die Jahrhundertwende errichteten mehrgeschossigen Blocks unterhalb der Wallanlagen ab. Die Altstadt nahm umweltfreundlichere Betriebe der Nahrungs- und Bekleidungsindustrie sowie viele Druckereien auf. Durch den Ausbau des Einzelhandels entwickelte sie sich zu einem bedeutenden Einkaufszentrum für ein weites Umland. Da auch die Dienstleistungsbetriebe an Zahl und Größe zunahmen, wandelte sich die Altstadt zu einer City, die allerdings an Wohnqualität laufend verlor.

Um die vielen Flüchtlinge nach dem Zweiten Weltkrieg unterbringen zu können – nach Lübeck waren fast 100 000 Menschen eingeströmt –, legte man weitere Wohnstraßen und Schulen (Bildmittelgrund) an, gründete man neue Stadtteile (Bildvordergrund). Wegen der höheren Wohnqualität in den Randgemeinden verlegten auch viele Bürger der Altstadt ihren Wohnsitz in die Neubaugebiete. Gegenwärtig sinkt ebenfalls in den Vorstädten die Bevölkerungszahl. Der Rückgang läßt sich zu etwa 60 % durch den hohen Sterbeüberschuß infolge der Überalterung und der Rest durch Abwanderung erklären.

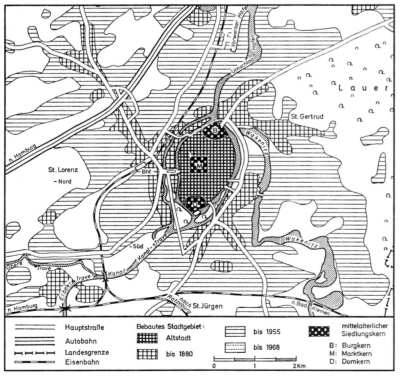

Räumliche Entwicklung der Bebauung im Stadtgebiet von Lübeck

Stadtteil	Lage im Bild	1925	1950	1970	1975
Altstadt	Hintergrund	33 194	32 141	18 344	16 685
St. Lorenz-Süd	Mittelgrund	17 671	21 383	16 300	15 104
Buntekuh	Vordergrund	—	3 052	ca. 10 000	13 498
Lübeck ges.	—		120 788	238 276	239 657	232 067

Da die Altstadt für Bürger, die eine vielfältige Urbanität wünschen, wieder attraktiv werden soll, tritt bei der gegenwärtigen Sanierung neben die Zielbereiche „Kulturdenkmal" und „Zentralität" auch der Bereich „Wohnen". Von den im Jahre 1970 99 641 Erwerbstätigen am Wohnort (letzte Volkszählung) arbeiteten 42 Prozent im produzierenden Gewerbe, 31,3 Prozent in Dienstleistungsbetrieben und „nur noch" 25,3 Prozent im Handel und im Verkehrswesen. In wenigen Jahrzehnten ist aus der einseitigen Handelsstadt eine wirtschaftlich vielseitig orientierte Stadt mit ihrem Schwerpunkt in der Industrie geworden.

Eindrucksvoll grenzt sich durch ihre Insellage, ihre dichte Bebauung und die von den sieben Türmen bestimmte Silhouette die Altstadt von ihren Vorstädten ab. Drei alte Siedlungskerne heben sich heraus: in der Mitte der Marktbereich mit der Marienkirche, rechts im Süden der Dombezirk und links im Norden der Burgkern. Zwischen den Wallanlagen und dem Verschiebebahnhof liegen die Fabriken und Wohngebiete der Vorstadt St. Lorenz-Süd. Der Vordergrund zeigt noch einige Straßen der jungen Wohnsiedlung „Buntekuh". — Blickrichtung O

51 Die Untertrave als Industriegasse

Die Entwicklung der Landschaft zwischen Lübeck und Travemünde ist eng mit der Geschichte der Hansestadt verbunden. In den Jahrhunderten der Segelschiffahrt reichte die Untertrave mit ihrem 2,5–3 m tiefen Wasser für den Anschluß Lübecks an die Ostsee aus (Karte). Doch der Übergang zur Dampfschiffahrt und die wirtschaftliche Neuorientierung der Hansestadt im 19. Jh. (Nr. 50) verlangten erhebliche wassertechnische Maßnahmen, um die Funktion des Flusses als Wasserstraße zu erhalten und die Ansiedlung von Industrien zu ermöglichen. Flußbegradigungen mit Hilfe von Durchstichen (z. B. im Bild bei der Herrenbrücke) und die Anlage von Dämmen zwischen dem Fluß und Niederungen (Bild) sowie Vertiefungen (1854: 4–5 m, 1864: 5,30–6,30 m, 1907: 7,50–8,50 m) paßten die Wasserstraße immer wieder an die veränderten wirtschaftlichen Bedingungen der werdenden Industrielandschaft an. Gegenwärtig will man eine Wassertiefe von 9,50 m schaffen, damit Schiffe mit einer Ladefähigkeit von 15 000 tdw Lübecks Stadthäfen erreichen können.

Nach dem Ausbau des Flusses zu einer Seewasserstraße übernahm die Untertrave bei der wirtschaftlichen Erschließung eine ähnliche Aufgabe wie die meisten Ströme in hochentwickelten Kulturlandschaften, d. h., sie wurde sowohl Verbindungsweg zwischen einem älteren sich an die Neuzeit anpassenden Wirtschaftszentrum und dem Meer als auch zur räumlichen Leitlinie der Industrialisierung (vgl. London und die Themse, Hamburg und die Elbe).

Die Grundstruktur der Industriezone an der Untertrave geht auf Pläne um die Jahrhundertwende zurück. Wegen des guten Anschlusses dieses Raumes an die Ostsee und durch den Elbe-Trave-Kanal an das weite Hinterland Mitteleuropas sowie an die Nordseehäfen, siedelten sich vor allem Betriebe, die auf einen billigen Transport von Massengütern angewiesen waren, sowie Werften an. Neben den guten Verkehrsverbindungen zu Wasser und niedrigen Grundstückspreisen förderten vor allem Initiativen Lübecker Kaufleute die industrielle Entwicklung. Als beispielhaft gilt dafür das auf Drängen des Industrievereins und der Handelskammer zu Lübeck an der Untertrave im Jahre 1907 in Betrieb genommene Hochofenwerk (Bild). In günstiger Lage zwischen den Erzen Schwedens und der Kohle des Ruhrgebietes konnten alle Vorteile des Standortes für ökonomische Transportkosten ausgenutzt werden. Seit den Anfängen hat das Werk hinsichtlich der Rohstoffversorgung und der Produktion manche Wandlungen erfahren (z. B. Kohle aus England, Erze aus Afrika, Erzeugung von Kupfer nach dem Zweiten Weltkrieg). Die heutigen Metallhüttenwerke Lübeck AG gehören seit 1974 zur United States Steel Corporation. Wirtschaftliche Überlegungen führten zur Aufgabe der Kupferproduktion und zur Reduzierung der Produktion bei Eisen von drei auf zwei Hochöfen. Von Bedeutung sind gegenwärtig folgende Jahresproduktionen: Roheisen 500 000 t, Hochofenzement 400 000 t, Koks 450 000 t. Da Lübeck wegen seines Anschlusses an das Erdgas kein Kokereigas mehr abnimmt, betreibt man jetzt ein eigenes Gaskraftwerk. Wie andere Hüttenwerke an der Küste (z. B. Vegesack, Ijmuiden und Stettin) nutzt man weiterhin die durch den Standort bedingte Möglichkeit, per Seeschiff die Transportkosten niedrig zu halten, zur Ausnutzung der günstigsten Rohstoffangebote auf dem Weltmarkt.

Am Minimalpunkt der Transportkosten entstand 1906 an der Untertrave (Bildvordergrund) ein Zweigwerk der Firma Villeroy und Boch aus Mettlach an der Saar. Es erhielt seine Kohle aus dem Ruhrgebiet und die Rohstoffe für die Herstellung von Wandplatten und Gebrauchskeramik über die Binnenwasserstraße aus Mitteldeutschland und der Tschechoslowakei. Beispielhaft zeigt es die Auswirkungen der Grenze zur DDR auf die Wirtschaft Lübecks. Es verlor 80 Prozent seiner Rohstoffquellen und 30 Prozent seines Absatzmarktes.

Hinter der Herrenbrücke erkennen wir die Flenderwerke. Diese Werft hat sich auf den Bau von Spezialschiffen und Spezialdocks konzentriert, um der Konkurrenz von Großwerften im In- und Ausland begegnen zu können. Auf dem der Werft gegenüberliegenden Ufer der Trave entwickelte sich aus dem Fischerdorf Schlutup ein Zentrum der Fisch- und Holzindustrie. Schwierigkeiten bereitete nach dem zweiten Weltkrieg nicht nur der Verlust von 70 Prozent des Absatzmarktes der Fischindustrie, sondern auch die Schaffung eines wirtschaftlichen Ausgleiches für die hier vor dem Kriege aufgebaute Rüstungsindustrie.

Die Folgen des Krieges, die Wandlungen auf den Rohstoff- und Absatzmärkten, die Auswirkungen erhöhter Hebesätze bei verschiedenen Steuern und die Expansion des tertiären Sektors in der Stadt hemmen die industrielle Entwicklung, so daß man gegenwärtig von einer Stagnation sprechen muß. Das Guanowerk (Bildvordergrund zwischen Bahn und Fluß) hat z. B. seinen Betrieb an die Nordsee verlegt. Das Stahl- und Walzwerk (unterhalb der Kohlehalden) mußte die Produktion einstellen. Obwohl der Industrieraum zwischen Lübeck und Travemünde durch die ausgebaute Untertrave an die Ostsee angebunden und ebenfalls durch Straße und Schiene verkehrsmäßig gut erschlossen ist, glaubt man auf die Anpassung des Elbe-Lübeck-Kanals (z. Z. nur für Schiffe bis 800 t befahrbar) an das europäische Binnenwasserstraßennetz (vgl. Elbeseitenkanal – ausgelegt für das „Europaschiff" von 1300 t) nicht verzichten zu können. Die hohen Ausbaukosten, die nicht eingetretenen Erwartungen für ein Wachsen der Binnenschiffahrt – für den Seitenkanal rechnete man ursprünglich mit einem Transportaufkommen von jährlich 10–12 Mio., heute nur noch mit 6 Mio. t – und die verschärft auftretende Konkurrenz der Bundesbahn hemmen die Entscheidung für einen Ausbau. Wegen seiner peripheren Lage zu den westdeutschen Industriezentren an der Grenze zur DDR und seiner unvollkommenen Verkehrsanbindung kann die Wirtschaft an der Untertrave im Gegensatz zur anderen Industriezone an Flüssen (z. B. Unterelbe, Unterweser) keine wirtschaftliche Expansion vorweisen.

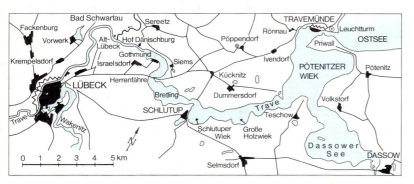

Die Trave um 1811

Zwischen Lübeck und Travemünde bestimmt die zur Seewasserstraße ausgebaute Untertrave die räumliche Entwicklung der Industrie. Ihrer Linienführung haben sich die anderen Verkehrswege angepaßt. Wir schauen vom Werk Villeroy und Boch im Vordergrund flußabwärts und erkennen recht deutlich an den hohen Schornsteinen das Kraftwerk von Siems, an den Docks hinter der Herrenbrücke die Flenderwerft und anschließend das Metallhüttenwerk. Auf dem rechten Ufer schauen wir über die Wohnsiedlungen von Gothmund und Israelsdorf auf das oberhalb der Ausbuchtung „Breitling" gelegene Industriegebiet von Schlutup. – Blickrichtung O

52 Ratzeburg: Historischer Stadtkern und landschaftsbezogener Seniorenwohnsitz

Auf der Insel im Ratzeburger See legten die slawischen Polaben eine Burg an. In deutscher Zeit entstand hier nach 1142 eine Burgsiedlung, die zur Stadt anwuchs; ihr Wahrzeichen blieb der um 1220 fertiggestellte romanische Dom auf dem Nordzipfel der Insel. Der heutige Stadtgrundriß entspricht nicht mehr der unregelmäßigen mittelalterlichen Anlage. Nach dem Brand von 1693 wurde die Stadt auf fürstlichen Befehl in barocker Manier mit rechtwinklig sich kreuzenden Straßen völlig neu errichtet.

Die Lage auf der lange Zeit nur über Brücken zugänglichen Insel bedeutete Schutz für die Bürger. Trotz zunächst langsamen Wachstums (1800: etwa 2000; 1900: 3840 E.) wurde jedoch um 1850 der Raum auf der nur etwa 60 ha großen Insel knapp; auf den Gegenufern im Osten wie im Westen entstanden Vorstädte.

Durch die kleine Insel ging die Grenze zwischen zwei Territorien. Der Dombezirk, der sich bis heute durch geringere Bebauung abhebt (Bild), fungierte bis 1918 als „Regierungssitz" eines — ursprünglich geistlichen — Kleinstaates. Die Stadt Ratzeburg war 1616—1689 Residenz der Herzöge von Sachsen-Lauenburg; bis 1866 saß hier die Regierung des Herzogtums. Mehrere Bauwerke erinnern an diese Epoche, z. B. das ehemalige Landeshaus, das jetzige Kreishaus, an der Westseite des Marktplatzes. Heute ist Ratzeburg (13 000 E.), dessen Altstadt sich zu einem Einkaufszentrum entwickelt hat, zentraler Ort für das östliche Lauenburg. Als Kreisstadt betreut Ratzeburg 152 000 Menschen mit zentralen Dienstleistungen (u. a. Kreisbehörden im weißen Gebäude am linken Bildrand, Kreiskrankenhaus, Gymnasium).

Seit etwa 1955 strömt ein starker Durchgangsverkehr durch die Altstadt, die damit eine neue — überwiegend störende — Funktion erhielt. Eine Umgehungsstraße, die am nördlichen Stadtrand entlangführen soll, wird die Altstadt entlasten.

Die um 1955 in der Altstadt vorhandene Bausubstanz war stark überaltert, sie stammte zu einem erheblichen Teil noch aus der Zeit nach dem Brand von 1693. Diesen Zustand gibt das Bild im Luftbildatlas I, S. 78, wieder. Das Luftbild vom 29. 3. 1977 läßt dagegen viele Gebäude erkennen, die nach ihren baulichen Merkmalen erst wenige Jahrzehnte alt sein können. Sie sind im Zuge einer Sanierung entstanden, die in der Altstadt seit 1967 stattgefunden hat, und die an einigen Stellen noch fortgesetzt wird. Verschwunden sind dabei ausschließlich solche Bauwerke, die einerseits alt und baufällig waren, andererseits aber keinen Wert als Baudenkmäler besaßen. An ihre Stelle traten nicht nur Geschäfts- und Behördenbauten und solche für kulturelle Zwecke, sondern — wie das Bild zeigt — auch viele Wohngebäude. Durch die Sanierung ist die Altstadt nicht funktional verändert, sondern ihrer gegebenen Funktion besser angepaßt worden. Dabei hat die Zahl der Altstadtbewohner im Gegensatz zu der Entwicklung in anderen Städten (vgl. Nr. 41, 53, 54) sogar zugenommen.

Mit dem bei der Sanierung angefallenen Schutt wurde die Stadtinsel im Süden erheblich verbreitert; auf dem Neuland entstand die Kurparkanlage, der auch die neue Schwimmhalle (vorn rechts) zugeordnet ist. Wegen seiner zentralen Lage im „Naturpark Lauenburgische Seen", vor allem aber wegen seiner einzigartigen Insellage und wegen seiner Sehenswürdigkeiten (Dom) lockt Ratzeburg immer mehr Besucher an. Die Stadt bietet ihren Gästen unter anderem Möglichkeiten zum Wassersport (Schwimmen, Rudern, Segeln; Sportfischerei) — am Nordwestufer der Insel (im inneren Winkel der Bucht) liegt die Ruderakademie. Bei insgesamt rund 600 Fremdenbetten gab es 1976 mehr als 118 000 Übernachtungen. Die Auslastung stieg von 1970 bis 1976 auf das Doppelte an (1976: 197,4 Tage), die mittlere Verweildauer stieg von 3,6 (1970) auf 5,9 Tage (1976).

Für die Erhaltung des Sees als Freizeitlandschaft hat die Stadt erhebliche Opfer gebracht. Das Klärwerk arbeitet seit 1974 mit einer chemischen Stufe. Sie entfernt aus dem Abwasser auch die Phosphate, die sonst eine Eutrophierung des Sees bewirken würden (vgl. Nr. 32).

*

Etwa 1 km südlich der Altstadt ist 1974 ein moderner Seniorenwohnsitz fertiggestellt worden. Während man Wohnanlagen für alte Menschen heute vielfach in Städten erbaut, damit die Senioren am urbanen Leben teilhaben können, waren hier die von der Stadt abgesetzte freie Lage in der Landschaft einerseits, die räumliche Nachbarschaft Ratzeburgs andererseits für die Standortwahl maßgebend. Der Wald und der nahe Küchensee ermöglichen ein ungestörtes Landschaftserlebnis auf Spaziergängen, aber auch vom Wohnungsfenster aus. Außerdem haben die Lage inmitten des „Naturparks Lauenburgische Seen" sowie die Nähe Lübecks (26 km) für die Entscheidung eine Rolle gespielt. Für die Gestaltung wurde ein Architektenwettbewerb ausgeschrieben; neben der funktionalen Konzeption wurde besonderer Wert darauf gelegt, die Bauten in die Landschaft einzufügen.

Träger der Anlage ist die „Betriebsgesellschaft Senioren-Wohnsitz Ratzeburg", die sich im Besitz der Hamburgischen Landesbank befindet. Das Unternehmen wird — ohne staatliche oder sonstige Zuschüsse — nach wirtschaftlichen Gesichtspunkten geführt. In den vier- bis sechsgeschossigen, locker miteinander verbundenen Wohntrakten sind insgesamt rund 500 Appartements in Größen zwischen 28 und 65 m² vorhanden, die — ebenso wie die ganze Anlage — auf die Bedürfnisse älterer Menschen abgestimmt sind. Ein Mindestalter ist jedoch nicht Voraussetzung für den Abschluß eines Mietvertrages, der dann für die Gesellschaft — nicht für den Mieter — unkündbar ist, also auf Lebenszeit gilt. Je nach ihren individuellen Wünschen können die Bewohner ihr Leben sehr unterschiedlich gestalten; dazu stehen ihnen im Wohnsitz u. a. zur Verfügung: überdachte Ladenstraße, Restaurant, Kurmittelhaus und Pflegestation (Flachbauten in der Mitte), Kurklinik, ein großer Saal für kulturelle Veranstaltungen; zahlreiche und vielseitige Anlagen für Sport und andere Freizeitaktivitäten. Ferner sind ein Gästehaus vorhanden sowie ausgedehnte, teils unterirdische PKW-Stellplätze. In dem Hochhaus liegen die Mitarbeiterwohnungen.

Die große Nachfrage zeigt, daß der Gedanke einer derartigen „Stadt für Senioren" von den Adressaten gut aufgenommen worden ist. Die „distanzierte Anlehnung" an das alte Ratzeburg hat sich bisher ebenfalls bewährt, sowohl für die Senioren, denen die nahe Stadt zahlreiche Möglichkeiten bietet, z. B. für Einkäufe und zur Freizeitgestaltung, als auch für Ratzeburg, das wirtschaftlich von den Neubürgern profitiert und dessen Gäste Kurmittelhaus und Kurklinik des Seniorenwohnsitzes mit benutzen. Durch die enge Verflechtung des neuen Wohnsitzes mit der alten Stadt kann die Gefahr einer Isolierung der Senioren nicht auftreten.

Der Kern der Inselstadt Ratzeburg ist ein Beispiel für langsames Wachsen und für einen allmählichen Wandel der Stadtlandschaft. Deshalb stehen hier alte Bauwerke, wie z. B. der romanische Dom und die spätbarocke Stadtkirche, sowie zahlreiche Profanbauten aus dem 17. bis 19. Jahrhundert in buntem Wechsel mit Gebäuden aus jüngster Zeit. — Blickrichtung N

Nur 1 km südlich der gewachsenen Altstadt liegt der Seniorenwohnsitz als ein einheitlich geplanter und bewußt in die Landschaft eingefügter Komplex. — Blickrichtung NW

53 Hamburg, Innenstadt: Entwicklung der City

Hamburg: „Tor zur Welt", Welthafenstadt mit 1,7 Millionen Einwohnern, größter Außenhandelsplatz und zweitgrößter Industriestandort Deutschlands, pulsierender Verkehrsknoten des Nordens und herausragende Dienstleistungs- und Kulturmetropole — all das findet in der City unmittelbar oder mittelbar seinen Ausdruck. In Grundriß und Erscheinungsbild offenbart sie aber auch zugleich die Entwicklung der Hansestadt vom Ursprung bis in die heutige Zeit.

Keimzelle war die Hammaburg; sie entstand um 820 auf dem Geestsporn östlich der Alsterniederung und einer Alsterfurt — als fränkischer Brückenkopf nördlich der Elbe. Aus der Missionskirche, die Erzbischof Ansgar in der Mitte der Burg errichtet hatte, erwuchs der Dom, der 1806 abgebrochen wurde (Karte: D).

Das Wachstum der Stadt beschränkte sich bis ins 16. Jh. auf den Geestsporn und die angrenzenden Flußmarschen (s. Karte): Neben der bischöflichen entwickelte sich im 12. Jh. jenseits des gewundenen Alsterlaufs die gräfliche Stadt der Schauenburger; die Vorrechte, die der Freibrief Barbarossas 1189 dieser Neugründung vermittelte, und der Zusammenschluß der beiden Gemeinden 1216 führten zu stürmischer Entfaltung Hamburgs. Aber erst im 17. Jh. wurde die Stadt wesentlich erweitert: Mit dem Ausbau zur stärksten Festung Nordeuropas (1616 bis 1625) gewann sie die äußere Form und zugleich Begrenzung, die ihr weiteres Wachstum bis ins 19. Jh. bestimmte und der heutigen City entscheidende Strukturlinien und Gesichtszüge vorprägte. Auf den Geesthöhen westlich der Alsterniederung entstand die Neustadt mit der „Großen Michaeliskirche", Vorgängerin des heutigen „Michels" (Karte: M); die neuen Bastionen schieden die gestaute Alster in Binnen- und Außenalster und erweiterten das Hafengelände entlang der Elbe (später Niederhafen und Oberhafen). Im Laufe des 17. Jhs. erhöhte sich die Zahl der Einwohner von 40 000 auf etwa 60 000, bis 1790 auf 100 000. Die immer dichtere Bebauung innerhalb des Wallrings führte zu engen und winkeligen Höfe- und Gängevierteln.

Von diesem historischen Stadtbild ist heute kaum etwas erhalten. Das ergab sich nicht nur aus der baulichen Anpassung der Innenstadt an entwicklungsbedingte neue Aufgaben und gewandelte Funktionen, sondern zugleich aus drei unheilvollen Ereignissen: 1842 vernichtete der große Brand ein Drittel der Stadt (Karte: 1). 1892 forderte eine Choleraepedimie 8600 Menschenleben, insbesondere in den ungesunden Gängevierteln, die der Brand verschont hatte; umfangreiche Stadtsanierungen waren die Folge (3, 4, 5). 1942—45 wurde Hamburg von schweren Luftangriffen heimgesucht.

Die wuchtigen Geschäfts- und Kontorhäuser, die heute den Ostteil der City beherrschen, sind aus der großzügigen Sanierung dieses Gebietes hervorgegangen (5): 1908 wird die Mönckebergstraße vom alten Steintor her (links vordere Ecke des Hauptbahnhofes) zum Rathausmarkt (Mitte links, außerhalb des Bildes) durchgebrochen und zwischen 1911 und 1913 mit großen Bürohäusern einheitlich bebaut; sie entwickelt sich zur zentralen Hauptgeschäfts- und Einkaufsstraße, in jüngster Zeit mit vermehrtem Warenhausangebot in Bahnhofsnähe (s. z. B. Horten mit Parkdeck) und angeschlossenen Fußgängerzonen wie z. B. Spitalerstraße (vom Haupteingang des Bahnhofs schräg nach links verlaufend). Südlich davon, in unmittelbarer Nähe des Oberhafens und der Freihafenspeicher (unten rechts angeschnitten), entstehen nach dem Ersten Weltkrieg die klinkerverkleideten Kontorblöcke wie z. B. der monumentale dreigliedrige Sprinkenhof (1927—1943 in drei Bauabschnitten; 52 000 m² Nutzfläche) oder, links davon, im Übergang von der Geest in die Marsch der gewaltige Schiffsrumpf des Chilehauses, 1921—24, die architektonische Meisterleistung Fritz Högers. Ergebnis des Wiederaufbaus nach dem Zweiten Weltkrieg ist die graue Hochhausstaffel des Cityhofs (rechts davon). Als Fremdling in ihrer Umgebung zeugt lediglich die Hauptkirche St. Jacobi (linker Bildrand, Mitte) von der einstigen Wohnfunktion des Quartiers, wirkungsvoll kontrastiert vom Finanzamt (Säulenportal) an der Steinstraße, dem alten Ost-West-Verkehrsweg.

Die Hauptverkehrsströme laufen heute am Kern der City vorbei. Die Eisenbahn nutzt seit 1866 den früheren Festungsring als Verkehrsschneise, in der der Hauptbahnhof seit 1906 die Linien aus allen Richtungen bündelt; er hat sich inzwischen auch zum zentralen Knoten des innerstädtischen S-Bahn- und U-Bahn-Verkehrs entwickelt (Omnibusanschluß s. rechts oben). Die Zerstörungen des Zweiten Weltkrieges ermöglichten es, dem Autoverkehr eine breite „Ost-West-Straße" (unten) zu bahnen, die mit dem Deichtortunnel (rechts) kreuzungsfreien Anschluß an den Elbübergang findet und täglich von rund 75 000 Autos befahren wird. — Die Wallanlagen gaben nicht nur dem modernen Verkehr, sondern auch kulturellen Einrichtungen Raum: Links vom Hauptbahnhof steht die Kunsthalle (mit Kuppeln, Neubau 1911—19), rechts, jenseits der Bahn im Stadtteil St. Georg, das Museum für Kunst und Gewerbe (1877) und links davon, inmitten der Hotels an der Kirchenallee, das Deutsche Schauspielhaus (dunkle Kuppel, 1900).

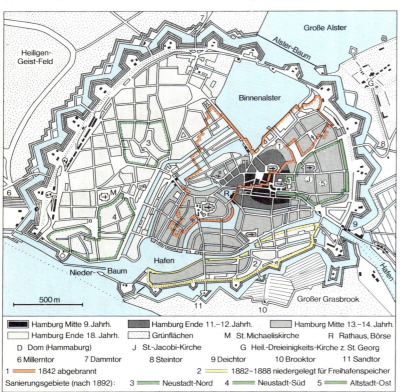

Das althamburgische Kaufmannshaus umfaßte Wohnung, Kontor, Speicher und Werkstatt unter einem Dach unmittelbar am Schiffsliegeplatz. Mit der Entwicklung des Handels und der Ausweitung des Hafens haben sich diese Funktionen verselbständigt und in eigenen Stadtteilen ausgeprägt. Während das Wohnen weitgehend aus der City verdrängt ist, hat sich hier in Anschluß an Hafen und Speicherviertel eine einzigartige Kontorstadt ausgebildet; in St. Georg, jenseits der Bahnanlagen, mischt sich das Wohnen mit Handel und Gewerbe. — Blickrichtung NO

54 Hamburg, City Nord: Geplante Bürostadt

Die Entwicklung Hamburgs zum erstrangigen Wirtschaftsplatz und zur Millionenstadt bedingte die Wandlung des Stadtkerns zur City; Wohnungen und Wohnhäuser mußten Büro- und Geschäftsräumen, Kontor- und Warenhäusern oder Verwaltungsbauten weichen. Das bedeutete zugleich die ständige Abnahme der Wohnbevölkerung in der Innenstadt, ihre Verlagerung in die Außenbezirke, dagegen — mit der Vermehrung der Arbeitsplätze in der City — die stete Zunahme der „Tagbevölkerung" und damit steigenden Verkehr.

Die wirtschaftliche Wiederbelebung nach dem Zweiten Weltkrieg trieb diesen Vorgang verstärkt voran — von 37 000 im Jahre 1950 (1939: 65 000!) sank die Zahl der Citybewohner auf 14 000 im Jahre 1975. Die Citybildung griff auch in größerem Maße auf die angrenzenden Stadtteile über (z. B. St. Georg: 1950: 21 000; 1939: 35 400; 1975: 9900 Einw.). Darüber hinaus drohte der Neubau von Großverwaltungen die Mehrfachfunktion der City zu beeinträchtigen: Durch die Verdrängung von kulturellen Einrichtungen, Gaststätten, Einzelhandelsgeschäften und Dienstleistungsbetrieben verliert die City für den Bürger an Attraktivität und beginnt zu veröden.

Vor diesem Hintergrund fiel 1960 die Entscheidung für das mutige städtebauliche Experiment, der Wirtschaft zur Entlastung der Innenstadt Raum für eine zweite Geschäftsstadt anzubieten: die heutige „City Nord". Auf Kleingartengelände, angrenzend an den Stadtpark in Winterhude (s. Karte), wurden dafür 120 ha erschlossen (zum Vergleich: City innerhalb des Wallrings = 340 ha). Auf dieser Fläche sollten Verwaltungsbauten mit rund 640 000 m² Nutzfläche entstehen, dazu Wohnungen und Läden im Umfang von weiteren 70 000 m²; für Straßen waren 19 ha, für öffentliche Grünanlagen 30 ha vorgesehen. Um die nötige Anziehungskraft zu entwickeln, mußte dieses Angebot eine echte Alternative zu den bisher bevorzugten Standorten der Wirtschaft umschließen. Das bedingte eine hochwertige städtebauliche und architektonische Beschaffenheit, die Möglichkeit für die Firmen, ihre Verwaltungsgebäude — jeweils im Rahmen eines Architektenwettbewerbs — nach eigenen Vorstellungen und Erfordernissen zu gestalten und ihren Flächenbedarf sowie die zukünftigen Entwicklungswünsche großzügig befriedigen zu können, ansprechende Grundstückspreise (stadteigenes Gelände!) und eine gute Infrastruktur, insbesondere günstige Verkehrsanbindung. — Nach anfänglicher Skepsis griff die Wirtschaft die Offerte auf. Im Frühjahr 1967 zogen die ersten Unternehmen in ihre Neubauten ein. 10 Jahre später sind 22 Firmen und öffentliche Verwaltungen mit rund 22 500 Beschäftigten in der Bürostadt zu Hause. Nach Abschluß des letzten Bauabschnitts 1979 sollen hier, 6 km vom Rathaus und 2,5 km vom Flughafen entfernt, 35 000 Menschen arbeiten.

Bestimmendes Grundrißelement der „City Nord" ist der große Bogen des Überseerings; um ihn und kürzere Zubringerstraßen herum sind in großzügiger Verteilung die Bauten gruppiert. Sie präsentieren sich in z. T. eigenwilligem, ja kühnem architektonischem Gewand. Ein Überblick zeigt zugleich die Zusammensetzung der Unternehmen: Rechts des Überseerings (1. Bauabschnitt), im Vordergrund setzen BP und Esso (außen) besondere bauliche Akzente, dahinter sticht das weiße Gebäudedreieck der Nova-Versicherung hervor und rechts oberhalb des Bogens das Scheibenhochhaus der Hamburger Elektricitätswerke. In der linken Hälfte des Areals (2. Bauabschnitt) fallen besonders der kleine rote Bau von Kaffee-Tchibo (Bildmitte), das dunkle Hochhauskreuz der Shell und links davon das mehrflügelige helle Gebäude der Oberpostdirektion ins Auge; unterhalb davon die Komplexe der Texaco (links außen), der Hamburg-Mannheimer Versicherung und — zur Mitte hin — der helle Kreuzbau der Edeka.

Umfangreiche Grünanlagen durchwirken das gesamte Gebiet und verweben es mit seiner grünen Umgebung; ein System von Fußwegen, die unabhängig vom Straßennetz angelegt sind (Brücken!), verbindet die Gebäude untereinander, erschließt die „Zentrale Zone" mit den Versorgungseinrichtungen (rechte Hälfte des Bogeninneren) und ermöglicht den unmittelbaren Zugang zu den nahen Bahnhöfen der U-Bahn (Sengelmannstraße, rechts oben) und der S-Bahn (Rübenkamp, s. Karte). Mehrere Buslinien sind in die Bürostadt eingefädelt, und der Autoverkehr — rund 12 000 Beschäftigte kommen z. Z. im eigenen Wagen — findet nach allen Seiten gut ausgebaute Straßenverbindungen.

Noch ist „Hamburgs Schreibtisch im Grünen" nicht vollendet, vorerst können auch nicht alle Planungen, z. B. eine zusätzliche Schnellbahn, verwirklicht werden, aber das Experiment ist bereits gelungen. Die Innenstadt wurde entlastet — allein 8 Firmen gaben dort und in angrenzenden Gebieten über 100 000 m² Nutzfläche auf —, „City Nord" wurde ein städtebaulicher Erfolg und ein werbewirksamer Begriff.

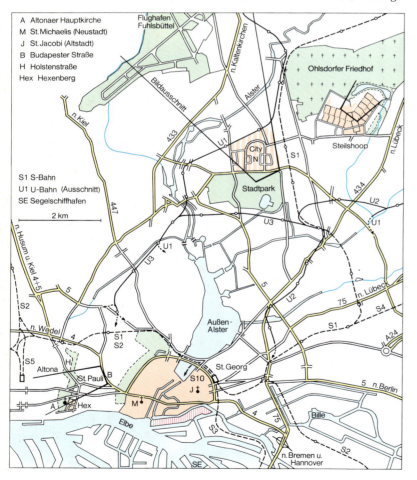

Inmitten der durchgrünten Wohnlandschaft des Hamburger Nordens ist in weniger als anderthalb Jahrzehnten eine ungewöhnliche Bürostadt entstanden. Zwischen den gepflegten Anlagen des Stadtparks im Süden (Vordergrund) und der aufgelockerten Bebauung Alsterdorfs im Norden nimmt das Geschäftszentrum eine reizvolle Lage ein. Im dunkelgrünen Streifen, der das Bild fast waagerecht quert, ist der Alsterlauf zu erkennen. Über den Flughafen Fuhlsbüttel hinweg geht der Blick ins holsteinische Umland. — Blickrichtung NW

55 St. Pauli / Altona und Steilshoop: Stadterneuerung und Großsiedlungsprojekt

Hamburg verfügte vor dem Zweiten Weltkrieg über 563 000 Wohnungen; davon fielen fast 60 % den Bomben zum Opfer. Seit Kriegsende wurden 520 000 Wohnungen gebaut, d. h., von der Wohnungszahl her ist die Stadt in nicht einmal 30 Jahren zu 90 % neu errichtet worden. Diese gewaltige Bauleistung vollzog sich in unterschiedlichen Formen und hat das Erscheinungsbild Hamburgs mannigfaltig geprägt. Dafür waren nicht nur die örtlichen Gegebenheiten maßgebend, der vorhandene Baubestand, rechtliche und finanzielle Möglichkeiten, sondern auch die sich wandelnde Auffassung vom Leben und Wohnen in einer Großstadt. Beispielhaft zeigt sich das im Raum St. Pauli / Altona (Karte bei Nr. 54): Vor dem Kriege lag hier ein Wohngebiet mit außerordentlich dichter, aber wenig geordneter Bebauung und einem kleinmaschigen Netz meist schmaler, entlang der Stadtgrenze von S nach N ausgerichteter Straßen. Einziger bedeutender, aber enger Durchlaß von O nach W war das Nobistor (unterhalb des Hochhauses, linker Bildrand) am Ende der Reeperbahn.

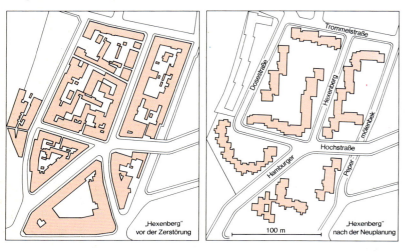

"Hexenberg" vor der Zerstörung

"Hexenberg" nach der Neuplanung

Bomben löschten die verwinkelte Altonaer Altstadt in breiter Bresche von S nach N aus; an ihrer Stelle ist auf Grund einer umfassenden Flächensanierung Neu-Altona entstanden. Nach einem langfristigen Gesamtplan hat man auf etwa 170 ha eine aufgelockerte Wohnstadt entwickelt, konzipiert für 40 000 Einwohner. Ihr bestimmendes Element ist ein breiter Grünzug, der sich vom S-Bahnhof Holstenstraße (rechts außerhalb des Bildes) an der Altonaer Hauptkirche vorbei (links oben) bis zum Elbufer hinzieht. Den baulichen Akzent setzt eine Reihe von Wohnhochhäusern, an die meist drei- bis viergeschossige Wohnzeilen angeschlossen sind. Der Verkehr ist mit Hilfe mehrerer Durchbrüche großzügig geregelt worden.

Von der Flächensanierung, der Beseitigung gewachsener Strukturen, der „bürgerfernen" rationalen Großplanung, der „autogerechten" Stadt haben sich jedoch Politiker und Planer abgewandt. Ziel ist die „menschliche", die „gesunde" Stadt — unter Erhaltung ihrer Eigenart. Dieser Wandel spiegelt sich in der Neugestaltung des „Hexenbergs" wider, die auf unserem Bild gerade begonnen worden ist (linker Bildrand, oben). Durch das inzwischen abgeschlossene Vorhaben (1974) sind hier veraltete, graue und lichtlose Wohn- und Gewerbequartiere durch helle, reizvoll gestaffelte vier- bis siebenstöckige Häuser ersetzt worden (s. Karte): 446 Wohnungen auf 7900 qm bebauter Fläche (vor dem Kriege: 622 auf 16 600 qm), moderner Komfort im sozialen Wohnungsbau, Anfangsmiete: 4,80 DM/m². — Die „Stadterneuerung der kleinen Schritte", die insbesondere für St. Pauli gilt, ist zeit- und kostenaufwendig; unter widerstreitenden Interessen müssen Verbesserungen so verwirklicht werden, daß die Lebensumstände in den Vierteln erhalten, die Menschen heimisch bleiben und eine Überfremdung verhindert wird. Einzelne modernisierte Wohnblocks, „verkehrsberuhigte Zonen" und mehr Grün und Spielplätze sind erste Zeichen einer Veränderung, die dem Stadtteil mit dem Montmartre-Flair neues Leben zuführen soll.

„Urbanität" zu verwirklichen, eine Stadt zu gestalten, die ihren Bewohnern Freiraum gibt, nach eigenen Wünschen, Bedürfnissen und Möglichkeiten zu leben, ist auch der Grundgedanke von Steilshoop. Aus der ungegliederten vorstädtischen Umgebung (Karte bei Nr. 54) hebt sich diese geschlossene Wohnstadt für 24 000 Menschen markant ab. Sie entstand seit 1969 auf einem 175 ha großen Kleingartengelände südlich des Ohlsdorfer Friedhofs, 8 km von der City und 2,5 km von der City Nord entfernt. Das Gemisch ihrer 7200 Wohnungen sucht die verschiedensten Wohnbedürfnisse zu berücksichtigen: z. B. für Alte und Jungverheiratete, Kinder, Körperbehinderte, wachsende Familien und Großgruppen, Mieter und Eigenheimer. Die Wohnungen sind in 20 vier- bis zehngeschossigen Gebäuderingen zusammengefaßt, die als geöffnete Kettenglieder weite Gartenhöfe jeweils von der Größe des Hamburger Rathausmarktes umschließen. Fußgängerstraßen schaffen Verbindung und unbehinderten Bewegungsraum. Für Kraftfahrzeuge sind nur die Parkplätze erreichbar, während der Durchgangsverkehr außen an der Siedlung vorbeifließt. Läden und verschiedene Dienstleistungseinrichtungen (z. B. Ärztehaus) sind im verdichteten Ortskern konzentriert (vorn rechts). Daran angeschlossen ist der Bildungs- und Freizeitbereich mit der Gesamtschule (links). — Steilshoop hat für den modernen Siedlungsbau Maßstäbe gesetzt, ob zukunftsweisend, muß die Erfahrung lehren.

Die alte Stadtgrenze, die Hamburg und Altona bis 1938 trennte, tritt im Luftbild wieder hervor. Während vorn die ehemalige Hamburger Vorstadt St. Pauli in ihrem unorganischen Häusergemenge noch die Züge der Jahrhundertwende bewahrt, wird jenseits der Bildmitte das frühere Altonaer Kerngebiet durch die sachlichen Zeilenbauten „Neu-Altonas" bestimmt — ein Ergebnis des Wiederaufbaus nach dem Zweiten Weltkrieg. — Blickrichtung WSW

Weiträumige Wohnhöfe und großzügige Einrichtungen für Bildung und Freizeit kennzeichnen die Großsiedlung Steilshoop, eines der jüngsten Neubauprojekte Hamburgs. — Blickrichtung NO

56 Hamburg, Segelschiffhafen: Vom Hafenbecken zum Container-Umschlagplatz

Der Hafen ist seit jeher das Herzstück Hamburgs; er bestimmt die Atmosphäre dieser Millionenstadt und bindet sie an Strom und Meer. Der Hafen ist der Motor des vielseitigen Handelsplatzes und Industriestandorts: Er beschäftigt rund 50 000 Arbeitskräfte, weitere 50 000 sind von ihm abhängig.

Keimzelle der heute rd. 100 km² großen Hafenanlage war die hölzerne „Schiffslände" der Hammaburg; sie lag an einem schmalen Alsterzufluß am Geestrand (vgl. Nr. 53). Von dort wanderten die Schiffsliegeplätze über die Alster (Nikolaifleet) in die Alstermündung (Binnenhafen, links der Schornsteinspitze) und schließlich an das Elbufer und an Pfähle im Strom (Niederhafen, linker Bildrand). Erst 1863—66 wurde auf dem „Großen Grasbrook" als erstes künstliches Hafenbecken der Sandtorhafen ausgehoben (links vor der Speicherstadt). Damit war die Entscheidung für einen offenen Tidehafen gefallen, der nicht nur rascher und billiger zu errichten ist als ein Dockhafen, sondern auch einen zügigeren Betrieb ermöglicht, da die Schiffe ungehindert ein- und auslaufen können („Schneller Hafen"); er läßt sich zudem neuen wirtschaftlichen und technischen Erfordernissen erheblich leichter anpassen.

Der Segelschiffhafen, dessen helle Aufspülungsfläche das Bild bestimmt, gehört zum alten Freihafengebiet. Dieses Becken entstand 1888, als Hamburg die Vereinbarungen über den Eintritt in den deutschen Zollverband einlöste und den Ausbau der rechtselbischen Häfen weitgehend abgeschlossen hatte, wobei in diesem Bereich zugleich ein Freihafen und eine Speicherstadt mit der größten Lagerkapazität des Kontinents (1977: 500 000 m²) entstanden waren. Der ständig steigende Schiffsverkehr – der Güterumschlag hatte sich 1866—1886 verdoppelt – trieb die weitere Ausdehnung des Hafens in den freien Raum links der Elbe hinein, hier wurde von 1887 bis 1893 ein ganzer Fächer neuer Becken mit zunächst 7 m Wassertiefe in den „Kleinen Grasbrook" hineingeschnitten. Die Becken wurden so großflächig angelegt, daß Güter nicht nur am Kai, sondern zusätzlich an Duckdalben (Pfahlbündeln), direkt vom See- zum Flußschiff, umgeschlagen werden konnten, wie es das Schiff in der Mitte der Elbe zeigt.

Wenn auch die Eisenbahn an jeden Kai herangezogen wurde, blieben für den Umschlag zunächst doch die Binnenschiffe entscheidend. Sie konnten von randlich angeordneten Flußschiffbecken aus in die Seeschiffhäfen gelangen, ohne die Manöver der Seeschiffe zu stören. Die ehemalige Durchfahrt vom Moldau- in den Segelschiffhafen ist links neben der Schutenansammlung noch gut zu erkennen. Nach diesem Prinzip wurden über den Ersten Weltkrieg hinaus auch die weiteren Hafengruppen elbabwärts bis Waltershof gestaltet.

Ausstattung und Betrieb des alten Freihafengebietes wurden von Anfang an vom Stückgut bestimmt; zwar macht es nur etwa ⅓ des Gesamtumschlags aus (1976: 15 von 52,5 Mio. t), bringt aber je Tonne

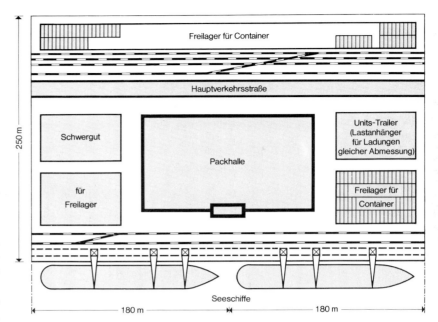

einen fünfmal höheren Ertrag als trockenes Massengut und einen 15mal höheren als Erdöl ein. Stückgut muß jedoch sorgsam gelöscht und geladen, gespeichert und z. T. weiterverarbeitet werden; das erfordert entsprechende Umschlags- und Lagereinrichtungen.

Ein Hafen muß sich wandelnden Ansprüchen genügen können, wenn er konkurrenzfähig bleiben will. Der Wiederaufbau nach dem Zweiten Weltkrieg berücksichtigte die neuen Schiffsgrößen durch Vertiefung der Hafenbecken auf 11—12 m; der Verlagerung des Binnenverkehrs vom Wasser auf das Land wurde durch eine neue Kaiaufteilung, die dem Kraftfahrzeug die Landseite des Schuppens und die Wasserseite dem Güterwagen einräumte, Rechnung getragen (Bild vorn links). Heute verlangen Packstücke mit genormten Abmessungen, sog. Unitloads (Paletten, Container), sowie selbstfahrende Ladungen, die durch Bug- oder Heckpforten (roll on/roll off) an oder von Bord gebracht werden, und ebenso die darauf spezialisierten Schiffe von ständig wachsender Größe das vielseitige und weiträumige Stückgut-Terminal (Textzeichnung und Nr. 57). Die rd. 28 ha große Landfläche, die im Segelschiffhafen durch Auffüllung mit Baggergut aus der Unterelbevertiefung gewonnen wird, ist teils für roll on/roll off-Umschlag vorgesehen, teils kann hier in Erweiterung vorhandener Anlagen ein großes Fruchtumschlagszentrum entstehen. Ferner sollen in Ergänzung des Überseezentrums am Moldauhafen (Mitte rechts), das mit 160 000 m² die größte „Drehscheibe" der Welt für ausgehendes Stückgut ist, Lagerflächen zur gelenkten Verteilung von Importgütern auf Binnenmärkten geschaffen werden.

Über das aufgespülte Becken des Segelschiffhafens und das breite Band der Norderelbe hinweg erfaßt der Blick die Umschlags- und Verkehrsanlagen des stadtnahen ältesten Hafenteils mit Kraft- und Gaswerk und hinter der breiten roten Backsteinfront des Speicherviertels die gesamte City innerhalb des Wallrings. Die St.-Petri-Kirche, deren Turmdach vor der Binnenalster aufleuchtet, markiert den Platz der Hammaburg: von dort sind Stadt und Hafen in den amphibischen Bereich von Alster und Elbe hineingewachsen. – Blickrichtung NW.

57 Köhlbrandbrücke, Elbtunnel und Containerhafen Waltershof

Bis zum Zweiten Weltkrieg stellte Hamburg das „Tor zur Welt" für einen großen Teil des mitteleuropäischen Wirtschaftsraumes dar. Nach 1945 lag der Hafen zu 75 Prozent in Trümmern, der Eiserne Vorhang schnitt das Hinterland im Stromgebiet der Elbe weitgehend ab; Hamburg war in eine Randlage geraten.

Der Hafenbezirk westlich des Köhlbrands zeigt anschaulich, in welche Richtungen die Nachkriegsanstrengungen Hamburgs führten: Um die verbliebenen Standortvorteile nutzen zu können, förderte Hamburg den Ausbau der Land- und Wasserverbindungen ins Hinterland; das Verkehrskreuz des Nordens erhielt einen neuen Rang — davon zeugen Elbtunnel und Köhlbrandbrücke. Seit 1975 unterquert die Europastraße 3 (Stockholm–Lissabon) die Elbe im Hafengebiet in drei jeweils zweispurigen Tunnelröhren (Textzeichnung). Entscheidendes Bindeglied zwischen Hafen und westlicher Autobahn ist die vierspurige 3,4 km lange Köhlbrandbrücke (lichte Höhe 53 m), deren 130 m hohe Pylone ein Wahrzeichen der Hafenlandschaft geworden sind. In eleganter Konstruktion löst sie ein Verkehrsproblem, das durch die Ausweitung des Umschlags und die Ansiedlung von Industrie im westlichen Hafenteil jenseits des 300 m breiten Schiffahrtsweges entstanden war (Textkarte). Das beweisen pro Tag durchschnittlich 20 000 Fahrzeuge (Elbtunnel: 60 000).

Um den Hafen nach Kriegsende trotz Randlage anziehend und konkurrenzfähig zu machen, galt es, die Vorzüge seiner universellen Struktur durch die Vielfalt, Qualität, Preiswürdigkeit und Schnelligkeit der angebotenen Dienstleistungen zur Geltung zu bringen. Ein Universalhafen muß nicht nur Transitverkehr aufweisen und selbst ein wichtiger Industrie- und Handelsplatz sein, sondern vor allem sämtliche Güterarten umschlagen und lagern können.

Für einen wichtigen, zukunftsträchtigen Teilbereich werden diese Anforderungen im Containerhafen Waltershof musterhaft erfüllt. Dieses Zentrum des „industrialisierten Überseetransports" umfaßt ein Areal von 1,8 Mio. m². Das ist die doppelte Fläche der Insel Helgoland und rund 1/8 des 16 km² großen Freihafengebiets. Neben der hervorragenden Straßenanbindung verfügt es über einen eigenen Verladebahnhof (dreigleisig, 1,3 km lang — in der Mitte der Anlage; rechts außen der Bezirksbahnhof) — Start und Ziel des Containerexpreß „Delphin", der im „Nachtsprung" 50 Bahnhöfe im Binnenland bedient. Binnenschiffe und Leichter können über Köhlbrand und Rugenberger Hafen (linker Bildrand) das Zentrum erreichen, und die auf 13,5 m MTnw vertiefte Elbe läßt das tideunabhängige Ein- und Auslaufen von Containerschiffen der dritten Generation (50 000–60 000 tdw) zu.

Die 2,5 km langen Kais des abgebildeten Bezirks bieten 9 Schiffsliegeplätze, die 7 Hallen der Landanlage 130 000 m² Lagerfläche an. Die Staufläche zwischen Kai und Bahnhof (unteres Bild) ist 400 m tief;

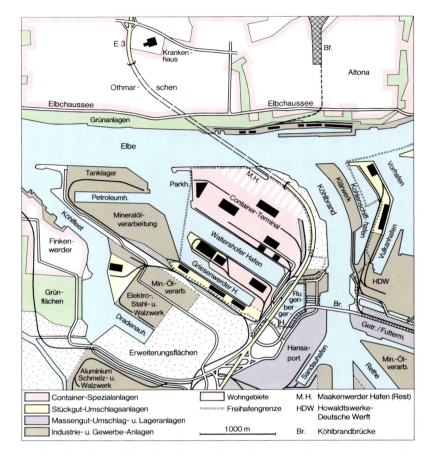

in dem Streifen nächst dem Kai stehen — lukengerecht vorgestaut — die Export-, im folgenden die Import- und dahinter die Leercontainer. Auch größte Containerschiffe, wie die „Cardigan Bai" (58 889 BRT, max. 3000 Container auf 20-Fuß-Basis), die links außen gerade am Pier liegt, können mit Hilfe eines Parks von Containerbrücken und -fördergeräten in weniger als 24 Stunden be- und entladen werden. Rund 30 Vollcontainerdienste laufen den Hafen an; z. Z. werden etwa 3–4 Mio. t/Jahr Containergut umgeschlagen, für 1985 werden jedoch 8–9 Mio. t erwartet. Selbst wenn alle Reserven mobilisiert sind und der aufgespülte Maakenwerder Hafen (elbnahe helle Fläche), der als Bauhafen für die 42 m breiten und 132 m langen Tunnelelemente diente, voll genutzt werden kann, reicht die Kapazität in Waltershof nicht mehr aus. Deshalb wird bereits jetzt südlich der neuen Umschlagsanlage für Massenschüttgut (Erz, Kohle) „Hansaport" am Sandauhafen (Textkarte) bei Altenwerder der Bau eines weiteren Containerhafens vorbereitet.

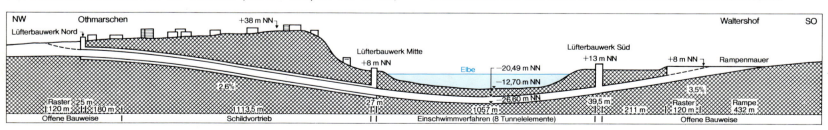

Seit 1974 hat der Hafen einen markanten Blickpunkt: In kühnem Schwung verklammert die Hochbrücke über den Köhlbrand den östlichen mit dem westlichen Hafenbezirk und schließt die Haupthafenroute an die Westliche Umgehung an. Der Nahverkehr im Hafen und der Fernverkehr in Nord-Süd-Richtung, der seit 1975 die Elbe im neuen Tunnel — schräg von rechts nach links — mühelos überwindet, können nahtlos ineinanderfließen. An diesem Verkehrsknoten ist einer der größten und modernsten Containerzentren der Welt entstanden. — Blickrichtung NW

Auf dem unteren Bild sieht man den Containerhafen Waltershof aus der Nähe. — Blickrichtung N

58 Henstedt-Ulzburg: Bildung eines Stadtrandkerns im Umland Hamburgs

Überall auf der Erde haben das schnelle Wachsen der Bevölkerung und die Industrialisierung zur Urbanisierung der Räume geführt. Die Verstädterung stellt uns vor die schwierigsten wirtschaftlichen und sozialen Aufgaben. Industrieanlagen, vor allem aber Wohnsiedlungen, greifen in das Umland der Großstädte über und lösen hier in vielen Orten erhebliche Funktionsänderungen aus oder führen zur Gründung neuer Siedlungen auf grüner Wiese (Nr. 47). Nirgends vollziehen sich die Umwandlungen in der Landschaft schneller als im Umkreis der Weltstädte. Vor allem der Wunsch der Menschen, in ländlicher Umgebung zu wohnen, führt zu einer Verlagerung der Wohnungen in das Umland. Da aber Neusiedler in der Regel nicht auf die kulturellen und wirtschaftlichen Angebote einer Großstadt verzichten wollen, kann es in den Randgemeinden wegen eines zu geringen Steueraufkommens bei hohen Verpflichtungen zu wirtschaftlichen Schwierigkeiten kommen.

Im Hamburger Umland drohte die Stadtentwicklung besonders bedenklich zu werden, weil wegen der nicht ausreichenden Elbübergänge die Ausweitungen vorwiegend nach Schleswig-Holstein erfolgten. Mit dem „Achsenmodell" sollte die Stadt-Umland-Beziehung daher neu geordnet werden. Dieses Ordnungsmodell will keine ringförmige, zonale Ausdehnung der Städte, sondern geht von Achsen aus, die sich an alte Verkehrswege anlehnen und von der Großstadt sternförmig ins Land ziehen. In den Zwischenräumen sollen die Agrarnutzung erhalten und die Erholungslandschaften ausgebaut oder neu geschaffen werden. An der Nordachse mit dem Endpunkt Kaltenkirchen liegen die ehemaligen Dörfer Henstedt und Ulzburg.

Die Verdichtung dieses Siedlungsgebietes erfolgte nach dem Zweiten Weltkrieg besonders schnell (s. Karte). Bombengeschädigte aus Hamburg und Flüchtlinge aus dem Osten mußten in großer Zahl untergebracht werden (Einw. 1939: 2258, 1950: 5308). Darüber hinaus erwarben infolge des wirtschaftlichen Wiederaufstiegs immer mehr Menschen die Mittel für eine eigene Wohnung oder ein Haus im Grünen. Insbesondere beschleunigte das Auto diese Entwicklung, weil es eine räumliche Trennung von Wohn- und Arbeitsplatz zeitlich verkürzen kann. Am Rande Hamburgs wuchsen die Ortschaften Harksheide, Garstedt, Friedrichsgabe zur Stadt Norderstedt zusammen. Im Zuge der Gesamtentwicklung vergrößerten sich nach 1950 auch die ehemalige Rast- und Zollstation am Ochsenweg Ulzburg und das alte Hufnerdorf Henstedt. Zunächst löste die Übernahme der Wohnfunktion eine rege Bautätigkeit aus, daraus ergaben sich weitere Aufgaben für die Entwicklung der notwendigen Infrastruktur. Die Dörfer veränderten sich anfangs nur an den Ortsrändern und in abseits gelegenen Räumen durch Wohnsiedlungen. Für Hamburger Ausgebombte wurde mit dem Ortsteil Henstedt-Rhen — südlich außerhalb unseres Bildes gelegen — ein reines Wohngebiet in flacher Bauweise geschaffen. Im Norden und Westen Henstedts — außerhalb des rechten Bildrandes — weisen Namen, wie z. B. Pommernstraße, Schlesienstraße usw., auf die Flüchtlingssiedlungen hin. 1959 schuf eine Wohnbaugesellschaft allein in Ulzburg eine Reihensiedlung für 500 neue Bürger. Die Häuser heben sich durch ihre langgestreckte Form und die dunklen Satteldächer — Mitte, rechte Bildseite — von ihrer Umgebung ab. Zwischen dieser Siedlung und dem gegenwärtigen Neubaugebiet um den Virchowring (Bild rechts unten) liegen die Straßen eines Teiles von Alt-Ulzburg. Später wurden auch die historischen Ortskerne in den Ausbau einbezogen und weiterentwickelt. Dabei bestimmte Ulzburg mehr und mehr die Dynamik der Entwicklung. Beispielhaft für die Phase wurde die Aussiedlung einer den Ortskern bestimmenden Hofstelle und die nachfolgende Errichtung eines zehngeschossigen Hochhauses (s. Bildmitte). Zwischen dem Hochhaus und dem nördlich davon gelegenen Bahnhof entstanden an der Hamburger Straße — sie verläuft fast parallel zur Eisenbahn nach Neumünster — nach 1965 zahlreiche neue Geschäfte unterschiedlicher Bedarfsstufe. Das Luftbild veranschaulicht sehr eindrucksvoll, wie fast das ganze Bauern- und Katenland von Wohnsiedlungen unterschiedlicher Struktur verdrängt worden ist.

Planvolles Vorgehen soll nicht nur äußerlich ein harmonisches Siedlungsbild schaffen, sondern auch die Funktionen der Stadt erweitern. Wir erkennen auf dem Bild im Norden die ersten Anlagen von Gewerbebetrieben. Durch die Übernahme von Arbeitsfunktionen soll ein Stadtrandkern mit selbständigen Aufgaben entstehen. In diesem Sinne werden auch die Schul- und Einkaufszentren ausgebaut.

Die wachsende Zahl der Telefonanschlüsse (1962: 645, 1975: 4667) verdeutlicht die stürmische Entwicklung zweier alter Orte im Umland einer Weltstadt. Einen Bedeutungsüberschuß wird die neue Großgemeinde (1977 etwa 17 000 Einwohner) dennoch kaum erreichen, weil, abgesehen von Hamburg, in nächster Nähe weitere Orte wie Kaltenkirchen, Norderstedt und Quickborn auf den Raum einwirken.

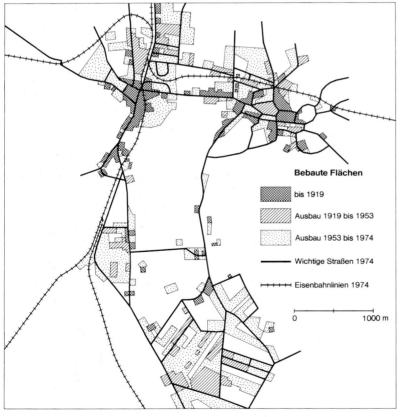

Bebaute Flächen in Henstedt—Ulzburg 1919 bis 1974

Die vielen Einfamilien- und Reihenhäuser veranschaulichen den Charakter einer Wohnsiedlung. Exemplarisch für die gegenwärtige Entwicklung steht das zehngeschossige Hochhaus zwischen der Eisenbahnlinie nach Neumünster und der Hamburger Straße. Es wurde im alten Dorfkern von Ulzburg an die Stelle eines Bauernhofes gesetzt. Im Norden verdeutlichen die ersten Industrieanlagen, daß die Verwaltung sich bemüht, für die Bewohner auch Arbeitsplätze am Wohnort zu schaffen. – Blickrichtung N

Literaturverzeichnis

Abkürzungen

Beitr. z. L.	Beiträge zur Landeskunde Schleswig-Holsteins, hg. von C. Schott, SGIK, Sonderband, Oskar Schmieder zum 60. Geburtstag, Kiel 1953.
ExA	Examensarbeit an der PH Kiel
ExF	H. Schlenger, K. H. Paffen, R. Stewig: Schleswig-Holstein. Ein geographisch-landeskundlicher Exkursionsführer. Kiel 1969
H	Holstein
HansGeschBl.	Hansische Geschichtsblätter
HGeogrSt	Hamburger Geographische Studien
HJbKrR	Heimatkundliches Jahrbuch im Kreis Rendsburg
JbAHV	Jahrbuch des Angler Heimatvereins
JbHE	Jahrbuch der Heimatgemeinschaft des Kreises Eckernförde
JbKrOld	Jahrbuch für Heimatkunde im Kreis Oldenburg
JbVdithmLK	Jahrbuch des Vereins für dithm. Landeskunde und Heimatpflege
JbNfrV	Jahrbuch des Nordfriesischen Vereins
JbSG	Jahrbuch für die Schleswigsche Geest
L	Lauenburg
MA	Mittelalter
NE	Nordelbingen, Beiträge zur Heimatforschung in Schleswig-Holstein, Hamburg und Lübeck
QuF	Quellen und Forschungen zur Geschichte Schleswig-Holsteins, hg. von der Gesellschaft für Schleswig-Holsteinische Geschichte
S	Schleswig
SH, sh	Schleswig-Holstein, schleswig-holsteinisch
SchrNatwV	Schriften des naturwissenschaft. Vereins in Schleswig-Holstein
SGIK	Schriften des Geogr. Instituts der Universität Kiel
SHPB	Schleswig-Holsteinische Provinzialberichte
VSHUG	Veröffentlichungen der Schleswig-Holsteinischen Universitätsgesellschaft
ZSHG	Zeitschrift der Gesellschaft für Schleswig-Holsteinische Geschichte
ZVLGA	Zeitschrift des Vereins für Lübeckische Geschichte und Altertumskunde

Allgemeines

Bantelmann, A.: Die Landschaftsentwicklung an der schleswig-holsteinischen Westküste, Neumünster 1967

Beseler, H. (Hrsg.): Kunst-Topographie Schleswig-Holsteins, 3. Aufl., Neumünster 1973

Beseler, H. (Hrsg.): Stadtkernatlas Schleswig-Holstein. Neumünster 1976

Brandt, O., und Klüver, W.: Geschichte Schleswig-Holsteins. 7. Aufl., Kiel 1976

Carstensen, H.: Raumordnung und Landesplanung in Schleswig-Holstein. Frankfurt 1967

Christiansen, W.: Pflanzenkunde von Schleswig-Holstein. Neumünster 1954

Danckwerth, C.: Newe Landesbeschreibung der zwey Hertzogthümer S. und H. 1652. Faksimileausgabe der Mejer'schen Karten mit Einleitung von C. Degn. Hamburg-Bergedorf 1963

Degn, C., und Muuß, U.: Topographischer Atlas Schleswig-Holstein. 3. Aufl. Neumünster 1966

Degn, C., und Muuß, U.: Luftbildatlas Schleswig-Holstein. Bd. 1. Neumünster 1965, Bd. 2, 1968

Detlefsen, Nicolaus: Vom gegenwärtigen Wandel der schleswig-holsteinischen Landschaft. Heimat 68, 1961

Deutscher Planungsatlas. Schleswig-Holstein, bearb. v. Werner Witt. Hannover 1960

Emeis, W.: Einführung in das Pflanzen- und Tierleben Schleswig-Holsteins. Rendsburg 1950

Gripp, K.: Erdgeschichte von Schleswig-Holstein. Neumünster 1964

Hagemann, E., und Voigts, H.: Bioklimatischer Atlas für Schleswig-Holstein. Lübeck 1948

Hannesen, H.: Die Agrarlandschaft der schleswig-holsteinischen Geest. SGIK 17, H. 3, Kiel 1959

Hedrich, O.: Die Entwicklung des sh Eisenbahnwesens. Altona 1915

IMA (Hrsg.): Agrilexicon. Hannover 1974

Kahlfuß, F. W.: Landesaufnahme und Flurvermessung in den Herzogtümern Schleswig, Holstein und Lauenburg vor 1864. Neumünster 1969

Kaufmann, G.: Probleme des Strukturwandels in ländlichen Gebieten Schleswig-Holsteins. SGIK

Klose, O. (Hrsg.): Handbuch der Histor. Stätten Deutschlands I, Schleswig-Holstein u. Hamburg. 3. Aufl. 1976

Klose, O., und Degn, C.: Geschichte Schleswig-Holsteins, Bisher ersch. Bd. 1, 3 und 6. Neumünster 1955 ff.

Landelijke Vereniging tot Behoud van de Waddenzee (Hrsg.): Wattenmeer. Deutsche Übers. v. U. Muuß, 2. Aufl. Neumünster 1977

Landesregierung SH-Presse- u. Inf.-Stelle (Hrsg.): Schleswig-Holstein heute. Flensburg o. J.

Laur, W.: Die Ortsnamen in Schleswig-Holstein. Gottorfer Schr. VI, Schleswig 1960

Laur, W.: Historisches Ortsnamenlexikon von Schleswig-Holstein. Gottorfer Schriften VIII, Schleswig 1967

Lüders, K.: Kleines Küstenlexikon. Bremen 1958

Mager, F.: Die Entwicklungsgeschichte der Kulturlandschaft des Herzogtums Schleswig in historischer Zeit. Breslau, Bd. 1, 1930, Bd. 2, 1937

Marquardt, G.: Die schleswig-holsteinische Knicklandschaft. SGIK, XIII, H. 3, Kiel 1950

Müller, F., und Fischer, O.: Das Wasserwesen an der schleswig-holsteinischen Nordseeküste. I. Teil: Die Halligen (2 Bde.), Berlin 1917. II. Teil: Die Inseln (7 Bde.), Berlin 1936—1937. III. Teil: Das Festland (7 Bde.), Berlin 1954—1956

Muuß, U., und Petersen, M.: Die Küsten Schleswig-Holsteins. 3. Aufl. Neumünster 1978

Muuß, U., Petersen, M., und König, D.: Die Binnengewässer Schleswig-Holsteins. Neumünster 1973

Oldekop, H.: Topographie des Herzogtums Schleswig. 1906

Oldekop, H.: Topographie des Herzogtums Holstein, 2 Bde. 1908

Paulsen, J.: Heimatkunde der Provinz SH. Leipzig 1938

Petersen, M., und Rhode, H.: Sturmflut. Neumünster 1977

Schlenger. H., Paffen, K. H., und Stewig, R. (Hrsg.): Schleswig-Holstein. Ein geographisch-landeskundlicher Exkursionsführer. Kiel 1969

Schmidt, G. A., und Brehm, K.: Vogelleben zwischen Nord- und Ostsee. Neumünster 1974

Schmidt Verlag: Das Bundesland Schleswig-Holstein. 7. Aufl. Berlin 1977

Schott, C.: Beiträge z. Landeskde. v. Schleswig-Holstein. Festschr. f. Oskar Schmieder. Kiel 1953

Schott, C.: Die Naturlandschaften Schleswig-Holsteins. Neumünster 1960

Schröder, J. v.: Topographie des Herzogthums Schleswig. Oldenburg i. H. und Lauenburg, des Fürstenthums Lübeck und des Gebiets der freien und Hansestädte Hamburg und Lübeck. Oldenburg i. H. 1856. Neudruck Neumünster 1973, 2 Bde.

Schröder, J. v.: Topographie des Herzogthums Schleswig. Oldenburg i. H. 1854, Neudruck Neumünster 1973

Schüttrumpf, R., und Kagelmann, G.: Die Nacheiszeit in Wort und Bild. Kiel 1952

Sering, M.: Erbrecht und Agrarverfassung in SH auf geschichtlicher Grundlage. Ldw. Jahrb. 37, Berlin 1908

Suhr, H.: Generalplan Deichverstärkung, Deichverkürzung und Küstenschutz in Schleswig-Holstein vom 20. 12. 1963. Wasser und Boden 16, 1964

Statistisches Landesamt Schleswig-Holstein, Kiel (Hrsg.):
  Beiträge zur historischen Statistik SH. 1967
  Die Bevölkerung der Gemeinden in SH 1867–1970. 1972
  Statistische Monatshefte SH (monatlich)
  Gemeindestatistik Schleswig-Holstein
  Fremdenverkehrsstatistik SH
  Lange Reihen zur Bevölkerungs- und Wirtschaftsentwicklung SH (1950 bis 1975), 1977
  Statistisches Jahrbuch SH (erscheint jährlich)

Stewig, R.: Verkehrs- und Stadtentwicklung in SH. Heimat 64, 1957

Stewig, R.: Beiträge zur geographischen Landeskunde und Regionalforschung in SH. SGIK 37, Kiel 1971

Stremme, H. E.: Bodentypen und Bodenarten in SH. Kiel 1955

Wolff, W., und Heck, H. L.: Erdgeschichte und Bodenaufbau Schleswig-Holsteins. Hamburg 1949

Zu den einzelnen Beiträgen

1 Rummelloch

Bantelmann, A.: Die Landschaftsentwicklung an der schleswig-holsteinischen Westküste, dargestellt am Beispiel Nordfriesland, eine Funktionschronik durch fünf Jahrtausende. Die Küste, 14, 2, 1966

Bantelmann, A.: Das nordfriesische Wattenmeer, eine Kulturlandschaft der Vergangenheit. Westküste, Jg. 2, H. 1, 1939

Gripp, K., und Dittmer, E.: Die Entstehung Nordfrieslands. Die Naturwissenschaften, H. 39, 1941

König, D.: Deutung von Luftbildern des schleswig-holsteinischen Wattenmeeres. Die Küste, 20, 1971

König, D.: Das schleswig-holsteinische Wattengebiet. In: Wattenmeer. Neumünster 1976

Prange, W.: Geologie des Holozäns in den Marschen des nordfriesischen Festlandes. Meyniana, 17, 1967

Rohde, H.: Sturmfluthöhen und säkularer Wasserstandsanstieg an der deutschen Nordseeküste. Die Küste, 30, 1977

Veenstra, H.: Struktur und Dynamik des Gezeitenraumes. In: Wattenmeer. Neumünster 1976

2 Amrum

Dircksen, R.: Das kleine Amrum-Buch. Breklum 1952

Hansen, H., und Hansen, N.: Amrum, Geschichte und Gestalt einer Insel. Itzehoe 1964

Gripp, K.: Zur jüngsten Erdgeschichte von Hörnum/Sylt und Amrum. Die Küste, 16, 1968

Müller, F., und Fischer, O.: Das Wasserwesen an der schleswig-holsteinischen Nordseeküste, Teil II, Bd. 5, Amrum, Berlin 1937

Oesau, W.: Schleswig-Holsteins Grönlandfahrt auf Walfischfang und Robbenschlag vom 17.—19. Jahrhundert. Glückstadt 1937

3 Hörnum/Sylt

Czock, H., u. Wieland, P.: Naturnaher Küstenschutz am Beispiel der Hörnum-Düne auf der Insel Sylt nach der Sturmflut vom 16./17. Februar 1962. Die Küste, 13, 1965

Führböter, A., Köster, R., Kramer, J., Schwitters, J., u. Sindern, J.: Beurteilung der Sandvorspülung 1972 und Empfehlungen für die künftige Stranderhaltung am Westrand der Insel. Die Küste, 29, 1976

Hansen, M., u. Hansen, N.: Sylt. Geschichte und Gestalt einer Insel. Itzehoe 1967

Müller, F., u. Fischer, O.: Das Wasserwesen an der sh Nordseeküste. Teil II, Bd. 7, Sylt. Berlin 1938

4 Brodtener Ufer

Gripp, K.: Die Entstehung der Lübecker Bucht und des Brodtener Ufers. Die Küste, 1, H. 2, 1952

Petersen, M.: Abbruch und Schutz der Steilufer an der Ostseeküste. Die Küste, 3, H. 1/2, 1954

Seifert, G.: Der Aufbau und die geologische Entwicklung des Brodtener Ufers und der angrenzenden Niederungen. Die Küste 1, H. 2, 1952

Spethmann, H.: Studien an den Flanken des Brodtener Ufers. In: Die Küste, 1, H. 2, 1952

Kudener Klev

Dittmer, E.: Schichtenaufbau und Entwicklungsgeschichte des dithmarscher Alluviums. Westküste, 1, H. 2, 1938

Dittmer, E.: Die nacheiszeitliche Entwicklung der schleswig-holsteinischen Westküste. Meyniana I, 1952

Schmidt, R.: Das Küstenholozän der östl. Meldorfer Bucht und angrenzender Marschen in Dithmarschen. Meyniana 28, Kiel 1976

Geol. Landesamt SH: Bodenkarte von SH 1 : 25 000, Blatt 2021 Burg/Dithm., bearb. v. H. Weinhold. Kiel 1976

5 Trischen

Lang, A. W.: Untersuchungen zur morphologischen Entwicklung des dithmarscher Watts von der Mitte des 16. Jhs. bis zur Gegenwart. Hamburger Küstenforschung, H. 31, Hamburg 1975

Wieland, P.: Untersuchung zur morphologischen Entwicklungstendenz des Außensandes Blauort. Die Küste, 23, 1972

Wohlenberg, E.: Entstehung und Untergang der Insel Trischen, Mitt. Geogr. Ges., Hamburg 49, 1950

6 Hamburger Hallig

Müller, F.: Das Wasserwesen an der sh Nordseeküste, Teil I, Die Halligen, 2 Bde., Berlin 1917

Schiller, H. Th.: Kleines Halligbuch. Breklum 1959

Wohlenberg, E.: Die Halligen Nordfrieslands. Heide 1969

7 Bongsiel/Schlüttsiel

Eckermann, C. H.: Eindeichungen bei Bottschlott. In: ZSHG 26, 1896

Fischer, O.: Das Wasserwesen an der sh Nordseeküste, Teil III, Bd. 2, Nordfriesland. Berlin 1955

Min. f. Ernährung, Ldw. u. Forsten SH: Geordnete Wasserwirtschaft im Raume Bongsiel. Wasser und Boden 1959

Muuß, U.: Die Gemarkungen Stedesand und Störtewerkerkoog in ihrer natur- und kulturgeographischen Bedingtheit. Diss. Masch.schr. Hamburg 1950

Muuß, U.: Der geschichtliche Werdegang der Deich- und Hauptsielverbände Bongsiel und Ruttebüll-Südwesthörn. Unveröff. Manuskript. Niebüll 1950

8 Eiderabdämmung

Cordes, F.: Eiderdamm. Hamburg 1973

Fischer, O.: Das Wasserwesen an der sh Nordseeküste, Teil III, Das Festland, Bd. 4, Stapelholm und Eiderniederung. Berlin 1958

Kiehnel, H.: Die Eiderabdämmung und die wasserwirtschaftlichen Maßnahmen im Eidergebiet. Westküste, Jg. 1, H. 2, 1938

Kraft, H., u. Steglich, H.: Die Eider als Wasserstraße. Schiffahrt und Häfen. Flensburg 1971

Petersen, M.: Der Eiderdamm Hundeknöll-Vollerwiek als Folge künstlicher Eingriffe in den Wasserhaushalt eines Tideflusses. In: Das Unternehmen Landentwicklung — Programm Nord — Eiderraum, hrsg. v. C. Bielfeldt. Materialsammlg. d. Agrarsozialen Ges. Nr. 62. Kiel 1967

Rohde, H.: Strömungsgeschwindigkeit und Schwebstofftransport in einem Tidefluß. Die Küste, 25, 1974

9 Heringsand

Eckermann, C. H.: Zur Geschichte der Eindeichung in Norderdithmarschen ZSHG, Bd. 12, 1882

Fischer, O.: Dithmarschen. Müller - Fischer, Wasserwesen an der sh Nordseeküste, Teil III, Das Festland, Bd. 5. Berlin 1957

Hansen, R.: Zur Geschichte der Besiedlung Dithmarschens. ZSHG, Bd. 33, 1903

Iwersen, J.: Das Problem der Kultivierung eingedeichter Watten. Die Küste, 2, H. 1, 1953

Küstenausschuß Nord- und Ostsee: Empfehlungen für den Deichschutz nach der Februar-Sturmflut 1962. Die Küste, 9, H. 1, 1962

10, 13, 14 Meldorfer Bucht, Brunsbüttel, Hemmingstedt

Alberts, H.: Die Stadt Brunsbüttel. Brunsbüttel 1973

Bothmann, W.: Wandlungen einer Küstenlandschaft. In: GR, 1954, H. 5

Buchhofer, E.: Brunsbüttel, Unterelbe als Schwerpunkt der Landesplanung. In: Die Heimat, 1976

Deutsche Texaco AG: Firmenkundlicher Bericht 1977

Deutsche Texaco AG: Geschichte der Texaco. O. Ang.

Groth, K. P.: Brunsbüttel, ein neuer Industrieschwerpunkt an der Unterelbe. ExA, Kiel 1975

Holm, K. F.: Brunsbüttelkoog als Seehafen und Industriestandort am Nord-Ostsee-Kanal. Kiel 1953

Husumer Druck- und Verlagsanstalt, Hrsg.: Die großen Sturmfluten 1962 und 1976. Husum 1976

Jensen, W.: Der Nord-Ostsee-Kanal. Neumünster 1970

Kamphausen, A., Nissen, N. R., Wohlenberg, E.: Dithmarschen, Geschichte und Bild einer Landschaft. Heide 1968

Kieler Nachrichten: In Brunsbüttel hat das Erdgaszeitalter begonnen. Ausgabe v. 14. 4. 1977

Minist. f. Landw. u. Forsten: Entwurf eines Leitplanes zur Entwicklung der Meldorfer Bucht — nördlicher Teil. Heide 1976

Petersen, P.: Der Speicherkoog — Dithmarschen-Süd. In: Die Wasserwirtschaft, 1971

Sassen, H.: Erdöl in Schleswig-Holstein. In: Motor und Kraftstoff, Sonderdruck, o. Ang.

Schnepel, K.: Der Speicherkoog in der Meldorfer Bucht. In: Dithmarschen, 1971

Schurek, P.: Öl aus der Hölle. Hamburg 1959

Suhr, H.: Generalplan Deichverstärkung, Deichverkürzung und Küstenschutz in Schleswig-Holstein. In: Wasser und Boden, 1964

11 Stör-Sperrwerk

Grüttner, H.: Die Wasserwirtschaft im Kreise Steinburg. Steinb. Jahrb. 1967

Grüttner, H.: Die Abdeichung der Pinnau- und Krückaumündungsgebiete. Wasser und Boden, 1970

Haarnagel, W.: Die frühgeschichtlichen Siedlungen in der sh. Elb- und Störmarsch, insbesondere die Siedlung Hodorf. Offa II, 1937

12 Averlak

Dittmer, E.: Die nacheiszeitliche Entwicklung der schleswig-holsteinischen Westküste. Meyniana I, 1952

Geolog. Landesamt: Bodenkarte von SH 1:25000, Blatt 2021 Burg/Dithm., bearb. von H. Weinhold. Kiel 1976

Iwersen, J.: Verwertung von Schlick in der Landwirtschaft. Küste, 3, H. 1/2, 1954

Kressner, B.: Schlickbaggerung und Schlickverwertung bei der Wasserbauverwaltung. Küste, 3, H. 1/2, 1954

15 Büsum, St. Peter-Ording

Fiedler, W.: Eiderstedt. 5. Aufl., Breklum 1977

Klose, W., u. a.: 100 Jahre Bad Sankt Peter-Ording. Sankt Peter-Ording 1977

Voigt, W.: Büsum im Wandel der Zeiten. Heide 1974

16 Am Rhin

Bielenberg, K.: Die Kremper Marsch. Heimatbuch des Kreises Steinburg, Bd. II, Glückstadt 1925

Ehlers, W.: 300 Jahre Gemüsebau in der Wildnis bei Glückstadt. In: Steinburger Jahrbuch, 1957, 1958

Gloy, A.: 100 Jahre Landwirtschaft im Kreise Steinburg. In: Steinburger Jahrbuch 1967

Struve, G.: Der Wandel der Agrarstruktur in der Gemeinde „Engelbrechtsche Wildnis". ExA 1971 Kiel

17—19 Katharinenheerd, Sönke-Nissen-Koog, Husum

Geolog. Landesamt: Erläuterungen zur Bodenkarte 1:10 000 von Schleswig-Holstein. H. 24, Garding, Kiel 1976

Hingst, K.: Von Kiel nach Husum. Ein agrargeographischer Querschnitt durch Schleswig-Holsteins Landschaftszonen. In: ExF Kiel 1969

Heldt, U.: Husum als Marktort des Viehhandels. ExA Kiel

Kolonko, A.: Steuerungsfaktoren in der Agrarlandschaft — dagestellt am Beispiel „Sönke-Nissen-Koog". ExA Kiel 1977

Kuntze, H.: Die Marschen — schwere Böden in der landwirtschaftlichen Evolution. Hamburg 1965

Mommsen, I. E.: Die Bevölkerung der Stadt Husum von 1769–1860. SGIK Bd. 31, Kiel 1969

Paulsen, N.: Sönke-Nissen-Koog 1924–1974. Breklum 1974

Riese, G.: Märkte und Stadtentwicklung am nordfriesischen Geestrand. SGIK Bd. 10, H. 4, Kiel 1940

Riewerts, B.: Die Stadt Husum in Geschichte und Gegenwart. Husum 1969

Sönnichsen, K.: Der Kreis Husum. Husum 1909

Stadt Husum, Hrsg.: Festschrift 350 Jahre Stadt Husum. Husum 1953

Wenk, U.: Die zentralen Orte an der Westküste Schleswig-Holsteins. SGIK, Bd. 28, H. 2, Kiel 1968

20 Schalkholz, Wittensee

Glückert, G.: Glazialmorphogenese der weichselzeitlichen Moränen des Eckernförder Zungenbeckens. In: Meyniana 23, Kiel 19

Gripp, K.: Die Entstehung der Landschaft des Kreises Eckernförde. In: Jahrb. d. Heimatgem. d. Kr. Eckernförde, 1953

Gripp, K.: Der Verlauf rißzeitlicher Endmoränen in Schleswig. In: Meyniana, Bd. 7, Kiel 1958

Lange, W.: Die Geologie zur Lage der jungpaläolithischen Fundstelle bei Schalkholz, Kreis Dithmarschen. Hammaburg N. F. I, 1974

Menke, B.: Neue Ergebnisse zur Stratigraphie und Landschaftsentwicklung im Jungpleistozän Westholsteins. In: Eiszeitalter und Gegenwart, 1976

Picard, K.: Das Werden der Landschaft Westholsteins während der Saaleeiszeit. In: Geolog. Jahrb. 76, 1958

Picard, K.: Tektonische Bewegungen und eiszeitliches Geschehen in Mittelholstein. In: Die Heimat, 1966

Picard, K.: Gletscherrandlagen im Westen von Schleswig-Holstein. In: N. Jb. Geol. Paläont. Monatshefte 1962

21, 22 Tinningstedt, Stieglund

Döring, E.: Vegetationskundliche Untersuchung der Heidegesellschaften in Schleswig-Holstein. Diss. Kiel 1963

Enewaldsen, G.: Veränderungen der Feldmark Tinningstedt. JbSG, 1957

Friedrich, A. G.: Erstaufforstungen von Acker- und Heideflächen in der holsteinischen Landschaft. In: Informat. Inst. f. Raumforsch. Bonn, H. 6, 1956

Gondesen, H.: Die Geest im Wandel der Zeit. JbSG, 1959

Hannesen, H.: Die Agrarlandschaft der schleswig-holsteinischen Geest. SGIK, Bd. 27, Kiel 1959

Iwersen, J.: Windschutz in Schleswig-Holstein, aufgezeigt am Beispiel der schleswigschen Geest. Schleswig 1963

Iwersen, J.: Windschutz in Schleswig-Holstein. Gott. Schr. II, 1958

Paffen, K. H.: Boden und Vegetation in Schleswig-Holstein. In: ExF, Kiel 1969

Petry, W.: Aufforstungsmaßnahmen im Programm Nord. In: Reform. Inst. f. Raumforsch. Bonn, 1955

Raabe, E. W.: Die Heidetypen Schleswig-Holsteins. In: Die Heimat, 1964

Riedel, W.: Bodentypologischer Formenwandel im Landesteil Schleswig und Möglichkeiten seiner Darstellung. In: Mitt. d. Geogr. Ges. in Hamburg, Bd. 63, 1975

Schmitz, H.: Moortypen in Schleswig-Holstein und ihre Verbreitung. In: Schr. d. Naturw. Ver. f. Schl.-Holst., Bd. 26, 1952

Weigand, K.: Programm Nord. Kiel 1966

23 Rendsburg

Autobahnamt Schleswig-Holstein: Hochbrücke Rader Insel. Neumünster 1970

Müller, K.: Rendsburg, ein natürlicher Mittelpunkt des Landes. In: Die Heimat, 1967

Müller, K.: Rendsburg, Wachstum und Wandlungen. Rendsburg 1961

Steiniger, A.: Die Stadt Rendsburg und ihr Einzugsbereich. SGIK Bd. 21, H. 1, Kiel 1962

24 Padenstedt, Kreuzfeld

Bartram, E.: Die rechtlichen Möglichkeiten der Landschaftspflege beim Abbau von Kies und Sand. Erlangen 1965

Darmer, G.: Zur Rekultivierung von Erdaufschlüssen. In: Das Gartenamt, 1967

Jundt, K.: Rekultivierung von Kiesseen — dargestellt an Beispielen einiger Kiesseen an der Bundesautobahn Hamburg–Kiel. ExA Kiel 1977

Landesregierung Schlesw.-Holst., Hrsg.: Landschaft, Wald und Wasser im Dienst der Menschen. In: Schr. d. Min. f. Ernähr., Landwirtschaft und Forsten, H. 3, 1973

25 Lägerdorf

Alsen-Breitenburg, Zement- und Kalkwerke G.m.b.H.: Alsen-Breitenburg. Ein Unternehmen stellt sich vor. Hamburg 1973

Niemeyer, E. A.: Umstellung des Zementwerkes Lägerdorf vom Naß- auf das Halbnaßverfahren. In: Zement - Kalk - Gips, 1975

Wentorp, R.: Lägerdorfer Chronik. Uetersen 1976

26 Hohenwestedt, Garding

Gem. Hohenwestedt, Hrsg.: Festschrift zum 750jährigen Bestehen der Gemeinde. Hohenwestedt 1967

Stadt Garding: Erläuterungsbericht zum Flächennutzungsplan der Stadt Garding. Garding 1972

Stadt Garding, Hrsg.: Stadt Garding 375 Jahre. Garding 1965

Steiner, H.: Hohenwestedt — Struktur- und Funktionsanalyse eines Unterzentrums der holsteinischen Geest. ExA Kiel 1973

Stewig, R.: Die städtischen Siedlungen. In: ExF, Kiel 1969

27, 29 Loop, Lindau

Behrend, H.: Die Aufhebung der Feldgemeinschaften. Neumünster 1964

Degn, Chr.: Parzellierungslandschaften in Schleswig-Holstein. In: SGIK, Sonderband 1953

Hingst, K.: Drei Entwicklungsphasen der schleswig-holsteinischen Agrarlandschaft. In: G R, 1964

Leister, I.: Rittersitz und adliges Gut in Schleswig-Holstein. SGIK, Bd. 14, H. 2, Kiel 1952

Osberger, F.: Besseres ist nicht in Sicht. Kieler Nachr. v. 14. 4. 1977

Prange, W.: Flur und Hufe in Holstein am Rande des Altsiedellandes, ZSHG, Bd. 101, 1976

28 Sierhagen

Böger, M.: Sierhagen. JbKrOld 16, 1972

Degn, Chr.: Die großen Agrarreformen. In: Geschichte Schleswig-Holsteins, Bd. 6. Neumünster 1960

Leister, I.: Rittersitz und adliges Gut in Holstein und Schleswig. Schr. Geogr. Inst. d. Univ. Kiel XIV, 2, 1952

Rumohr, H. v.: Dat se bliven ewich tosamende ungedelt. Festschr. der sh Ritterschaft. Neumünster 1960

Schott, C.: Ostholsten als Guts- und Bauernland. Ztschr. f. Erdkd. 6, 1938

30 Schleswig

Hansen u. a.: Probleme der Vermarktung landwirtschaftlicher Produkte im Zeichen der EWG. In: Schr. d. Raiffeisenverb. Schlesw.-Holst., H. 2, 1963

Kässmann, H.: Stand und Möglichkeiten des Zuckerrübenanbaus in Schleswig-Holstein. Gießen 1960

Schleswig-Holsteinische Zucker AG Schleswig: Süße Rüben. O. Ang.

Schleswig-Holsteinische Zucker AG Schleswig: Bericht des Verbandes vom Jahre 1976

Wirtschaftliche Vereinigung Zucker e. V. u. a.: Zucker, ein Grundnahrungsmittel. 3. Aufl., Bonn 1972

31, 35, 36, 37 Oldenburger Graben, Grömitz, Großenbrode, Burg
Badeverwaltung Grömitz: Ostseebad Grömitz in Holstein. O. Ang. 1929
Jaeneke, K.: Die Saisonabhängigkeit des Fremdenverkehrs in den Seebädern. In Beitr. z. Fremdenverkehrsforsch., H. 2, Frankfurt 1955
Böttcher, F.: Aus dem Winkel. Heimatkundliches aus dem Kreis Oldenburg. Oldenburg i. H. 1925
Kannenberg, E.: Die frühe Entwicklung der ältesten Seebäder an der schleswig-holsteinischen Ostseeküste. In: Die Heimat, 1956
Koch, H.: Zur Geschichte von Grube. In: JbKrOld, 1971
Prühs, E. G.: Das Ostholstein-Buch. Neumünster 1974
Richelsen, H.: Zur Geschichte unserer Ostseebäder, 1. Teil. In: JbKrOld, 1959
Stadtverwaltung Burg: Kurinformationen und versch. Prospekte aus den Jahren 1970—1977
Sasse, F. W.: Der Deich- und Entwässerungsverband Grube-Wessek. Oldenburg i. H., o. J.
Seiffert, G.: Erdgeschichte der Grube-Wesseker Niederung. In: JbKrOld, 1963
Wensersky, W.: Zur Siedlungs- und Wirtschaftsgeographie der Badeorte Ostholsteins. SGIK, Sonderband 1953

32 Schulensee/Westensee
König, D.: Vom Leben des Schulensees. In: Chronik von Schulensee, hrsg. v. Kommunalverein Schulensee-Rammsee-Molfsee, 1961
Müller, H. E.: Die Verlandung des Schulensees. In: Jahresblätter des Kommunalvereins Schulensee-Rammsee-Molfsee, 1972
Muuß, U., Petersen, M., u. König, D.: Die Binnengewässer Schleswig-Holsteins. Neumünster 1973
Ohle, W.: Die zivilisatorische Schädigung der holsteinischen Seen. Städtehygiene, 1954
Riedel, U.: Der Naturpark Westensee. SGIK 37, 1971
Wegemann, G.: Die Seen des Eidergebietes. Peterm. Mitt., 1912

33 Geltinger Noor
Christiansen, W.: Das Naturschutzgebiet Geltinger Birk. Heimat 70, 1963
Emeis, W.: Das Naturschutzgebiet Geltinger Birk. Die Heimat, H. 5, 1951
Köster, R.: Die Küsten der Flensburger Förde. Schr. d. Naturw. Vereins 29, 1958
Voß, F.: Der Einfluß des jüngsten Transgressionsablaufes auf die Küstenentwicklung der Geltinger Birk im Nordteil der westlichen Ostsee. Die Küste 20, 1970

34 Küstenentwicklung im SW Fehmarns
Bressau, S.: Abrasion, Transport und Sedimentation in der Beltsee. Die Küste, 6, H. 1, 1957
Köster, R.: Die Morphologie der Strandwall-Landschaften und die erdgeschichtliche Entwicklung der Küsten Ostwagriens und Fehmarns. Meyniana 4. Kiel 1955
Magens, C.: Küstenforschungen im Raum Fehmarn — Nordwagrien. In: Die Küste, 6, H. 1, 1957
Magens, C.: Brandungsuntersuchungen an den Küsten von Fehmarn und Nordwagrien. I.: Die Küste, 6, H. 1, 1957

38 Stein / Marina Wendtorf / Bottsand
Brand, G.: Neuzeitliche Veränderungen der Ostseeküste vor der Kolberger Heide. Meyniana 4, 1955
Diekmann, S.: Die Ferienhaussiedlungen SHs. SGIK 21, 3, Kiel 1963
Kannenberg, E. G.: Schutz und Entwässerung der Niederungsgebiete an der schleswig-holsteinischen Ostseeküste. Die Küste, 7, 1958/59
Kiecksee, H.: Die Ostseesturmflut 1872. Heide 1972
Klug, H.: Die Landschaft als Geosystem. Grundzüge eines quantitativ-geographischen Forschungsprojektes im Küstenraum der östlichen Kieler Außenförde. SchrNatwV 43, Kiel 1972

39 Malente
Thomsen, P.: Das Krankenhaus Mühlenberg der LVA Schleswig-Holstein in Malente. In: Krankenhaus, Jg. 51, 1959
Zimmermann, H.: Malente einst und jetzt. Malente 1960

40 Flensburg
Deutsches Institut für Urbanistik: Sanierungsseminar Flensburg. Berlin 1977
Gesellschaft für Flensburger Stadtgeschichte, Hrsg.: Flensburg, Geschichte einer Grenzstadt. Flensburg 1966
Mucke, P.: Probleme der Stadtsanierung. In: Die Heimat, 1972
Weigand, K.: Flensburg und die deutsch-dänische Grenze. In: ExF, Kiel 1969

41 Altstadt Kiel
Hädicke, E.: Kiel. Eine stadtgeographische Untersuchung. Mitt. d. Ges. f. Kieler Stadtgeschichte, 31. Kiel 1931
Jensen, J.: Seestadt Kiel. Neumünster 1975
Kaufmann, G.: Das alte Kiel. Hamburg 1975
Kleyser, F.: Kleine Kieler Wirtschaftsgeschichte von 1242 bis 1945. Kiel 1969
Sievert, H.: Kiel einst und jetzt. Bd. 1, Die Altstadt, 4. Aufl. Kiel 1975
Talanow, J.: Kiel — so wie es war. Düsseldorf 1976
Voigt, H.: Die Veränderungen der Großstadt Kiel durch den Luftkrieg. SGIK XIII, 2, 1950

42, 43 Schwentinemündung, Kiel-Schilksee
Hädicke, E.: Kiel. Eine stadtgeographische Untersuchung. In: Mitt. d. Ges. f. Kieler Stadtgesch., Nr. 36, Kiel 1931
Heine, W.: Die Einwirkungen der Großstadt Kiel auf ihre ländliche Umgebung. SGIK, Bd. 8, H. 3, Kiel 1938
Howaldtswerke – Deutsche Werft AG: Versch. Spezialprospekte
Kieler Howaldtswerke, Hrsg.: 125 Jahre Kieler Holwaldtswerke. Kiel 1963
Pelte, B.: Schilksee als Austragungsort der Olympischen Segelwettbewerbe. ExA, Kiel 1972
Schröder, F., u. a.: Kiel in Vergangenheit und Gegenwart. Kiel 1963
Sievert. C.: Die wirtschaftlichen Verflechtungen der Howaldtswerke — Deutsche Werft AG im Nahbereich. ExA, Kiel 1976
Stadt Kiel: Flächennutzungsplan der Stadt Kiel. Kiel 1970

44 Klärwerk Bülk
Minister für Ernährung, Ldw. und Forsten in SH: Generalplan Abwasser und Gewässerschutz in Schleswig-Holstein. Kiel 1971
Siedentopf, W.: Verlegung eines Abwasserdükers durch die Kieler Förde. Wasser und Boden, 18, H. 9, 1966

45 Niemark
Amt für Stadtreinigung und Marktwesen der Hansestadt Lübeck: Bericht der Projektgruppe Abfallbeseitigung. Lübeck 1977
Barth, G.: Probleme der Landschaftsregulierung, dargestellt am Beispiel der Zentraldeponie Ahrenshöft. ExA, Kiel 1977
Rumpf, Maas, Straub: Müll- und Abfallbeseitigung. Losesammlung, Berlin o. J.

46 Altenholz

Heine, W.: Die Einwirkungen der Großstadt Kiel auf ihre ländl. Umgebung. SGIK 8, H. 3. Kiel 1938

Laur, W.: Die Ortsnamen im Dänischen Wohld. JbHE 1967

47 Mettenhof

Amt für Entwicklungsplanung: Mettenhof — Menschen in einem neuen Stadtteil. Kiel 1971

Stadtplanungsamt der Stadt Kiel: Bericht des Stadtplanungsamtes über das Planungsgebiet Mettenhof im Bauausschuß v. 4. 2. 1963

Stadtplanungs- und Vermessungsamt der Stadt Kiel: Flächennutzungsplan der Stadt Kiel. Teil 1: Stadtentwicklung, Teil 2: Verkehr. Kiel 1968

Stadt Kiel, Hrsg.: Statistische Berichte Nr. 8 i. Kiel 1976

Vogel, P.: Die moderne Trabantenstadt. In: G R, 1969

48, 49 Neumünster, Bad Segeberg

Sieck, P.: Neumünster. Neumünster 1966

Stadtplanungsamt der Stadt Neumünster: Kreisentwicklungsplan 1974 bis 1978. Neumünster 1975

Bebauungspläne Nr. 37, Nr. 38

Stadt Neumünster, Hrsg.: Statistisches Jahrbuch der Stadt Neumünster. Neumünster 1966—1971

Stadt Neumünster, Hrsg.: Neumünster 100 Jahre Stadt, 1870—1970. Neumünster 1970

Stein, K.: Bad Segeberg und seine Umgebung. In: ExF, Kiel 1969

Wirtschaftsgesellschaft Südholstein m.b.H.: Ansiedlungsschwerpunkte in Südholstein. In: Wirtschaft und Standort, H. 4, 1977

50, 51 Lübeck, Untertrave

Fuhrmann, W.: Lübeck. Versuch einer stadtgeographischen Darstellung. Breslau 1933

Lübecker Industrieverein: Lübeck als neuzeitlicher Seehafen, Handels- und Industrieplatz. Lübeck 1926

Muuß, U.: Wandbilder Schleswig-Holsteins. München 1977

Presse- und Informationsamt der Hansestadt Lübeck: Lübeck heute. Lübeck 1965

Pieper: Die städtebauliche Formung Lübecks durch den Wasserbau. In: Der Bauingenieur, 1939

Senat der Hansestadt Lübeck, Hrsg.: Beiträge und Zahlen aus Wirtschaft und Leben. H. 1—4, Lübeck 1976

Senat der Hansestadt Lübeck, Hrsg.: S 4 Zieldiskussion und alternative Modelle zur Sanierung der Lübecker Innenstadt. Lübeck 1973

Simon, V., Staemmler, G.: Materialien zur Sanierung Lübecks. Inst. f. Wohnungsbau und Stadtteilsanierung — Tech. Univ. Berlin, 1974

52 Ratzeburg

Neugebauer, W.: Naturpark Lauenburgische Seen. Lübeck 1970

Nissen, N. R.: Ratzeburg, Mölln, Lauenburg. Die Heimat 1954

Ratzeburg — 900 Jahre. Festschrift 1962

53—57 Hamburg

Adrian, H.: Architektur kritisch: Steilshoop — mittelmäßig bis hervorragend. Der Architekt, H. 9, 1975

Bartels, D.: Der Ballungsraum Hamburg. Geogr. Taschenbuch 1962/63

Brandes, H.: Struktur und Funktion des Personen- und Güterverkehrs in der Stadtlandschaft Hamburg. HGeogrSt 12, 1961

Gäbler, H. J.: Baugrund und Bebauung Hamburgs. HGeogrSt 14, 1962

Gripp, K.: Geologie von Hamburg und Umgebung. Hamburg 1933

700 Jahre Hamburger Hafen. Hamburg 1939

Hafen Hamburg. Entwicklungsplan. Behörde für Wirtsch., Verkehr und Landwirtsch. Hamburg 1976

Hamburg, Großstadt und Welthafen. Festschr. z. 30. Deutschen Geographentagung in Hamburg. 1955

Hamburg-Heft der Geogr. Rundschau 7/1955

Johannsen, P.: Grundzüge der geschichtl. Entwicklung der Freien und Hansestadt Hamburg. Studienführer der Univ. Hamburg. 1958

Kleiner Hamburg-Spiegel. Hamburg-Information 1977/78

Koch, E.: Die prädiluviale Auflagerungsfläche unter Hamburg und Umgebung. Mittl. Geol. Staatsinst. Hbg. 6, 1924

v. Lehe-Kausche-Ramm: Heimatchronik der Freien u. Hansestadt Hamburg. 1958

Möller, P.: Stadtkern und Trabanten im Lande Hamburg. Forsch.ber. d. Akad. f. Raumforschg. u. Landesplanung, Bd. 14, 1960

Reincke, H.: Forschungen und Skizzen zur Hamburger Geschichte. 1951

Reincke, H., Hävernick, W., und Schlotterer, G.: Hamburg einst und jetzt. 1953

Reincke, H.: Die Alster als Lebensader Hamburgs. 1958

Schindler, R.: Ausgrabungen in Alt-Hamburg. 1957

Schramm, P. E.: Hamburg, Deutschland und die Welt. 2. Aufl. 1952

Schwiecker, F.: Hamburg, eine landeskundliche Stadtuntersuchung. 1952

Statist. Jahrbuch der Freien u. Hansestadt Hamburg.

Steilshoop, hrsg. v. d. Bauherren von Steilshoop. Hamburg 1972

Sturmflut v. 17. Februar 1962. Morphologie der Deich- u. Flurbeschädigungen zw. Moorburg u. Cranz. HGeogrSt 16, 1962

Westliche Umgehung Hamburgs. Hrsg. v. d. Staatl. Pressestelle Hbg. 1875

Will, C.: Hamburg, eine Heimatkunde. 1954 ff.

Witt, W.: Stadtlandschaft und Regionalplanung am Beispiel Hamburgs. Ber. z. dt. Landeskunde 24, 1959

Wölfle, K. (Hrsg.): Hamburger Geschichtsatlas. 1926

58 Henstedt-Ulzburg

Arbeitsgemeinschaft der Hamburger Randkreise, Hrsg.: Regionalplan Planungsraum I des Landes Schleswig-Holstein, Entwurf Dezember 1968. Bad Segeberg 1969

Gemeindeverwaltung Henstedt-Ulzburg: Erläuterungsbericht zum Flächennutzungsplan des Planungsverbandes Henstedt-Ulzburg / Kreis Segeberg. 1. Änderung, 2. Änderung

Keil, G.: Raumordnung zwischen Hamburg und Schleswig-Holstein. In: Raumforschung und Raumordnung, H. 1, 1959

Kelber, A.: Henstedt-Ulzburg, Funktionsänderungen eines Stadtrandkerns an der Aufbauachse Nord im Hamburger Raum. ExA, Kiel 1976

Register

Abrasion 82, 90
Abfallbeseitigung 104
Abwanderung 18, 106
Abwasser 102
Achsenkonzeption 14, 108, 130
Ackerbau 50, 56, 68, 70
Ackerwirtschaft 48, 50
Ästuar 30, 36
Agrarreform 9, 68
Agrarstruktur 68
Altmoräne 18, 54, 58
Altstadt 90, 94, 114, 118
Anbauverträge 74
arrondieren 50, 68
Atomkraftwerk 40
Aufforstung 11, 58
Aufspülung 38
Ausgleichsküste 9, 16, 22
Austrocknung durch Wind 56
Autobahn 60, 62, 128

Bauernbefreiung 68, 72
Bauernlegen 72
Bedeichung 32
Bedeutungsüberschuß 40
Betriebsgröße 11, 48, 72
Betriebsstruktur (ldw.) 11
Bevölkerungsrückgang 114
Bevölkerungszuwachs 66, 90, 98, 106, 112, 114, 130
Bevölkerungsentwicklung 12
Binnengewässer 78
Binnenwanderung 110
Biologische Reinigungsstufe 102
Bodennutzung 56
Bombenschäden 96, 124
Brandung 16, 24, 82, 90
Braunerde 9
Brennerböden 58
Bürohaus 120

Campingplatz 18, 86, 90
chemische Industrie 40
chemische Reinigungsstufe 102, 118
Cholera 120
City 96, 114, 120, 122
Citybildung 13, 122
Containerhafen 124, 128

Datenzentrale 106
Dammbau 26
Deichbau 24, 28, 34, 80, 82, 84, 90
Deichbruch 24, 36
Deichverkürzung 26, 32, 34, s. Generalplan
Deichverstärkung, s. Generalplan
Delta 78
Dienstleistung 122

Dienstleistungsbetrieb 44
Dockhafen 124
Donn 22, 38
Dorf 38, 56, 68, 84, 100, 106, 130
Dränage 48, 50
Dünen 18, 20, 24

Eem-Zeit 22
Eider 60
Eiderkanal 60
Einkaufsstadt 52
Einkaufszentrum 94
Eisenbahn 15, 60, 90
Eislobus 54
Eiszeit 8, 22, 54
Elbe 36, 46, 126, 128
Elbfahrwasser 40
Elbtunnel 128
Endmoräne 62
Entwässerung 26, 28, 30, 34, 50, 76, 80, 82, 90
Erbpachtstelle 72
Erdölindustrie 42
Erdölvorkommen 42
Erholung s. Fremdenverkehr
Erholungslandschaft 44, 62
Erholungszentrum 66
Erlenbruchwald 78
Erwerbsgruppen 114
Europastraße 3 128
Eutrophierung 78

Fährhafen 86
Familienbad 100
Feldgemeinschaft 68
Fernhandelsstadt 94
Ferienzentrum 88, 90
Festungsstadt 120
Flachmoor 54
Flächensanierung 124
Flandrische Transgression 22, 38
Flüchtlingssiedlung 84
Flurbereinigung 32, 38, 68
Flurzwang 56, 68, 70
Freihafen 124
Fremdenverkehr 12, 18, 44, 84—92, 100, 118
Friesen 16
Funktionswandel 52, 66, 86, 94, 100, 110—114, 130
Fußgängerzone 120

Gängeviertel 120
Gartenbau 46
Gartenstadt 108, 110
Geest 10, 56, 58
Geestinsel 16, 18

Gemüsebau 46
Generalplan f. Deichverkürzung, Deichverstärkung u. Küstenschutz 26, 32, 34, 36
Geschiebelehm 54
Getreidebau 50 s. a. Acker
Gewannflur 68
Gezeiten 16, 30, 36
Glazialmorphologie 54
Grenzertragsböden 10
Grünlandwirtschaft 48
Grundmoräne 76
Grundwasserspiegel 38, 62, 78
Güterdistrikt 72
Gutswirtschaft 10, 70, 72

Hafen, -stadt 52, 94, 96, 120, 126, 128
Haken 20, 80, 82, 90
Hallig 16, 24, 26
Hanse 94, 114
Heide 18, 56, 58
Heidekultivierung 56
Heilklima 44
Heimatvertriebene 106, 130
Hochbrücke 60
Holländer 48, 52, 66
Holländerei 70
Hufe 68, 70
Hufendorf 98
Hufner 72

Individualwirtschaft 56, 68, 100
Industrie 12, 40, 42, 64, 74, 96, 98
Industrialisierung 12, 40, 66, 114, 116, 130
Industriegasse 114, 116
Industriegesellschaft 104
Industrielandschaft 116
Industriestandort 116
Infrastruktur 106, 122
Intensivierungsphase 68
Inwertsetzung 7

Jungmoräne 68

Kanalbau 114
Kanalort 40
Kanaltunnel 60
Kieler Umschlag 96
Kiesabbau 62
Kirchspielort 66
Klärschlamm 102
Klärwerk 102, 118
Klimaschwankung 7, 16, 54
Kneipp-Heilbad 92

Knick 68
Knickboden 48
Koppelwirtschaft 70
Konzentration der landwirtsch. Erzeugung 50, 68
Kornkoog 50
Küstenentwicklung 9
Küstenschutz 20
Kultivierung 46, 56
Kulturpflanzengruppen 68
Kulturspuren im Watt 16, 26
Kurmittelhaus 84
Kurort 92
Kurzentrum 44, 88

Lagerkapazität 124
Landgewinnung 24, 26, 32, 34
Landgewinnung durch Aufspülung 88
Landflucht 72
Lee-Erosion 20
Lebensraum f. Tiere 62
Leibeigene 70, 72

Mäander 30
Marina 90 s. a. Ferienzentrum
Marinestadt 96
Markt 46, 52
Marktordnung 74
Marktviertel 52
Marsch 11, 26—38, 44—50
Massengut 124
Mechanisierung 50, 68, 70
Meeresspiegelanstieg 16, 22, 80
Melioration 76
Milchwirtschaft 48, 50, 68, 70, 72
Mischwald 58
Moor 16, 38, 68
Moorkultivierung 58
MThw 16, 36
MTnw 16, 36
Mühlen 98
Müll 104
Multizentrische Konzeption 108

Naturlandschaft 7, 8
Naturpark 118
Naturschutz, -gebiete 24, 34, 80, 82, 90
Nebenerwerbssiedlung 106
Nehrung 44, 88
Niederungsgebiet 28, 76
Niederungsmoor 76
Noor 80
Nord-Ostsee-Kanal 15, 40, 60
Nordseeküste 9, 16—34

Oberwasser 36
Oberzentrum 40
Ochsenweg 66
Ödland 68
Ökosystem 9, 62
Ölhafen 40
Olympiazentrum 100
Ortskern 66
Ortstein 56, 58
Östliches Hügelland 9
Ostseeflut s. Sturmflut
Ostseeküste 22, 80—90
Ozeanisches Klima 48

Parzellierungslandschaft 72
Parzellierungsphasen 72
Pendler 106
Periglaziale Vorgänge 54
Phosphate 78, 102
Podsolboden 10, 56
Problemgebiet 76
Programm Nord 8

Rationalisierung 98
Raumordnung 8
Rekultivierung 62, 104
Rentabilität 84
Rißeiszeit s. Saaleeiszeit
Rittersitz 70
roll on/roll off-Umschlag 124
Rundangerdorf 68

Saaleeiszeit 22, 54
Saison 84, 92
Salzwiese 9, 80, 82, 90
Sandaufspülung 20, 38, 88
Sandboden 58
Sander 62, 68
Sandtransport 22, 24, 80, 82, 88, 90
Sandverwehung 58

Sandwanderung 20
Sanierung 94, 118, 120, 124
Schilf 78
Schleswig-Holsteinischer Kanal 30, 60, 96
Schöpfwerk 28, 36, 76, 80, 90
Schrebergarten 110
Schutzlage 96
Seebad 18, 44, 84—90, 100
Seefischmarkt 98
Seewasserstraße 114
Segelhafen 90, 100
Seniorenwohnsitz 118
Siel 28, 30, 80
Slawen 70, 92, 118
Solifluktion 9
Sommerfrische 92
Sommerhauskolonie 90
Sommerkoog 32
Speicherbecken 26, 28, 34
Sperrwerk 30, 36
Stadtbegriff 66
Stadterneuerung 124
 s. a. Sanierung
Stadtgründung 66
Stadtkern 108, 112
Stadtkleinzelle 108
Stadtrand 110, 112
Stadtrandkern 130
Stadtsanierung s. Sanierung
Stadtstruktur 94, 108
Städtebau 12, 94—96, 106, 110, 114, 120–124
Standortbedingung 74, 128
Stauchendmoräne 54
Stecknitz-Kanal 15
Steilküste, -ufer 22, 80, 82, 90
Strand 84, 88
Strandwall 76, 80, 82, 90
Streusiedlung 72
Stückgut 124

Sturmflut Ostsee 22, 80, 82, 90
Sturmflut Ostsee 13. 11. 1872: 76, 82, 84, 90
Sturmflut Nordsee 1362: 16, 26
Sturmflut Nordsee 1634: 16, 26, 28
Sturmflut Nordsee 16./17. 2. 1962: 16, 20, 30, 34, 36
Sturmflut Nordsee 3. 1. 1976: 24, 36

Teichwirtschaft 82
Tertiärer Sektor 116
Tidehafen 124
Tidefluß 30, 36
Trabantenstadt 108
Transitverkehr 96
Trichtermündung 30, 36

Überschwemmung 28, 30, 36
Umgehungsstraße 60, 118
Umland 206, 130
Umschlag 124
Umweltschutz 62, 74, 86, 102, 104
Urbanität 114

Vegetationsentwicklung 7
Verarbeitungsbetrieb 74
Verfehnung 16
Verkehr 15, 60, 66, 96, 120, 122, 128
Verkehrsanbindung 122
Verkehrslage 84, 114
Verkoppelungsperiode 68
Verkoppelungszeit 72
Verlandung 78
Vermarktung 11, 52, 74
Versandung 30, 86
Verstädterungsprozeß 13, 112
Viehhandel 52
Viehmarkt 52, 66
Viehwirtschaft 48, 56 s. a. Grünland
 u. Milchwirtschaft

Vogelfluglinie 15, 86, 88
Vogelschutz 5, 34, 82
Vorfluter 28
Vorgeest 68
Vorland 26, 32, 34, 50
Vorstadt 114

Wald 11, 56
Waldgesellschaften 7
Waldland 72
Waldrodung 72
Waldweide 56, 70
Warf 26, 36
Wasserhaushalt 8
Wasserkraft 92
Wasserlösungs-Interessenschaft 28
Wasserstraßen 15
Wasserverschmutzung 102
Wattenküste 22, 44
Wattenmeer 16, 22, 24, 20
Wattstrom 16, 24
Weidewirtschaft s. Viehwirtschaft
Weiße Industrie 84, 86, 88
Werft 36, 98, 116
Wind 9
Windschutz 58
Wohnbedürfnis 13, 110, 124
Wohnsiedlung 100, 110
Wohnstadt 124
Wohnvorort 106
Wohnungsbau 106—110, 114, 124
Wüstung 11

Zeitpachtstellen 72
Zentraler Ort 66, 96, 118
Zentralität 66
Zuckerfabrik 74
Zuckerwirtschaft 74
Zungenbecken 50
Zwangsgrünland 38

Zu den Abbildungen und Karten

Aufnahmedaten und Freigabe-Nr. der Luftaufnahmen

Nr.	Bildbezeichnung	Aufnahmedatum	Freigabe-Nr. SH
1	Rummelloch	16. 4. 74	1945—151
2	Amrum	16. 4. 74	1949—151
3	Hörnum/Sylt (großes Bild)	8. 8. 76	2250—151
	Hörnum/Sylt (Ausschnitt)	22. 4. 71	1266—151
4	Brodtener Ufer	7. 9. 70	1172—151
	Kudener Klev	21. 8. 76	2272—151
5	Trischen	13. 9. 64	15—151
	Trischen	21. 8. 76	2401—151
6	Hamburger Hallig	6. 7. 75	2143—151
	Hamburger Hallig	25. 3. 66	336—151
7	Bongsiel/Schlüttsiel	21. 8. 76	2235—151
8	Eiderabdämmung bei Nordfeld	22. 7. 76	2254—151
	Eidersperrwerk	21. 8. 76	2262—151
9	Heringsand N—S	24. 4. 72	1431—151
	Heringsand S—N	6. 7. 75	2155—151
10	Meldorfer Bucht	16. 5. 77	2403—151
11	Stör-Sperrwerk	21. 8. 76	2280—151
12	Averlak	30. 3. 77	2380—151
13	Brunsbüttel	28. 6. 76	2205—151
14	Hemmingstedt	22. 7. 76	2269—151
15	Büsum	6. 7. 75	2156—151
	St. Peter-Ording	5. 8. 76	2261—151
16	Rhin bei Glückstadt	21. 8. 76	2278—151
17	Katharinenheerd	21. 8. 76	2256—151
18	Sönke-Nissen-Koog	8. 8. 76	2237—151
19	Husum	21. 8. 76	2252—151
20	Schalkholz	22. 7. 76	2270—151
	Wittensee	5. 8. 76	2292—151
21	Tinningstedt	8. 8. 76	2230—151
22	Stieglund	8. 8. 76	2228—151
23	Straßentunnel/Nord-Ostsee-Kanal	30. 3. 77	2333—151
	Autobahnbrücke/Nord-Ostsee-Kanal	3. 8. 76	2289—151
24	Kiesgrube bei Kreuzfeld	29. 3. 77	2344—151
	Baggersee bei Padenstedt	22. 7. 76	2287—151
25	Lägerdorf	21. 8. 76	2279—151
26	Garding	21. 8. 76	2258—151
	Hohenwestedt	22. 7. 76	2281—151
27	Loop	21. 8. 76	2341—151
28	Sierhagen	19. 7. 72	1479—151
29	Lindau	8. 8. 76	2295—151
30	Zuckerfabrik Schleswig	23. 9. 72	1657—151
31	Oldenburger Graben	22. 7. 76	2323—151
32	Schulensee	21. 6. 76	2300—151
	Westensee	20. 8. 72	1622—151
33	Geltinger Noor	22. 4. 71	1325—151
34	SW-Fehmarn	19. 7. 72	1505—151
35	Grömitz	22. 7. 76	2324—151
36	Großenbrode	1. 10. 64	2349—151
	Großenbrode	22. 7. 76	2320—151
37	Burgtiefe/Fehmarn	1. 10. 64	2387—151
	Burgtiefe/Fehmarn	22. 7. 76	2315—151
38	Stein/Haken Bottsand	22. 4. 71	1315—151
	Marina Wendtorf/Bottsand	27. 8. 72	2395—151
39	Malente	29. 3. 77	2346—151
40	Flensburg W—O	16. 4. 74	1962—151
	Flensburg S—N	9. 4. 77	2394—151
41	Altstadt Kiel	23. 5. 65	115—151
	Altstadt Kiel	21. 8. 76	2305—151
42	Schwentinemündung	21. 6. 76	2306—151
	Howaldtswerft/Gaarden	8. 6. 76	2182—151
43	Kiel-Schilksee	10. 4. 68	804—151
	Kiel-Schilksee	19. 7. 72	1519—151
44	Klärwerk Bülk	5. 8. 76	2312—151
45	Mülldeponie Niemark	29. 3. 77	2399—151
46	Altenholz	13. 8. 70	1202—151
	Altenholz	9. 4. 77	2335—151
47	Mettenhof	16. 5. 73	1724—151
48	Neumünster-Gartenstadt	22. 7. 76	2285—151
49	Bad Segeberg	16. 5. 77	2398—151
50	Lübeck	29. 3. 77	2388—151
51	Untertrave	29. 3. 77	2352—151
52	Ratzeburg-Altstadt	29. 3. 77	2391—151
	Ratzeburg-Seniorenwohnsitz	29. 3. 77	2354—151
53	Hamburg, Innenstadt	5. 6. 74	1987—151
54	Hamburg, City Nord	30. 3. 77	2367—151
55	Hamburg, St. Pauli-Altona	13. 7. 72	1537—151
	Hamburg, Steilshoop	30. 3. 77	2369—151
56	Hamburg, Segelschiffhafen	30. 3. 77	2373—151
57	Hamburg, Köhlbrandbrücke/Elbtunnel	30. 3. 77	2377—151
58	Henstedt-Ulzburg	30. 3. 77	2366—151

Bildnachweis

Sämtliche Aufnahmen Dr. Uwe Muuß

Quellennachweise für die Textkarten

S. 10 und S. 68: Hingst, K., in: Geographische Rundschau, H. 5, Braunschweig 1964

S. 13: Nach Voigt, H., Die Veränderungen der Großstadt Kiel durch den Bombenkrieg. Schr. d. Geogr. Inst. d. Univ. Kiel XIII, 2, 1950

S. 14: Ausschnitt aus Sanierungsplan, Neue Heimat Nord, Hamburg

S. 24: Nach Wieland, P., Untersuchung zur geomorphologischen Entwicklungstendenz des Außensandes Blauort. Die Küste, H. 23, 1972

S. 34: Nach Schnepel, K., in: Dithmarschen, H 1, Heide 1971, und nach Petersen, P., in: Die Wasserwirtschaft, H. 10, 1971

S. 36: Nach Unterlagen des Amtes für Land- und Wasserwirtschaft Itzehoe

S. 40: Jacobsen, J., 200 Jahre Brunsbütteler-Edderlaker-Koog, in: Dithmarschen, H. 2, Heide 1962

S. 42, 46, 56, 58, 62, 72, 84, 98, 100 und 106: Landesvermessungsamt Kiel, Topographische Karte 1:25 000, S. 56 und 72 verkleinert

S. 54: Gripp, K., in: Schott, C., Die Naturlandschaften Schleswig-Holsteins, Neumünster 1956

S. 60: Ausschnitt aus dem Kartenwerk „Slesvig Fastland i 6 blade", 1:120 000, Reproduktion genehmigt vom Geodætisk Institut Danmark unter Nr. A. 788/77

S. 74: Nach Prospekt der Firma Schleswig-Holsteinische Zucker AG, Schleswig

S. 76 und 88: Ausschnitte der Karten „Holstein und Lauenburg Blatt 3" und „Kort over den sydlige Del af Hertugdømnet Schleswig samt Øen Femern", 1:120 000. Reproduktion genehmigt vom Geodætisk Institut Danmark unter Nr. A. 788/77

S. 80: Nach Köster, in: SchrNatwV 29, 1958

S. 102: Nach Unterlagen d. Amtes f. Stadtentwässerung, Kiel

S. 104: Nach Bericht der Projektgruppe Abfallbeseitigung, Amt für Stadtreinigung und Marktwesen der Hansestadt Lübeck, Lübeck 1977

S. 110: Sieck, P., Neumünster. Neumünster 1966

S. 112 und 114: Schlenger, H. u. a., in: Schleswig-Holstein, ein geographisch-landeskundlicher Exkursionsführer, Kiel 1969

S. 116: Nach Pieper, in: Der Bauingenieur, 1939

S. 124: *Hexenberg* nach „Wir", Heft 2, 1973, SAGA Hamburg. *Steilshoop* nach „Steilshoop", Hrsg. Die Bauherren von Steilshoop, Hamburg 1972

S. 126: Zeichnungen *Schiffsgrößen* und *Mehrzweckhalle* nach „Hafen Hamburg". Hrsg. Freie u. Hansestadt Hamburg, Behörde für Wirtschaft, Verkehr u. Landwirtschaft, 1976

S. 128: *Elbtunnel* nach „Der Elbtunnel", Baubehörde Hamburg 1969

S. 130: Nach Kelber, A., Henstedt-Ulzburg, Examensarbeit an der PH Kiel, 1976

Zusammenstellung des in den landeskundlichen Atlanten enthaltenen Vergleichsmaterials

Die Hinweise beziehen sich auf die Seitenzahlen.   ( ): Das gleiche Thema wird an einem anderen Beispiel dargestellt

Nr.	Kurzbezeichnung	Top. Atlas S-H	Luftbildatlas S-H I	Luftbildatlas S-H II	Küsten	Binnengewässer
1	Rummelloch, Wattenmeer	154, 156 168	163, 167	—	8 f., 20—23	—
2	Amrum	172	168	—	48	—
3	Hörnum/Sylt	178	—	160	43	—
4	Brodtener Ufer	56	(27)	—	76	—
	Kudener Klev	136, 138	—	128	—	—
5	Trischen	134, 140	131	—	—	—
6	Hamburger Hallig	162, 166	—	(155, 156)	(31—35)	—
7	Bongsiel/Schlüttsiel	158	156	148, 152	(66—71)	98
8	Eiderabdämmung	142, 146	87	139, 140	—	90—94
9	Heringsand	142	140	—	64 (71)	—
10	Meldorfer Bucht	134, 138, 142	132, 140	131, 132	72 (71)	—
11	Stör-Sperrwerk	130	—	123	—	86
12	Averlak	136, 138	—	128	—	—
13	Brunsbüttel	136	127	—	112	—
14	Hemmingstedt	142	135	—	—	—
15	Büsum	142	140	—	59	—
	St. Peter-Ording	150	148	—	56	—
16	Rhin	128	—	(119)	—	—
17	Katharinenheerd	148	147	—	—	—
18	Sönke-Nissen-Koog	162	152, 155	144	—	—
19	Husum	152	151	—	—	—
20	Schalkholz	96	—	—	—	—
	Wittensee	26	—	47	—	—
21	Tinningstedt	158	96	—	—	—
22	Stieglund	102	—	32	—	—
23	Rendsburg	94	88	63	112	(62)
24	Padenstedt	—	—	(100)	—	(66)
	Kreuzfeld	64	—	(100)	—	—

Nr.	Kurzbezeichnung	Top. Atlas S-H	Luftbildatlas S-H I	Luftbildatlas S-H II	Küsten	Binnengewässer
25	Lägerdorf	132	—	124	—	—
26	Hohenwestedt	—	—	—	—	—
	Garding	148	—	—	—	—
27	Loop	24	—	(99)	—	—
28	Sierhagen	58	—	(96)	—	—
29	Lindau	78	(52)	—	—	—
30	Zuckerfabrik Schleswig	30	—	43	—	—
31	Oldenburger Graben	42	—	—	—	—
32	Schulensee	24	—	—	—	53
	Westensee	24, 80	—	—	—	33
33	Geltinger Noor	86a	—	27	87	—
34	SW-Fehmarn	44	—	—	83	58
35	Grömitz	—	—	—	—	—
36	Großenbrode	44	—	—	—	—
37	Burgtiefe	44	—	—	123	—
38	Marina Wendtorf	—	—	59	—	48, 51, 61
39	Maltene	64	—	—	—	—
40	Flensburg	36	40	20	108	—
41	Altstadt Kiel	18, 20	19	48	111	—
42	Schwentinemündung	20	20	—	111	—
43	Kiel-Schilksee	20	—	55	—	—
44	Klärwerk Bülk	20	—	56	100	(129)
45	Mülldeponie Niemark	—	—	—	—	—
46	Altenholz	20	24	—	—	—
47	Mettenhof	20	—	—	—	—
48	Neumünster-Gartenstadt	90	92	—	—	—
49	Bad Segeberg	62	—	76	—	—
50	Lübeck	50	76	84, 87	—	—
51	Untertrave	54	—	88	—	—
52	Ratzeburg	60	79	—	—	—
53	Hamburg, Innenstadt	114, 116, 122	104	108	—	—
54	Hamburg, City Nord	—	—	—	—	—
55	St. Pauli-Altona	122	—	—	—	—
	Steilshoop	—	—	—	—	—
56	Hamburg, Segelschiffhafen	118	—	112	—	—
57	Hamburg, Köhlbrandbrücke	118	107	—	—	—
58	Henstedt-Ulzburg	122a	—	—	—	—

Landschaftswandel in Schleswig

9783529053054.4